老人社會工作
Social Work with Older People

Ann McDonald 著

施振典、莊淑瓊、秦秀蘭　譯

Social Work with Older People

ANN McDONALD

目錄

第一部分　老人社會工作實踐的脈絡

第二部分　社會工作的歷程

第三部分　社會工作方法和介入

作者簡介

　　Ann McDonald 是英國 East Anglia 大學（UEA）社會工作學院的資深教師，她的教學專長是社會工作法、社區照顧政策與實踐、老人社會工作，分別擔任碩士、博士課程，以及成人照顧服務認證後的訓練課程。

　　Ann McDonald 從 1990 年開始就在 UEA 擔任社會工作者、法院聯絡員和大學法律教學講師。她除了在 UEA 擔任課程講師，也曾經擔任《Sherwood 社會照顧日誌與指南》（*Sherwood Social Care Diary and Directory*）的主編；目前則擔任《社會工作專論》（*Social Work Monographs*）的主編，以及國家社會工作教育「社會工作協調會」的主席。

諮詢信箱：Ann.Mcdonald@uea.ac.uk

譯者簡介

施振典（第一部分：第一、二、三章）

　　學歷：國立嘉義大學教育博士

　　　　　國立台灣師範大學社會教育學系碩士

　　經歷：國、高中職教師、組長、主任

　　　　　國立台南大學、嘉義大學、吳鳳科技大學兼任助理教授

　　現職：稻江科技暨管理學院老人福祉與社會工作學系專任助理教授

莊淑瓊（第二部分：第四、五、六章）

　　學歷：美國德州大學阿靈頓校區都市與公共行政博士

　　　　　美國賓州印第安那大學公共事務碩士

　　　　　國立政治大學政治系學士

　　現職：國立嘉義大學公共政策研究所專任助理教授

秦秀蘭（第三部分：第七、八、九章）

　　學歷：國立台灣師範大學社會教育學系博士

　　　　　美國南加州大學（USC）教育學院研究

　　　　　國立台灣師範大學特殊教育學系碩士

　　經歷：國中教師、主任、校長；社區高齡社群領導人

　　現職：稻江科技暨管理學院老人福祉與社會工作學系專任助理教授兼系主任

前言

　　以老人為對象的社會工作是一個複雜的事業，相較於兒童和其他有心理健康問題或身心障礙成人的社會服務工作，決定老人社會工作內涵的法律架構比較缺乏一致性，而且更為多樣化。這些現象表示，為老人提供社會服務的價值基礎並不明確，進行決策的原則也缺乏正式的流程和政策說明。從歷史的觀點來看，這表示這一項社會工作任務充滿無限的潛能和想像空間，各種開創性的服務方式都必須對情境和目的有充分的了解才能給予適當的回應。本書為社會工作者開拓一個相當大的領域，讓從業者可以針對老人日常生活中常見的孤獨、憂鬱或熱情期待尋找出路，彌補一般性照顧服務的不足。這些充滿創意的老人服務，與目前標榜尊重個別化選擇和賦權增能的「個人化服務」不謀而合。因為「老年人」是一個多樣性的服務使用者群體，他們各自擁有豐富的生命經歷，因此社會服務人員必須深入了解老化的生理基礎、老人過去和現在的優勢能力，以及老人過去所建立的個人和社會網絡。因此，為老人提供社會服務時，必須將社會工作的多元化知能加以整合，特別是當老人社會工作逐漸導向服務成果的特殊化，同時從「管理主義」轉而重視「服務過程的工作量」，這種整合能力是老人社會工作者的一項特殊專長。

　　本書分為三個主要部分，第一部分包括第一至三章，探討主題為「老人社會工作實踐的脈絡」（The Context of Social Work Practice with Older People），主要內容為檢視老人在人口統計學上所處的位置，介紹各種老化理論的重點。當然，老人對於老化過程的觀點是最具有影響力的，這一部分將透過各種文獻、研究報告和政策性活動進行說明。社會工作也是一項持續改變中的專業領域，社會工作的界定仍然受到質疑，社會工作的角色和任務都

會隨著政策決定的文化脈絡而改變。變遷的趨勢已經從過去「福利國家模式」（welfare state model）的服務提供模式，過渡到目前的「賦權增能模式」（enabling model），在賦權增能模式下的各類服務提供者，是被委託針對不同需求者提供適當的照顧服務。這個年代的社會工作者，已經成為複合式照顧經濟體制下的服務經紀人（brokers），強調社會工作者扮演資源整合的角色，在不同機構組織之間、不同服務部門之間建立夥伴關係，同時在個人照顧服務預算額度的最大化原則下，提供老人個別化的照顧服務。這表示目前各層次的老人社會服務工作都在變動中，各種工作原則和議題都值得思考和定案。

　　第二部分包括第四至六章，探討主題為「社會工作的歷程」（Social Work Processes）。其中評量的過程、照顧規劃的監控和檢視，都是從老人所面臨的危機、老人的保護及賦權增能概念來加以檢視。《老人國家服務架構》（*The National Service Framework for Older People*）（DH, 2001）早在 2001 年就明白揭示世代間的公平性、強調服務提供和整全的（holistic）評估概念，並且透過「老人單一評量過程」（Single Assessment Process for Older People）的程式化作業，提供老人相關的服務。持續性的照顧規劃必須與老人的需求、資源的取得相互配合，但是也必須符合個別老人對服務結果和品質的期待。在為老人進行照顧服務管理時，監控和檢視兩個階段格外重要，因為老人的狀況和服務需求常常是起伏不定的，很可能在短時間之內就有很大的變動。

　　至於個人、團體或社區的相關服務問題，則是第三部分「社會工作方法和介入」（Social Work Methods and Interventions）的主要議題，包括第七至九章。依照規定，所有社會工作者都必須具有認證訓練所規定的各種角色能力（TOPSS, 2002）。針對個人、團體和社區提供服務的工作模式，都是社會工作者在認證過程中所規範的重要角色，但是，在能力發展的歸類上，這些不同的能力彼此並不相斥。同樣的，以特別專業能力為基礎的認證後

培訓課程，可以加強社會工作者的專業能力，透過不同安置模式的學習、工作場域的實務學習等，社會工作者可以將個人、團體和社區的不同旨趣或核心工作進行連結，並加以整合。提供個別化服務時，應該把重心放在個人的治療性介入服務，因為以往老人的治療性服務工作經常受到忽略。至於以家人為對象的社會工作，要特別留意家人彼此間的互動關係，個人的健康問題或老年時期家庭結構的重組，都可能改變家人之間的關係。面對居家照顧模式的社會團體工作時，必須仔細觀察，照顧職工和居住者之間的關係必須取得平衡，也要留意居住者和重要他人之間的關係。多樣性的社區會對老人造成各種不同的挑戰，例如，即使在同一個都市或鄉村區域提供不同品質的服務，但是因為個人的條件不同，仍然有人無法透過自己的能力取得個人所需要的服務。事實證明，老人的生活幸福感取決於社會所提供的介入服務內容，因此，社區支持服務是社會工作者亟待發展的專業能力與技巧。

　　本書適用於兩種讀者：首先適用在將社會工作理論應用於老人服務的認證中學生，其次為認證後的學生做專業訓練，希望加強他們對成人社會工作的知識，特別是專業能力的提升。儘管本書強調社會工作的實踐和價值，其他和老人有關的專業工作團體也可以從本書獲得相關的知識底蘊，幫助他們了解與老人有關的各種概念，以及老人所處的文化脈絡。

譯者序

　　在帶領社區中高齡團體多年，以及老人相關課程的教學過程中，深深察覺到台灣老人照顧服務的侷限性和多元化面貌。台灣民眾對老人照顧的認識，還停留在醫療照顧或長期照顧的框架中，一般照顧機構負責人普遍缺乏相關的專業知識，多數的服務都在滿足老人的生理需求，完全忽略老人在心理、社會和自我成長上的需求，這種照顧服務的結果只會弱化老人心理健康的保護性因子，減低老人的復原力和自我照護能力。這種照顧服務不僅無法滿足現代老人的心理需求，也讓年輕的社會服務工作者望而生畏、敬而遠之，嚴重的限制台灣老人社會服務工作的推動和績效。

　　Ann McDonald 是一位資深的老人社會工作者，也是老人社會工作者認證課程的專業教師，她除了對老人社會工作相關法規有深入的研究，特別重視老人社會工作中的「人際互動關係」，強調「照顧服務人員和被照顧者」之間的夥伴關係是照顧服務品質的核心。同時強調老人社會工作必須兼顧個人化服務、團體服務和社區服務的工作，因為老人可以從團體互動和社區參與過程中成長，從團體活動中累積個人的社會資本，讓老人照顧服務擁有增能的心理社會功能。這些都是目前國內老人社會工作最薄弱的一環。

　　社會工作在台灣的發展時間不長，培訓的人員嚴重不足，至於以老人為對象的老人社會工作認證人員更是鳳毛麟角。在全書的閱讀和翻譯過程中，多次被 Ann McDonald 教授充滿人性關懷的詞句所感動，除了讚嘆她對老人社會工作的獨到見解，更欣賞 Ann McDonald 所賦予老人社會工作的多元觀點。因此，期待本書的出版能提供相關專業人員更前瞻性、整全的概念，對老人社會服務工作有更加寬廣的視野和作為。本書的出版，要特別感謝心

理出版社林敬堯副總的全力支持，以及高碧嶸執行編輯在整個翻譯過程中持續給我們協助。本書如果有疏誤之處，還請讀者不吝指正。

施振典、莊淑瓊、秦秀蘭

2012 年初夏

第一部分

老人社會工作實踐
的脈絡

1 人口結構和理論架構

本章討論議題

- 老化的理論及其應用。
- 英國老年人口的結構背景。
- 失能和心智健康相關知識於老人照顧議題中的重要性。
- 老人社會工作的內容。

　　老人社會工作實務，必須要對「老化過程的感受」以及「評估和處理老人需求的特定技巧與知識」有所了解。在面對老人的工作中，「老人學」便是這樣一個關鍵性的基礎（Phillips et al., 2006）。老人學是從許多不同的面向來解釋老化的過程，而這些面向包含了生物、心理、社會和文化等層面。但是，無論我們有沒有意識到，我們自己對於老化過程的感受和對於老人需求及狀況的概念，都會反映在許多不同的觀點上。因此，「老化」所代表的「意義」是一個有爭議性的概念。以社會工作來說，在處理個案、提供服務和組織等各方面，這種結果會受到許多從不同觀點而來的訊息所影響。不管是在公開場合或是私底下，人們對老人都有一些看法，但這些印象常常是相互矛盾的。這些印象有的是透過語言的使用而被建構，有些是源自於老人自身的看法，有些則是基於自然科學和社會科學處理老化問題的方式而產生（Victor, 2005）。因此，老人社會工作的內容本身就是爭論的來源。

另外，老人社會工作存在於許多不同的場域，包括社區、醫院、療養院、住家、日間照顧機構，以及各種法定的、義務性的和私人的部門或組織等等。另外，公民的權益、福祉、照顧和保護，這些和老人最息息相關的關鍵議題，是最容易受到社會學理論和社會政策的改變所影響。因此，老人社會工作常常是一個高度政治化的活動，卻也兼具了私人的、高度反映個人背景的性質。

老化的理論：起源和影響

　　老化的理論本身是建立於一個包含了寬廣範疇的政治意識形態，以及了解家庭、就業環境和健康照顧系統等社會現象的學說之中（Thane, 2000）。由於每個個體受到自身性別、種族和身心障礙等因素影響會有不同的經歷，因此，如果我們假設所有老人的議題可以一概而論，這便是一個錯誤的前提。一個老人目前的情況，不論是優勢或是有所不足，都是受到過往的機緣，生涯過程中所喪失的人、事、物等所影響，因此導致年老時有不平等的情況產生。由於平均壽命增長，導致人口結構改變，同時也引起一些世代間的平等性，包括公民權益及資源分配等相關議題的出現。面對了解老化的挑戰，我們需要考慮以下兩種案例：一名60歲、居住在城市中、剛從管理階級職位退休的同性戀黑人男子，與一名90歲、喪偶居住在偏遠農村的白人女性（詳細內容請見案例概述）。這兩個案例將會在整個章節中被引用。Adam Broad 和 Carrie Davies 分別代表了不同世代的老人，也展現了不同的生命歷史和未來面對的挑戰。儘管兩者都是「老人」，Adam 被認為是一個在社會上扮演著積極角色的人物，而 Carrie 則是展現出一個明顯只受到別人照顧的形象。

案例概述

　　Adam Broad，60 歲，出生於千里達（Trinidad），是三兄妹中的長男。當他 10 歲時，父母因為工作因素搬到英國，並將他和兩個妹妹留給他們的祖父母照顧。五年後，Adam 和兩個妹妹搬到倫敦和父母同住。Adam 上了大學並取得了會計師資格，最近才從這個職位退休。Adam 的母親（現年 90 歲）目前和他的一個妹妹同住，而另一個妹妹則是回到了千里達。Adam 是一名同性戀者，並且有過許多段短暫的感情關係，但目前單身。他一人獨居在自有的公寓中。他認為自己的經濟狀況還算寬裕，而且擁有廣大的社交圈。他目前參加了許多社區的團體，而且正在考慮開始一些兼職的工作，儘管未必有給薪，卻可以和其他老人一起工作。

案例概述

　　Carrie Davies，現年 90 歲。她曾有過一個女兒但在幼兒時期死亡。Carrie 的丈夫是一名農場工人，當有工作釋出時，Carrie 也會一起去工作。過去，當她的丈夫被要求搬離他們的農舍時，全家曾搬入收容所住了六個月，直到她丈夫能找到工作和新的住所。Carrie 目前住在一間離最近小鎮有五英里遠，由地方政府出租的平房中。由於她患有類風濕關節炎，走路時需靠著助行器。她目前每天都有居家照顧訪問，但照顧者開始擔心 Carrie 變得越來越健忘，並且拒絕吃飯和讓他們協助打理個人衛生。

　　在這兩個案例研究中，和這兩位老人一起工作的社會工作者，他們所需要的不僅僅是對於他們的當事人所處世界的認識，同時也需要了解一些實務面的原則，尤其是那些能夠支持他們做決策

和結果改變的理論。這些理論原則存在的範圍包含從「個人的／醫療的」，到「改革者／開放的」，乃至於「集團主義／社會正義」（Payne, 2005）。需要改革的目標可能是個人、群體、社群或是廣泛的社會經濟和政治結構。而最受社會工作者重視的知識可能是「技術或理性層面的」，也可能是「結構層面的」。以前者的觀點來說，社會工作者應該在法律和官方政策文件中尋找實證基礎，並且著重在問題解決的成效上。而以結構主義者的觀點來說，則是由尋求了解和從當事人的內在世界著手，因此社會工作者在工作的時候，可以將他們自身的經驗反射應用在實務上，並從每個案例的學習經驗再應用到未來的案例上，以建立他們「實務經驗」的基礎。另一方面，若以改革主義派的觀點來說，則是期冀能超越個人經驗而積極利用他們集團的力量來實現社會改革。這一個觀點側重於老人對於自身處境的理解，將原有的以社會工作者做為權威出發點的權力形態，改變為讓社會福利的使用者成為專家，或讓老人集體的力量成為有效的社會行動力來改善他們自身的權益。

在老人社會工作中，過程和結果同樣需要被考量。在取得所期望的「最終」成果時，例如支持社區內的每一個個人，達成這樣成果的「過程」——也就是能夠體貼關懷個別文化背景的需求，或是給予照顧者適當的支持——也是應該被重視的焦點。但是若從一個激進的角度來看，僅僅把支持社區內的每一個個人當作最終目標，未免顯得過於保守。也就是說，在牽涉到個人與團體時，能否以策略性的規劃來直接掌控資源，才是衡量成功與否的理想測試值。而社會工作者身為改變之媒介的角色，可能會依據他們個人傾向和所在地組織所提供的機會，而被不同的方式來解讀或運作。

本章將著眼於人口結構的變化和老化的理論，並研究這些對於老人不同的形象是透過誰建構出來的，又是如何被建構的。對於老化，可以用「生命歷程的發展」的角度來檢視文化、經濟和

社會心理的改變對於老人的影響。在老年生涯中，用機會和多樣性這種正向的形容詞，顯示「改變」可以被引導用以改善老化經驗。老人反壓迫實務的形式與內容之探討，是為了描繪可能提升老人社會地位的專業議題。

人口結構的變化

　　人口結構的改變，不論是國際性的還是國內的，都顯示了人口正在高齡化。英國 2001 年的人口普查（ONS, 2003）顯示，在英國，有超過 1,100 萬的人口年過 65 歲，有 18.6%的人口更是高過退休年齡。而到了 2031 年，超過退休年齡的人數將會約有 1,520 萬。獨居是老年生活的一個特性，在 2001 年，年逾 75 歲的人中，有 29%的男性和 60%的女性是一個人生活的。老人的經濟狀況也出現了相當大的差異，依賴於國家養老金的獨居退休人員，有 41.9%的支出用於燃油、住宿開支和食品。與此同時，有 56%擁有自有住宅且沒有貸款者為 65 歲以上，而且年逾 65 歲的老人擁有國家財富中 80%的存款和退休金。老人也是健保和社會服務的主要使用者，並在一般性問診、住院、提供居家式照顧（residential care）的機構統計數字中占主要地位。相較於年輕人，他們也更有可能參與投票選舉（在 2001 年大選中，相對於 18 至 24 歲年輕人 43%的投票率，年逾 65 歲的人中，有 82%都參與了投票），但是在其他方面，他們卻可能被排除參與公眾生活。因此，我們可以合理的說，老人在公民、經濟和政治上占有策略性地位，這樣的結果，對於政策制定者和服務提供者來說都將是重大的議題。這也意味著，在探討老化對於公民權益和個人福祉等方面的「意義」議題上，時機已經成熟了。

　　人口老化並無文化的差別。現在老年人口在數量上有著驚人的增長：2005 年，就有 410,700 位英國居民年逾 90 歲，這樣的人數和 2002 年相比成長了 22%。在 1960 年代，只有低於 300 名百

歲人瑞;而到了 2004 年,已經有超過 6,000 人年過 100 歲。儘管相較於歐洲其他國家,英國國內 65 歲以上人口占總人口的比例(一比六)是相對低的, 但若以年逾 85 歲的人口占總人口數的比例來說,英國則是比法國、德國和葡萄牙等國家要高(Grundy, 2006)。 在 2003 至 2005 年之間,一個 65 歲的男性可以預期還能有 16.5 年的壽命,而同年齡的女性則預期還能有 19.4 年的壽命。因此,老人這個分類涵蓋了一個很長的年齡範圍,而壽命的延長意味著,過了 65 歲將會是一個發展和改變的時期。1916 年,英國 50 歲以上的人口中,女性比男性多了 28%;然而到了 2005 年,女性僅僅只比男性多了 16%,而這樣的差距還在持續減少中。因此,老人人口傾向女性化的問題將會變得不那麼重要。但是,相較於白人人口,少數族群的人口結構較為年輕化。有三分之一的白種英國人超過 50 歲,而同時,卻只有十分之一的亞洲人、非洲人或非裔英國人符合這樣的年齡範疇。可是,早期的移民模式指出有四分之一的非裔加勒比海人目前超過 50 歲以上。

　　從地理上來說,老人人口的分布並不平均,在康沃爾(Cornwall)和威爾斯(Wales)以及沿海地區,有較高比例符合國家養老金年齡的人口集中在此,而倫敦和北愛爾蘭地區老年人口的比例則低於平均值。為這些社群的人規劃服務,將會出現不同的挑戰,也可能有不同的結果,反映出過去生活和未來前景都存在著多樣性。因此,以 Adam Broad 目前的狀況,在文化上,是將他擺在一個剛跨過老化門檻,並支持那些「第四年齡」(fourth age)者(譯註:從出生到就業──第一年齡;就業到退休──第二年齡;退休到躺在病床──第三年齡;死亡前的那一段時間──第四年齡)的團體中(Laslett, 1972)。性別和種族也會影響年老時的經歷。我們案例研究之一的 Carrie Davies,將會面臨到貧困、孤立和精神障礙等可能性,因而影響老年生活的狀況。審計委員會(Audit Commission, 2008)針對地方當局在迎接高齡化的準備上提供了方案,方法是透過提高對於這類議題的認知和意識,以

及和老人有更多的接觸，以規劃全面性以及特定性的服務。

了解老化的社會理論

　　Lymbery（2005）使用 Beattie（1994）發展出來的理論架構，將老化的不同理解方式歸為「建構和組織」、「專業和文化」及「人際關係」三個類別。這裡將使用這些類別來探討各種對於「老化的重要性」的思維方式，更確切的說，就是探討政治和權力這個長久以來社會科學用以處理老化議題的方式（Vincent, 1999）。然而，必須了解的是，理論的發展本身就是一個受到歷史、體制和專業背景影響而被塑造出來的社會事業（Kuhn, 1962）。不同老化理論的崛起和消亡會受到人口年齡結構的改變、政府的期望和責任的變化、生命期的延長，以及家庭結構和關係的演變等因素的影響（Marmot, 2004）。其中，社會功能的共識理論和衝突理論之間便有明顯的不同。

　　社會功能共識理論的代表就是功能主義（Parsons, 1991），從功能主義的角度來看，為了維護共識，保持和整合社會網絡是首要目標。從這個角度來看，社會和個人對於社會角色的轉變和損失的調適，在於將權力由老人轉移過渡到年輕一代的過程。因此，Cumming 和 Henry（1961）的「撤退理論」（disengagement theory）描述了一個看似不得已，但卻也很理想的狀況：就是將老人從公共和社會生活中抽離。以此，功能主義為年齡隔離的種種政策，如退休、老人健保和社會照顧服務的配給制提供了正當化依據。結構性的因素，如收入和老年的健康狀況，不同程度的影響老年的生活經驗，就如同早年生活的延續。在功能主義的典範中，Havighurst 的活動理論（activity theory）是闡釋「成功老化」時最好的概念，該理論最重視的是如何在中年時期維持並保留態度和行動力，以維持身體與精神健康。所以 Adam Broad 即使在經濟上未必活躍，卻維持了社會行為的活躍度來穩固他得到的社會地位，

同時他透過了釋出工作機會給年輕一代來貢獻於經濟。

　　由於經濟理論對於老年時的經歷有著巨大的影響，政治經濟學便開始檢視，讓生產力較低的老人在退居邊緣地位，在資源的「分配」和「合理性」的決定中所具有之經濟和政治力量的相互關係。以社會政策來說，民主國家透過提供養老金、公共住宅和居家照顧服務，來彌補在資本主義社會下老化造成的負面影響。然而這些補助會控制在僅能維持最低限度社會凝聚力所需的程度內。以政治經濟的角度來說，個人被看作是一基本消費單位，這樣邊緣化的結果，創造出來的便是老人的一種結構性依賴（Townsend, 1981），老人必須接受國家的退休政策、收入的不平等和在社區照顧政策中屈於被動的立場。然而與此同時，經濟上較強勢的老人同樣也是服務商品的消費者。因此，當具優越消費能力的老人越來越多時，私有照顧市場也因應這樣社會經濟的驅力開始發展起來。

　　消費主義在新自由主義（neo-liberal）政治計畫中的發展，受到了 1980 年代新右派和 1997 年上台的新工黨政府的支持，但被視為是對缺乏資源或無法執行選擇權之老人的權力剝奪（Vincent, 1999; Higgs, 1997）。老人對於社會和醫療資源的需求，透過消費轉化為特定市場商品，如私人提供的醫療和社會照顧服務（Estes, 1979）。如此將重點放在個人與家庭單位上，取代過去對老年人的集體義務。而沒有家人的 Carrie Davies，很可能因此在年老時因為受到經濟壓力的影響，而接受殘餘式社會福利的補助。

　　透過聚焦於老年時期中先前不平等情況的延續，衝突理論探討了社會中階級和性別的劃分。處在被低估和邊緣化群體中的老人，由於他們在經濟上不再活躍，因此分配到的社會商品也更微薄。Estes（2001）指出，老人的社會結構是結合經濟、社會和政治文化的產物，以結構性及組織性的方式運作。對於 Carrie Davies 來說，身為寡婦，讓她更加容易有經濟上的損失，她的單身狀態在品質上有別於像 Adam Broad 這樣已經做好退休規劃的人士。

「階級」和「責任」的概念，是用來保持以年齡為劃分基礎的社會結構，在此之內老人的利益不僅沒有被確認，而且在某些情形之下是被主動的壓制著。個別經驗則是透過人生歷程被建構的方式來加以了解的：一個在 70 歲時擁有全職工作的人，他的自我認同是透過「同齡的其他人沒有這樣的工作」的事實而彰顯出來。

對年長者的貶抑也會影響一些服務老人的機構，他們被認為是「老化企業」，進而將老人排除在社會其他團體之外。老人社會工作的地位，常取決於其使用者在社會上的地位，因為這些相關團體的認同會和那些被視為較不能融入主流社會的人聯繫起來。因此，老人社會工作者在自己的組織中，由於工作對象社經地位的關係，就尊重和資源的層面來說，他們常常在結構上處於不利的地位。

這樣將老人當成一個階級，針對老人結構性依賴的一些作法，受到 Gilleard 和 Higgs（2006）的批評，他們認為這是忽略個人不同的經驗和性別、種族、階級的交互作用。批判老人學的概念（Phillipson, 1998）則融合了政治經濟角度和對於其他壓迫來源的重視。批判老人學讓我們能將 Adam Broad 和 Carrie Davies 不同的生活經歷區分開來，這樣的探討模式點出了當在結構因素上尋找不利處境的來源時，個人背景經歷資料的有用性，同時也展現出個人的應變能力和專長。Gubrium（1993）因此主張使用敘事方式來了解在詮釋典範（interpretive paradigm）下，個人老化經驗如何受到社會定義和社會結構的影響。當人們在 Carrie Davies 身上貼下失智症初期這個「標籤」時，具體化了她的情況，卻掩蓋了她喪失親人、經歷貧窮和苦難，並因而在老年時受到折磨的人生經歷，而這樣的作法，便是社會工作所要介入的重點。

生物性老化和身體政治

Vincent 探討了在英國國內，身體政治、專業政治和政黨政治

對老人的重要性：高齡是具有「政治性的」，因為「在所有社會中，高齡都被作為一種區分人群的依據，在現今的英國，它成了用來安排集體生活秩序之權力結構的一部分」（1997: 7）。生物性老化被細分為幾個不同的理論，以解釋生理上隨著時間所產生的變化。「細胞性老化理論」主要以 DNA 複製效能的減弱，作為老化過程中生理機能衰退的解釋。「發展性老化理論」則認為這樣的衰退是由基因或演化衰退預先決定好的。所謂演化衰退，是指在過了繁衍後代的時期後會加速進行的自然選擇（natural selection）過程。「老化隨機理論」則將老化歸因於受到來自於環境傷害（insults）的累積，導致失去了基本的機能。在這理論中，隱含了一個可能性：透過適應環境、運動、攝取適當營養或是避免有害物質，可能可以延緩機能喪失的速率。因此，生物性老化可能也包含了社會性的成分，故可以被當作是一個公眾的或是私人的議題。許多目前受到重視的健康議題都反映了對於延緩生物老化過程的關注，例如對於美容治療的推廣也反映了社會對於掩飾老化過程的期望。

雖然生物性老化在醫學上可能被當作一個非自願性階段，分為疾病及衰退，（Victor, 2005），身體老化同時也受到文化的影響。我們對於身體的控制和保持年輕的外表，被視為成年時的一個關鍵文化特性（Featherstone and Hepworth, 1989）。還有，老人因為心智障礙所導致無法有條理的溝通，被視為完全成人幼兒化，這也威脅到他們的自我認同。身心的衰退專業人員更擁有權力，進而對一些成人艱困話題造成阻礙，例如死亡及垂死（Hockey and James, 1993）。

老化的心理社會理論

老化的心理社會理論討論的焦點可能在於認知能力、個性發展或心理的相互作用。儘管有證據顯示，學習、記憶、空間方向

感等流體能力會隨著老化逐漸衰退，「晶體」的能力卻會越來越強（Coleman and O'Hanlon, 2004）。因此雖然學習「新把戲」可能會變得越來越困難，但隨著年齡累積的穩定度和彈性，將在老年時成為最好的回饋。而在老化的過程中，當我們變得越來越自我和有個性，我們的人格特徵（神經質、外向性、對於新經驗的開放性，以及善性和嚴謹自律性）也會變得越來越明顯。我們的人格，隨著與別人的互動慢慢發展，這樣的過程正是此處所定義的「心理社會」。

當人們變老時，社會交換，也就是每個人對於在關係中個人得失的衡量，會開始改變並且降低頻率。雖然社交圈可能會變小，但是在留存下來的關係中，情感的親密度會越來越高。因此當成員老化時，伴侶和親人間的關係會越來越緊密。Carstensen 的「社會情緒選擇性理論」（socioemotional selectivity theory）（1992）解釋了老人如何專注在較少、但是卻更穩固的情感依附關係中。處理得失之間的動力學是老年生活的一大挑戰。Baltes 和 Carstensen（1996）將專注在正向成就、有效利用仍然保留之能力和事物，以及彌補喪失的機能和衰退的能力，理論化為一種在逆境中尋求自我保護和發展的「補償的選擇性樂觀」（selective optimization with compensation）。「選擇性樂觀」成為了解老人如何適應生理障礙或認知機能衰退的關鍵理論基石，也成為許多社會工作改革的基礎。因此，有效利用補償的選擇性樂觀可以支持輔助技術的發展，使老人能夠繼續保留日常活動和維持某種程度的獨立性。如此使老人能夠專注在他們既有的（例如音樂、創作等）能力上，對於讓他們保持和較大的社會社群的緊密連結將有所助益。

生命歷程

除了年紀隨著時間逐漸增長，生命歷程的概念還涵蓋了歷史性、生物性和社會性的時間軸（Laslett, 1972）。因此，我們不使

用 Erikson（1980）和 Levinson（1986）所發展出來的根據心理任務能力區分階段性生命時期的方法，而以生命歷程的概念來了解所謂角色（例如家長、學生和工作者）可能以不同順序出現在不同人的生命中，也可能完全不會出現。採用這種生命歷程而非生命時期的概念，讓個人能夠不再受到「何種年齡就應該要有何種行為或是感受」這種制式化觀點的約束。儘管如此，我們仍然會用一些關鍵的方式來表述生命歷程中的經驗。其中之一，便是使用「世代」一詞來描述在家庭中的位置，而這個位置是和像是祖父母這類特定角色連結在一起的；另一種則是參照「年齡組」，也就是一群因經歷過同樣的歷史時代而被認為共享自我認同的群體，並用這樣的概念來區分（Evandrou and Falkingham, 2000）。生命歷程中，可能會出現需要適應的重大轉變，如喪親、疾病和退休。這樣一來，個人在評估自己的幸福時，不僅關係到此時此刻，同時也要將目前的事件放在整體生命歷程中擁有的機緣和成就的背景之下來考量（Godfrey et al., 2004）。

透過自傳，過去的經歷對老化的意義得以展示出來。Victor 曾描述詮釋主義對於老化的觀點為「一種對於老化過程中各種事件之意義和詮釋的了解，並且是由老人來解釋和定義的」（2005: 35）。然而，老人並非在一個真空狀態下完成這樣的工作。就如同所有的社會行為者，他們透過社會互動的過程來建構意義。因此，符號互動論（Mead, 1934）將「照顧者」和「被照顧者」這類角色，認定為在特定社會和文化背景中個體間一連串的互動。社交網絡同樣也增進了個人在與家庭或更大網絡間交流而自我發展的過程（Godfrey et al., 2004）。

有時候，像這樣的社會角色會被欣然接受，許多人可能很直接就承受了「照顧者」或是「老年公民」這樣的安排，而有時候這樣的標籤可能會被拒絕接受。性別上的差異可能也決定了對於年老時產生新社會角色的接受度。證據顯示，在尋求社會協助，並且是以維護個人自主性而非造成依賴的模式時，需要幫助的女

性要比男性更有技巧（Ogg, 2003）。在整個生命歷程中，性別一直是主要的組織原則，因此，積累下來的經驗使年長的女性和男性有著基礎上的不同。同樣的，不同的文化傳統也會以不同的方式教導人們如何面對老化，反映出不同的家庭形式和個人期望。因此，Adam Broad 的姊妹返回千里達的行為反映出和早期自我認同來源重新連結的渴望，而另一個姊妹則是承擔了年邁父母的照顧者的角色。

老年時的調適

　　Ogg（2003）研究老年期角色的調適，其結果也顯示了心理因素和社會因素之間有著互動關係；因此，導致孤獨的原因同時包含了早先在心理上處理獨居生活的經驗，以及和社會交流的頻率。透過這樣適應轉化的方式，Giddens 將老人視為一種對於「反身性」的實踐，也就是他所定義的「一種對於自我的投射，一個維持著一貫性也經過許多修飾的、自傳式的故事」（1991: 5）。這表示透過建構一個「面具」或者「偽裝」來建立個人老化經驗和對於老化刻板印象的距離，以達到自我保護、抵擋外界負面觀感之效（Featherstone and Hepworth, 1989）。這樣的目標，可以透過使用化妝品或手術以掩飾老化過程中的生理變化來達成。藉由將衰退的形象轉化成疾病的形象，而把衰老的過程予以醫療化，這樣的行為本身可能就是拒絕接受老化的一種形式（ibid.: 317），對於尋求不論是治療或是延緩老人生理和心理的衰退，也無法加以否認。

　　人們是如何理解老化的感受呢？Townsend 等人（2006）探討老人自身的觀點。他們發現兩種對比鮮明的形象，其一是「那些和我們一樣的」，也就是老化過程中的男女主角們；另一個，則是「其他人」，也就是那些被視為拒絕接受幫助或是只接受給予卻不願付出的「惡人」。而老化的「受害者」，主要是那些有失

智症，被當作是憐憫和關心對象的人。因此，當老人在描述「私人或公開的老化生活」與「有尊嚴的老年生活」之間的連結時，他們將社會對老化的刻板印象納入了他們對於老化過程的自我管理。如此一來，老人個人的和公眾的地位應該是相關的議題而不應被分開來看。

成功的老化

　　健康上的不平等、貧困和與社會隔離，這些結構上的因素會影響到老人的生活機會。Grundy（2006）主張在老年處理生命機會的能力要以兩種方式看待，首先是人生擁有「保留的能力」，以及在危機時及長期裡有補償性的參與能力。此時，一般的預防性服務，以及特定、及時的健康和社會照顧介入同樣重要。過去曾受到的剝奪、不平等和關係處理上的困難，將在老年時繼續保有影響力，因此成為評估需要和應變能力時的重要指標。

　　如何「成功」老化，又該如何定義，近來引起越來越多的關注（Bowling and Iliffe, 2006）。有許多不同的模式（models）被用來解釋這個概念。「生物醫學模式」（biomedical models）著眼於身體的衰老，由計算慢性醫療情形的診斷數字、有無精神病的發病率，和參與日常社會活動的困難度來決定「品質調整後的存活年數」（quality-adjusted life years', QALYs）。「社會功能模式」（social functioning model）則著眼於參與社交活動的頻率、參加活動的種類是否多元、社會交流頻繁程度以及從他人處得到多少支持。「心理資源模式」（psychological resources model）則結合自我效能感與樂觀和自尊的評量。在一項對於老化的縱貫調查中，Bowling 和 Iliffe（2006）將上述評量統合起來，並加入年收入、對環境品質的感受，和對於人身安全的感受作為檢驗幸福程度的「世俗」指標（ 'lay' indicators）。雖然每個模式都能夠獨立預測「生活品質」或幸福程度，世俗的指標仍然是最有效的預測指標；

在這個模式下，那些被歸類為完滿老化的，比被歸為不完滿的，將自己的生活品質評價為理想的可能性高出五倍。結論是，由於不同評量指標各有優缺利弊，故比起將醫學、心理或社會因素分開考慮，多面向的介入和評量更有助於達成成功的老化。生活在一個良好的環境，特別受到老人的高度評價；對大多數人來說，較差的健康狀況和生理機能不一定妨礙他們擁有良好的心理健康；有 75% 的老人在日常活動中需要他人的協助，這並不是一個特殊或異常的需求。因此，儘管環境因素仍是評定生活品質的強力指標，自主性和獨立性並不是幸福安樂的必要條件。

社會比較和期望（即健康狀況比別人更佳、生活情況更好，或超過自己對於老年的期望）似乎有助於生活品質（Bowling et al., 2002）。給予群體中所有的老年人保持良好健康的機會，將是促進福祉的一個重要元素。一項針對不同族群間老人不平等現象的研究（Moriarty and Butt, 2004）表示，有必要檢視在不同族群團體間或團體中，健康狀況不良、物資缺乏和種族歧視經驗累積的影響。由於英國人口結構組成的關係，這一點更為重要，可以在老化前提供積極的預防機會。

這類的結果符合目前的公共健康計畫，並且透過多元機構、多元專業的方式來進行老人社會工作。其能影響社會工作者對於老人需求的評估、提供服務，或是評估介入的結果。社會性資本的重要性（Putnam, 2000）就是能積極地參與社會，以及因他們的貢獻而受到重視，進而提供社會工作一項前瞻性的特色，也就是確信老人能與參與創造社會政策以及因這項發展而受益。

擁有良好晚年生活的策略

2000 至 2004 年間，Joseph Rowntree 基金會制定了一項由老人自己、與其他老人一起研究的計畫；研究的重點定位為「活出美好的晚年生活」。這個研究的第一項發現是，制定良好的晚年

生活策略時，出發點應從老人自身對於「值得過的生活」的定義
著手（Joseph Rowntree Foundation, 2004）。這個計畫傳達的關鍵
訊息在於，不應將老人視為政策實施的被動接受者，如果老人沒
有積極參與研究和評價服務，所得到的資訊知識就很難經得起考
驗。儘管相較於 Carrie Davis，Adam Broad 更有機會直接參與政策
的制定，但重要的是，需要讓 Carrie 的聲音也能被聽到，Carrie 經
歷過州政府的忽視、經濟和性別上的不平等，以及受到社會隔離，
由於這樣的經驗累積，她對於老化概念獨特的理解也應該受到重
視。

　　非常重要的是，老人生活的多樣性、隨年齡增長而累積之優
勢（strengths）、持續保有日常活動，以及參與規劃服務等多方
面，都應該受到關注。想得到良好的老年生活，可能會受到某些
阻礙，這些障礙包括年齡歧視、將老年視為一種負擔的「虧損」
模式（'deficit' model），以及缺乏一個適合且體貼老人需求的、有
彈性和以個人為中心的服務。因此，尊嚴的問題不僅限於一些敏
感的服務提供上，同時也展現在提供一般服務時，對於公民權保
護的多元化和選擇性的重視。

　　儘管社會流動性日漸擴大，獨居已成為明顯的趨勢，一項針
對老人家庭和社區生活的研究已證實，對老人來說，與擴展家庭
（extended family）之間的緊密連結，以及社交和友誼網絡都扮演
著重要的角色（Phillipson et al., 1998）。但是，並不是每個老人
都擁有這樣的經歷；當然，也不能假定只要跟家人住得近，就不
會產生問題。在印度和孟加拉，Phillipson 等人研究的兩個地區——
Wolverhampton 和 Bethnal Green 地區，雖然充斥低品質的房屋和
過於擁擠的現象，但多代同堂是很普及的現象（ibid.）。但也不
是每個老人都能得到這樣的支持，例如，僅 20% 的加勒比海黑人
的老人有孩子住在英國，而且若沒有地方上的結構性支持，也不
能假定社區一定會提供照顧（ODPM, 2006）。因此，對於不斷變
化的家庭和社區有所了解，並與社區合作，是當代老人社會工作

實務中非常重要的一部分。

身心障礙與老年

　　理論上來說，在擬訂政策的層面上，在老人和身心障礙評論員（disability commentators）間搭建一座橋，是近來很重要的議題。其焦點在於透過研究，探討這兩個團體間要求社會包容性時的異同（Priestley and Rabiee, 2002）。儘管這兩個團體可能會有同樣的政策計畫，如健康、居住、社會照顧和就業等方面；然而，一項研究中調查的老人組織，有別於身心障礙運動所概念化的「傷殘社會模式」（social model of disability），他們並不認為身心障礙老人是因為社會隔閡障礙而喪失能力。但是，一些已經政治化的種族、族群及性別平等相關團體，在對待此類身心障礙政治議題時，有著比較開放的態度。值得注意的是，高齡的「發生期」常常與殘疾以及無法自主生活之機能障礙的「發生」連在一起。然而，老人機構對老人適應老年生活的殘缺（如失聰）並不像年輕人那麼關心，因此他們對服務提供者要求不高。因此，分享認知概念將協助並支持老年組織，如同身心障礙團體那樣挑戰社會障礙。

　　身心障礙運動所提倡的主要議題如下：

- 以人權為背景，提倡獨立生活。
- 公民身分介入服務的設計。
- 有支持的權利（rights to support），而不是被隔離和商品化的「照顧」。
- 消除妨礙就業和參與社群的障礙。

每項計畫議題都能夠和老年問題有所共鳴。有學習困難人士壽命的增長，以及許多有生理障礙和心理健康問題的老人的出現，表示在概念上，那些以往由不同機構專職負責的團體間所存在的相

同點，需要多加重視。Bigby（2004）討論了智能障礙者的預期壽命越來越長時所可能出現的挑戰，當家人不能再繼續照顧支持他們時，這些人士可能會從青年人的照顧方案中「退休」，並被安排到不適當的居所。反之，早期生活品質的好壞和社交網絡豐富與否將會影響到之後的老化經驗。身心障礙服務要與服務使用者和照顧者共同協調，尤其是他們轉變為父母的時候，特別要比身心障礙者在二、三十年前受到照顧時，更強調選擇性及社區的存在。

心理健康與老年

老年期的心理健康是社會政策關注的重點之一，應考量的議題如下：

- 老年期各種心理疾病的病因和患病率。
- 老人在了解心理疾病影響時的經驗。
- 在不同環境下，服務的配置管理。
- 社會工作介入的理想實踐。

老人心理健康服務最近的發展被發現存在許多結構和倫理的問題。有些關鍵的議題，存在於任何有關心理健康服務的討論中，如：歧視、個人中心照顧的提供、服務之整合，以及即時評估的取得。在新版本的《實務指南 3：老人精神健康需求的評估》（*Practice Guide 3: Assessing the Mental Health Needs of Older People*）（SCIE, 2006a）中，強調了對於特定醫療情況和社會環境間複雜互動關係的了解。在推廣老人福祉上，要將情感支持、社會聯繫、參與、學習新技能，以及維持正向心理健康等概念放在首要目標。Moriarty 和 Butt（2004）很精準地將目前的研究方針描述為：將焦點放在性別、社經地位和族群如何影響心理健康。若對心理健康服務進行強制介入，也需要注意到老人的生命歷史

背景下特殊的需要、老年失智症、不同類型之憂鬱症,以及這些疾病所具有的且逐漸惡化的性質。

認識憂鬱症

儘管失智症(dementia)被視為老年時最「典型」的心理疾病,事實上,憂鬱症(depression)才是最普遍的一種。社會因素是至關重要的。根據 Harris 等人(2006)的一項老人縱貫研究,老年憂鬱症有以下的獨立預測指標:

- 高憂鬱症基準分數。
- 失能、障礙增加。
- 整體健康情況低落。
- 不滿於受到的支持照顧。
- 孤獨。

憂鬱症的持久性是公眾健康的一個主要議題,參與研究的人中,有 61.2%的人其憂鬱症在兩年後仍然持續。然而,正規服務的提供者無法有效讓憂鬱症者普遍接受社會照顧服務。憂鬱症被療養院工作人員發現的機率不高(Godlove et al., 2004),然而,接受安養照顧的人們比起一般社群得到憂鬱症的比例多出兩倍(Banerjee and Macdonald, 1996),原因可能是收容患者感到人生中缺乏定位。McCrae 等人(2005)的一項研究調查了和憂鬱症老人一起工作的社會工作者的服務經驗,受訪者回報了對於憂鬱症預期效度非常高的指標,例如飲食及睡眠問題和生理與心理活動的減少。老年人對於情緒問題三緘其口的態度(尤其是面對比他們年輕許多的對象),成為他們尋求幫助時的阻礙,及早取得臨床診斷以及更多社會介入資源是很必要的。年輕人能夠使用的諮詢措施,很少提供給老人,而在確保能獲得適當輔助服務(secondary services)時,社區醫生也被認為是難以接觸的對象。

有憂鬱症之黑人和少數族群(black and minority ethnic, BME)

老人的情況，在很大的程度上來說都還是未知（SCIE, 2006a）。對於這些團體，政府政策都針對其生理疾病，然而憂鬱症病徵在文化上的定義，以及服務提供的廣度和有效度，都還需要更多的研究。在整個生命歷程中，歧視和受到排擠的影響，在老年時會顯現出來。有一個生態模式（ecological model）最能夠描述這樣的環境背景，在這個背景下，來自少數族群的特定老人經歷個人的、關係上的和文化上的改變。Norman（1985）描寫了所謂老年婦女的「三重危機」（triple jeopardy），也就是居住在第二故鄉、面對性別歧視以及受到不符合他們心理健康需求的評估。

失智症

　　失智症的發病率隨著年齡增長而上升：每五個年逾 85 歲的人中，就有一個會有失智症。阿茲海默症協會（Alzheimer's Society）提出的對於目前失智症的高患病率以及這對英國經濟上之影響的情況描述，是目前最詳細和確實的（Alzheimer's Society, 2007a）。這份報告（p. 57）提到了失智症會對目前的健康和社會照顧情形造成「潛在性的破壞」（potential to overwhelm），也是「造成晚年失能最主要的原因之一」（p. 23）。在英國，失智症造成的財務成本每年超過 170 億歐元。關鍵議題包括：

- 改善失智症的診斷篩檢。
- 及早發現（即 65 歲前）有早發型失智症的人。
- 符合少數族群的需要。
- 對家庭照顧者給予支持輔助。
- 配合使用者和家庭照顧者的意願提供支持。

　　儘管社會支持主要在預防社區中老人心理疾病的因素，也有證據顯示，在社區和安養機構中，長期接受照顧的老人有出現喪失自主性的情形，這同樣影響了老人的心理健康（Boyle, 2005）。Boyle 在北愛爾蘭展開一個針對生活品質、自主性和精神健康的

研究，將療養院及安養中心老人和接受居家式照顧的老人在這些
方面做了比較。而維持良好心理健康的關鍵因素，並不在於接受
照顧的地點環境，也非失能的程度，而是對於接受的照顧能否有
決定權和控制權。一項針對受親屬照顧之失智症患者的研究（Ask-
ham et al., 2007），也得到了類似的結論。他們發現，儘管是在像
家庭般的環境中接受照顧，一成不變制式化的日常生活，仍然對
他們的精神健康造成負面影響。一些觀察報告顯示，由於失智症
患者無法在一成不變的照顧工作下維持親近關係，他們的社會認
同，如家庭主婦、駕駛等，會因此受到否定。是故，社會工作的
實施，在考慮什麼樣的環境最能滿足個人心理健康需求時，不應
只將重點放在提供照顧的場所，而是重視個別服務措施的品質。
給予照顧者支持，能使他們了解老人對於自主性需求的必要性。
而喘息照顧可以提供照顧者一些服務，這些照顧者常因為缺乏時
間或精力，以至於不讓一些失能者繼續參與家事或扮演家庭角色。

　　對於文化信仰、價值觀對失智老人及其家人的表現、求助行
為和轉介流程的影響，我們了解有限（Lawrence et al., 2008）。一
項研究發現，患有失智症之英國白人、南亞和非裔加勒比海老人，
他們在對於自身狀況的認識以及尋求幫助的意願上有所不同。結
果顯示，對老年時期有不同的看法，如污名化、家庭支持的程度
及正常性的記憶喪失。英國白人受訪者最容易脫離社會活動並否
認有記憶力方面的問題，他們是實驗組中唯一談及記憶力問題對
於他們婚姻造成影響的人；而他們主要的顧慮之一，便是成為他
人的負擔，並將進入提供居家式照顧的機構看作是減輕負擔的方
式。非裔加勒比海老人對於尋求幫助的態度比較開放，而尋求協
助的可能性也較高；在很多案例中，這要歸功於他們曾與全民健
康醫療服務（NHS）有工作上或是家庭上的聯繫，不過，他們對
失智症的概念傾向於將之視為生理上自然的疾病（organic dis-
order）。他們對於提供居家式照顧的機構有非常負面的看法，但
是對於同輩群體間的支持——例如日間照顧——有很高的評價。

南亞人對於他們病情的持續惡化性較無意識，並對於他們的家庭支持很有信心；他們同時也認為能夠繼續在婚姻關係中保持互惠的關係。因此，在他們生理和心理狀況越趨虛弱時，需要持續關注他們對於服務接受度、意義方面的感想和回應。

為了強調從整個體制著手的重要性，英國政府於 2009 年出版了《國家失智症對策》（*National Dementia Strategy*）（DH, 2009c），首次嘗試將焦點特別放在各項服務的策略性議題上。該報告呼籲：

- 失智症問題應該是國家議題的首要重點。
- 對於失智症研究應增加大量的資金。
- 改善失智症照顧的技巧。
- 對於低層級社區投入更多支援。
- 保證對於照顧者有完整的支持方案配套。
- 針對由誰支付照顧進行全國性的辯論。
- 發展綜合性的失智照顧模型。

是故，從很多方面來說，失智症的照顧，只是整體健康和社會服務在面臨滿足老人需求時產生之議題的一個縮影。在國際上，大多數其他國家正走向系統化的社區照顧，但同樣也面臨了失智症和老化受到污名化和負面態度的難題。在此之上，又加上了照顧「權利」的概念難以發展、預防性資源不足、例行性看護對於個體性的剝奪，以及只求將失智老人需求一概而論、一併解決的立場等種種問題。

制定社會工作議程

人口和社會變化提供老人社會工作一個工作的脈絡。當人口高齡化，老人這個角色和地位將「正常化」，這也挑戰了傳統上對老人在社會中所扮演角色的看法。與此同時，高齡化人口相關的議題尤其需要解決，如就業和退休政策、收入來源和養老金、

健康和社會照顧服務的分配、社區參與、適當的住所及老人照顧、照顧者家庭生活的輔助等等。老人，不論是以個人還是團體來說，都會將生命早期階段的經驗帶入老年生活。這包括了早期的社會和健康品質不同、儲備老年用資源之機會不均，以及對國家和家庭支持有不同期待，都會有持續的影響。如同 Evandrou（1997）提到的，戰後嬰兒潮的人們，將他們經歷過福利國家、相對穩定的就業市場，以及有機會自購住宅的經驗，帶到老年生活。而在那之後出生的人，可能體驗過較零散的工作生活、離婚的影響，以及較昂貴的房地產。不同世代的男女會經歷不同的生命選擇，而歧視的影響也會持續到老年。有些和社會工作者有所接觸的年邁長者，如 Carrie Davies，還記得他們在福利國家之前的日子，因此對「濟貧院」和「濟貧法」（poor law）仍然抱有恐懼。對他們來說，恐懼的來源不是過去的歷史遺留，而是真實有過的生活體驗。

由於考量到目前經濟上已不活躍成員之「撫養比」有所改變，人們對於退休年齡、養老金的負擔能力、長期照顧支出的觀感也受到影響。這使得老人遭受到經濟情況改變的嚴重波及。提供老人家庭照顧，涉及到「照顧」工作人數的增加。例如，在 2001 年的人口普查中，有 10%的人將自己描述為「照顧者」（ONS, 2003）。這樣的計畫是否真的創造出了一個需要負擔孩子和老一輩家庭成員的「三明治」世代（通常都是中年婦女），成為一個新興的問題；儘管如此，討論的焦點仍然集中在「照顧」的定義和意涵（Stalker, 2003），也為老人潛在的依賴關係做了界定。

因此，老人反壓迫實務工作得以在個人層面上落實，讓過去劣勢和優勢遺留問題得以受到重視；在家庭和團體層面上，除了維持一貫性之外，也能加入新的任務；而在政治和組織層面上，隨著時代改變，那些對老人價值的看法，且會影響服務發展的觀點需要受到檢視，甚至在特定的時候，需要加以質疑或挑戰。而對老人社會工作介入措施的了解與態度，是至關重要的。讓服務

使用者得以參與建構他們自己的故事,那些需要被了解的知識和
經驗才得以受到重視。

結論

　　人口結構的改變,使老人的聲音有機會被聽到。對於老年的
建構和認知,反映了老人所生活的社會、經濟和社會環境的形態。
然而,要以「不論是個人或是集體,將老人都視為他們生活的權
威專家」這樣的立論點出發,尋求改革社會工作機關及社會工作
者的權力,以定義老年生活與老人議題。下一章的主題是老人服
務的發展史,也會討論政策改變對於社會工作實務的影響。

本章摘要

1. 老年學透過生物、心理、社會和文化觀點等面向,描述了老化
   的歷程:老人理論也要在政治和經濟下產生。

2. 老人的生活經驗具有多元性且受過去及目前的關係和機會的影
   響,同時是根據性別、種族和身心障礙等因素被建構。了解老
   年期之失能和心理疾病的影響,尤其重要。

3. 壽命的延長意味著英國有 18.6% 的人口高於退休年齡;人口結
   構的變化導致了健康和社會照顧服務面臨前所未有的挑戰,而
   「成功老化」和健康安樂也受到重視。

4. 對老人來說,在正規的照顧服務外,與擴展家庭間的緊密關係,
   以及社會與友誼網絡,仍然是非常重要的支持資源。

5. 老人應積極參與研究和服務評估,而不是被看作是被動的福利
   接受者。

課程重點

1. 社會工作對於與老人工作的觀感,會受到社會、組織和個人差
   異的影響。

2. 實踐理論應將重點放在個人需求、社會改變、群體過程或公民權上；以上任何一個或是全部的觀點，社會工作都應該有所了解。

3. 老人所處環境的複雜性，需要多元機構和跨專業領域的回應。

4. 反壓迫的實踐，正視了對老人有所影響的結構性因素，以及尊重個別差異的重要性。

5. 當老人生理或心理失能時，專業人員應該要注意到自己可能掌握的權力；而老年人自身應重視管理及控制能力，而非將獨立性當作自尊和福祉的唯一要素。

討論活動

Alice、Brenda 和 Charlotte 是同一個家族中三個世代的女性。

Alice 生於 1915 年，是九個小孩中的老么，並且在 14 歲時離開學校開始就業。1946 年她嫁給 Ronald 並生了一個女兒 Brenda。1985 年 Alice 喪夫，在婚姻生活中，她一直是全職家庭主婦，目前她住在地方機關提供的平房中，那同時也是她出生的地方。

Brenda 在 1950 年出生，她和與她生有三個小孩的丈夫 John 已離異，Charlotte 便是他們的孩子之一。目前 Brenda 是一位兼職秘書，並和她的伴侶 Frank 同住；他們兩人共同負擔房子的貸款。Brenda 每個週末都會去拜訪住在離她 20 英里遠的 Alice。

Charlotte 生於 1972 年，她上了大學並且取得會計師資格。她獨自一個人在倫敦租屋。Charlotte 會在假日時拜訪她的母親和祖母。

請探討 Alice、Brenda 和 Charlotte 不同的生活經歷如何影響他們對老化的期待。

延伸閱讀

M. Forster, *Have the Men Had Enough?* London: Penguin, 1989.

　　這本小說描述一位失智症祖母其家人的不同反應，是屬於黑色
　　喜劇和激發憐憫之心的作品，也透過適當的文獻去檢視老婦人
　　的性別期望和權利。

P. Thane, *Old Age in English History: Past Experiences, Present Issues.*
　　Oxford: Oxford University Press, 2000.

　　本書主要從歷史觀點論述老化社會所創造的福利已經超過所付
　　出的成本，也兼述老人對於他們的家庭和社會的重要貢獻。

2 老人服務的發展歷史

本章討論議題

- 與老人有關的社區照顧政策發展。
- 照顧管理過程對社會工作實務的影響。
- 健康與社會照顧的現代化歷程及其對個人化議程的影響。
- 「以權利為基礎」的照顧架構對老人公民權的重要性。

　　本章主要陳述從 1948 年迄今，在各種政策變遷的脈絡下，社會提供給老人的社會服務有哪些重要改變。過去認為人民一輩子都應該接受國家提供服務的「福利國」概念，已經轉變為在社區內接受服務的「複合式」（mixed）照顧經濟，在這個模式下，有限的資源只能提供給最有需要的人。直到最近，個人化的議程則讓老人可以直接獲得照顧經費的補助，或者得到等值的直接服務，透過各種委員會的協助，老人可以自行購買比過去傳統服務更多元化的照顧服務。老人照顧服務發展的每一個歷史階段，都源自於國家對老人的不同觀念，分別將老人視為受益人、消費者或前瞻性的公民。

對老年期多元化特質的回應

　　檢視服務工作的發展歷史時，必須了解不同的文化、歷史和

地區脈絡所建構的知識觀點，對老人有不同的影響，其中，詮釋個體社會經驗所使用的語言，對老人的影響特別重要（Payne, 2005: 58）。因此，如同第一章所陳述的，我們對於智能健康有問題民眾的認知，以及對各種殘障運動與老人福祉之間可能存在的關聯性的了解，會讓我們對老人的經驗有全新的觀點和理解。老年生活充滿了多樣性，不僅反映老人過去的生活選擇，也反映了老人目前的生活安置以及老人的自我概念和自我接納程度。因此，社會工作者對這些差異的了解程度以及社會工作實務的結果，都是本書的重點。各種研究都顯示，我們所提供的服務，與老人表示他們真正需要的服務之間，一直有些差異存在（Manthorpe et al., 2008）。在民眾所能得到的一般性、預防性服務和特定服務之間，存在著一種張力，這種張力促使社會服務政策走向現代化。目前所有的解決方案都在介紹「個人化預算」（personalized budgets）的提供，讓老人可以自行選擇，以有效提升他們的生活品質。在此，我們舉一個例子來說明傳統的服務提供模式，包括傳統照顧服務的主要特色或模糊不清的地方，以及在傳統照顧服務下，老人可能擁有的多樣性需求。

案例概述

　　下列所描述的個案，都是地方「志願服務局」（Volunteer Bureau）經常為老人舉辦的「餐會俱樂部」的主要參與者：

- Greta Harries 喜歡一再描述，當人們聽到她今年已經超過 80 歲時都非常訝異，而且告訴她：「你比實際年齡看起來年輕多了」。她每一次來俱樂部都會化妝、穿上時髦的衣服，她最喜歡的活動是跳舞。

- Ivor Jenkins 的太太六個月前去世了，他說自己既不會煮飯，也不會照顧房子。他總是一個人孤獨坐著，拒絕參加團體活動。

- Kathleen Lewis 和小她七歲的 Malcolm 結婚多年。Malcolm 曾經因為欺騙和攻擊行為而服刑，全社區的人都知道這件事情。最近，Kathleen 的手臂和臉上經常傷痕累累，有時候甚至不想回家。
- Martin Newell 被診斷出患有失智症。最近，只要他太太離開他一個人去逛街，Martin 就會變得非常激動。餐會俱樂部的協助人員認為他們必須告訴 Martin 太太，儘管他們知道這是 Martin 太太唯一可以離開先生的時間，但是他們已經沒有辦法在她離開時負責照顧 Martin 先生了。

　　上述案例中的 Greta、Ivor、Kathleen 和 Martin 都是接受相同服務（社區老人餐會俱樂部）的老人。這項服務是以「年齡」來界定，同時以非常粗略的社會需求定義來決定服務內容。這項服務實現了政府對於提升老人福利所應盡的責任和義務；但是，在「複合式」的照顧經濟模式下，這項服務是委託給一個志願服務機構，而且可能由支薪的員工或志願服務者來執行。這項服務會在一棟特定的大樓或社區中心來進行，而不是在一個正式的餐廳或酒吧；因此，儘管這項服務是在社區裡進行，但是這項服務的使用者和社區裡每一個星期都會聚在一起用餐的團體成員，仍然有所不同。獲得這項服務有一些判斷的標準，例如，Martin 很快就無法符合這項標準，因為他的心智能力正快速衰退中。此外，還有一些內部監控功能的問題，這個團體的活動都不是特定為某人設計的，而是由活動來選擇參與者，例如，Kathleen 就會受到應有的監督。Ivor 和 Martin 可能會受到團體中多數女性的排擠。Ivor 所面臨的個人和家庭困擾，並沒有人加以探究。至於 Greta 的自尊完全建立在她和同伴之間的差異性上，她完全無法接受自己是「老人」的事實。

　　這些日間照顧（day-care）的情節反映了傳統老人服務提供的

問題，日間照顧的提供是透過一些專業的照顧需求評估來調整。現在我們稱這些參與服務的人為「服務使用者」，而不是「當事人」，但是沒有人認為這些是「使用者導向」的機構，這些服務通常被認為只是一種監控、喘息服務或社會活動，這些活動可能需要收取一點費用，可能是經過經濟評估而決定收費情形。這些社區活動之所以存在是假設能夠順著老人的意願形成一種社區，或者相信這種集體服務是一種善行，或者符合經濟效益的規劃。如果 Greta、Ivor、Kathleen 和 Martin 能夠擁有個人的照顧預算，他們會購買像這樣的服務嗎？協會透過這類活動為老人所塑造的形象，是否符合老人的期待呢？如果未來越來越少人參加這種餐會俱樂部，它的經營方式可能會有哪些轉變？

「忽略式服務」的發展歷史

　　Means 和 Smith（1994）即曾經描述「忽略式服務」（service neglect）的發展歷史，強調標籤化機構的服務提供，以及對老人的負面刻板印象，這些都是造成老人忽略式服務的歷史因素。為老人提供服務的法令不斷讓「濟貧法」的價值、門檻，以及《1948年國家扶助法案》（1948 National Assistance Act）更具體化。冷漠的法令禁止發展各種「反歧視」活動，強調服務的提供必須依照個人的不足或缺陷來決定，服務因此成為一種商品（McDonald, 2006）。沒有把老年階段視為生命發展中的一個階段，而是把年長者當成政策制定者必須面對的一個「問題」。

　　社會民主主義者和功能主義者對老人服務提供的觀點是一種支配性的戰後（post-war）模式。認為這是伴隨社會的變遷、基於輿論以及對各種客觀「事實」給予人道主義的回應。這些客觀事實包括：人口結構的改變、經濟的繁榮、因薪資調整而逐年增加的退休金，以及透過政府的規劃，直接由大型聯合社會服務機構所提供的住宅照顧等。這個時期的社會工作很明顯的都是一種形

式的、以個案研究為基礎的介入模式，而且完全沒有經濟壓力（ibid.）。很多老人社會工作都是由沒有經過認證的職工來提供服務，主要的介入模式是安排診斷、開立處方的醫療模式，以及針對評估後需要長期照顧者，調整並提供照顧需求，至於這些服務提供通常都是採取居家照顧的安置。

社區照顧的發展

　　1980 年代社會服務發生一連串的改變，最後發展成一種「社區照顧」（community care），而且成為一種主導性的社會服務輸送方式。人數不斷成長的老人人口受到關注，甚至被稱為「人口統計上的時間炸彈」（demographic time bomb）；一時間，私人居家照顧大量湧現，成為照顧服務市場的主流，同時被認為是一種昂貴的、居心不良的鼓勵政策——由社會安全救助金支付費用，讓老人們接受各種居家式照顧服務，而且不需要任何正式的需求評估（Audit Commission, 1986）。但是，最明顯的是，英國新的保守黨政府對這種由國家支付照顧費用的概念提出挑戰。直接式的照顧服務被「賦權增能政府」（enabling state）的願景所取代，由個別的服務提供機構，提供老人們各種服務類型的選擇。這種「新權利」（New Right）的服務理念，獲得 Roy Griffiths 爵士（Griffiths, 1988）所提出的企業家報告的背書，後來的白皮書《個人照顧：未來十年後的社區照顧》（*Caring for People: Community Care in the Next Decade and Beyond*）（DH, 1989）也給予肯定。主要內容包括下列六個目標：

- 促進住宅服務、日間服務和喘息服務的發展，讓老人可以住在自己的家裡，因為家裡是一個合理、適當的安置場所。
- 確保服務提供機構可以優先提供照顧者各種照顧服務支援。
- 確實做好適當的需求評估和良好的照顧管理工作，以確保高品

質的服務。
- 靠著良好品質的公共服務提升獨立部門繁榮發展。
- 釐清機構應有的責任，以便要求他們為自己的服務績效負責。
- 建立並宣導新的社會照顧補助制度，以善用納稅人的錢，並提高其價值。

　　儘管這種照顧概念仍然有許多爭議，就連不同組織間的整合都受到質疑，但是，就某種程度而言，目前這些爭議已經逐漸淡化，轉而關注各種不同服務形式所提供的服務績效，提供個人賦權增能模式的服務，包括：

- 在社區中獲得協助與支持。
- 讓照顧者獲得相關的支持以提供持續性的照顧服務。
- 透過新的評估模式使服務優先有效率。
- 適當區分並明白列出健康機構和社會照顧機構在照顧服務提供上的個別責任和共同責任。
- 透過經濟模式，處理有關「現金交易價值」的爭議，包括照顧績效、收費政策等議題。

　　因此，在社區提供個人協助，被認為是多數老人喜愛的地點選擇，也符合公民意識和包容性的價值觀。然而，如果社區照顧的費用比提供居家式照顧的費用更高，或者社區照顧的數量或內容不夠，個別老人仍然會選擇接受居家式照顧，儘管那不是他們的第一個選擇。至於照顧者的支持方面，在《2000 年照顧者和身心障礙兒童法案》（Care and Disabled Children Act 2000）與《2004 年照顧者（公平機會）法案》（Carers [Equal Opportunities Act 2004]）的法定架構中已經被強化（McDonald and Taylor, 2006），但是，對於照顧者所提供的服務價值仍然缺乏應有的酬勞，照顧者被當成一種照顧提供的「資源」，而不是照顧提供的「夥伴」。透過評估決定個人接受服務的優先次序，很明顯的是一種定量配給的

設備資源，結構化的評估工作和照顧管理程序，讓社會工作者的角色進一步階層化。健康照顧和社會照顧之間的界線越來越受到質疑，特別是經過「全民健康醫療服務」（NHS）評估並認可的照顧服務，以及醫院的執行績效。經費補助政策的公平性以及透過經濟情況調查的需求評估，仍然受到爭議，在估算政府服務提供的價值時，私人不斷累積的退休金、家庭對個人的價值等，都必須列入考慮。

　　目前有關社會政策和老人的相關爭議，仍然認為老人人口的大量增加是一種有待解決的人口問題，而不是把老人當成擁有個人和集體權利的公民來對待，不認為政府可以保證讓老人獲得應有的服務，包括規劃符合老人需求的服務、讓老人受到應有尊重、自主性，以及基本權利的保護等。

照顧管理工作的發展

　　1990 年代出現的社區照顧對社會工作的角色有很大的影響，「健康司」（Department of Health）委託 Kent 大學的「個人社會服務研究單位」（Personal Social Services Research Unit）所進行的研究（Davies and Challis, 1986）也表示，將有限的資源給予容易受到傷害者，讓他們有機會獲得昂貴的居家式照顧，是非常有意義的，透過一種「福利的生產」（production of welfare）模式，讓輸入和輸出的費用之間取得平衡。透過這種模式，可以發展完整的評估過程、計畫過程及內部的檢視過程，這就是所謂的「照顧管理」（care management）。「健康諮詢司」（Department of Health Guidance）（DH, 1991）曾經詳細地說明機構如何建立制度，以及個人照顧管理者（包括專業機構，而不只是社會工作者）如何在「套裝照顧」（a package of care）中，確認資源並做最有效的分配。有些照顧管理模式是具有潛在價值的（Pilling, 1992），但在實際運作過程中，「社會企業家」（social entrepreneurship）

是最普遍的模式，藉此模式，照顧管理者可以有效的代表個人簽訂一系列服務。因此，直接服務和最後的決定權就落在少數專業人員身上，而不是由個別老人來決定。在這一段時間裡，服務提供的語彙已經從「當事人」，徹底轉變為「服務使用者」，甚至是「消費者」，以充分反映出「以消費者為中心」的核心概念，藉以鋪陳對個人抉擇和自我效能的幫助。在某些領域裡，社會工作者已經被界定為「照顧管理者」，必須和其他專業人員共同完成任務，可能包括護士、職能治療師等。

在實務工作的管控過程中（Clarke et al., 2000; Harris, 2003），管理主義是調節市場經濟發展的必然結果，已大量的被公式化的評量方式和服務認可所取代，非常強調服務效能、生產性，透過技術的應用和預算核定過程來提供服務。在這種模式下，社會工作管理者較少被認為是專業人員，反而被認為是具有一般管理知能的管理工作者。這種運作結果會讓管理者成為工作量的監控者，而不是專業督導的資源提供者。在此，管理者只會介紹各種制式化的操作模式，沒有提供實務工作者足夠的理念和設備，無法讓實務工作者了解個人生活的複雜性並給予適當的回應。社會工作者和當事人的關係也從一種互動關係轉變為一種經濟關係；從一種治療關係轉變為交易關係；從受到滋養和受到支持的關係轉變為簽訂契約和服務導向的關係（Howe, 1996）。因此，在成人照顧團隊裡的社會工作者將發現，「社區照顧」這個名詞已經越來越不符合他們每日例行工作的真實情境了（Gorman and Postle, 2003）。

社會服務的現代化

1997 年政黨變遷著手了「新工黨」（New Labour）的現代化議題（DH, 1998），把彼此間的競爭關係轉變為夥伴關係，市場趨力也透過相關的調整和檢視過程加以補救（McDonald, 2006）。

真正主導的是「新自由主義」（neo-liberal）的思考模式，強調面對社會變遷時的個人責任，同時和其他歐洲國家剛從全面性福利提供政策撤退下來的情境進行比較。因此，「個人照顧成果」成為評量成功照顧服務最重要的指標（Henwood and Waddington, 2002），同時越來越強調幸福感和社會包容性。《我們的健康、我們的照顧、我們的聲音》（*Our Health, Our Care, Our Say*）白皮書（DH, 2006c）中，強調預防性、社區發展，以及提供個人量身訂作的照顧計畫，以符合個人的期待。直接付費方式讓個別老人可以獲得現金補助，而不是一種照顧，至於個人照顧的預算規劃，可以把各種補助類型加以整合，以取得套裝模式的個別化照顧服務，可以讓老人在各種可用資源中成為自我導向的服務使用者。

對老人而言，主要的政策里程碑是對現代化趨勢的回應，同時中央設立一套標準，作為評量地方政府運作效能的標準：

1. 《老人國家服務架構》（*The National Service Framework* [NSF] *for Older People*）（DH, 2001）是建立在「公平對待所有老人」的基礎上，並遵守全民健康醫療服務的規定，共有八個重要標準：
   (1) 能根據個案需求提供相關服務，排除年齡歧視，但仍然要防止社會服務相關單位在評估和核准過程中，以年齡作為提供服務的評估條件。
   (2) 能透過「單一評量過程」（Single Assessment Process）以及整合性的委託安置，落實「以個人為中心」（person-centred）的照顧。
   (3) 讓住在家裡或接受特殊照顧的老人都能得到立即性的照顧服務。
   (4) 一般醫院照顧能夠適當且量身打造，而且尊重個人隱私和尊嚴。
   (5) 努力減少老人發生中風的次數，同時規劃整合性的中風照顧

　　　　服務。

(6) 能減少老人跌倒的次數，避免引起各種傷害，同時開發有效
　　的治療和復健工作。

(7) 讓老人能夠得到整合性的心智健康服務，特別留意憂鬱症和
　　失智症的發生。

(8) 提高老人的健康狀況，同時提高老人對生活的主動性和期
　　待。

2. 在《老年生活新抱負》（*A New Ambition for Old Age*）（DH,
　 2006a）中，特別提到照顧的尊嚴、照顧服務的連結以及健康老
　 化的問題，以落實國家服務架構（National Service Framework）
　 的理念。該文件中特別陳述，病弱老人的照顧必須列為健康司
　 的主要業務。

3. 在《福利新政策》（*A New Deal for Welfare*）（DWP, 2005）中，
　 鼓勵老人繼續參與經濟和社會活動，強調給予50歲以上的人工
　 作機會，同時重新檢討退休金制度，以支持救助者，並給予照
　 顧者一些補償。

4. 《穩健奔向人生後半場》（*A Sure Start to Later Life*）（ODPM,
　 2006）則以兒童在社區裡體驗各種不方便的活動，來形塑老人
　 的預防性照顧。

　　這些草案已經為了成人服務的使用者團體進行同步的改變，
期間的社會服務目標是聚焦在一些必須支付高額服務費用，而在
社會上受到排斥的團體。

定量配給的影響

　　有關社會包容和預防的議題已經發現，不管是因為審查的標
準越來越嚴格，或者是老人們越來越有能力自行支付照顧的費用，
越來越多的老人已經不再是社會工作服務的對象了。社會照顧監

督委員會（Commission for Soual Care Inspection, CSCI）在《社會照顧的現況》（*The State of Social Care*）（2008c）報告中表示：根據 2005 至 2007 年有關照顧提供的調查資料顯示，和 2003 年比較，越來越少的老人在社區裡接受照顧，很多老人之所以拒絕接受社區照顧，是因為他們覺得整個評估過程讓他們感到挫折、失望。儘管在 2003 至 2006 年間，75 歲以上的老人中，接受社區照顧的比例增加了 3%，但是接受社區照顧的總人數卻從 867,000 人，下降到 840,000 人，儘管如此，與社會服務相關的議會開支，有 61%的經費確實都直接用在老人身上。透過志願服務者和私部門提供老人照顧服務的趨勢越來越明顯，在 2001 至 2002 年間大約占居家式照顧服務總支出的 59%，2005 至 2006 年則達到總支出的 72%，此外，也提供了獨立部門照顧服務 82%的人力服務。由老人自行負擔照顧費用的比例越來越高，2005 至 2007 年之間，有二分之一的全國老人社會照顧總經費（大約 59 億英鎊）是由個人自行支付，或者自行負擔照顧評估費用。然而，同一個時期卻發現有三分之一的護理之家或家庭照顧機構無法提供適當的照顧計畫，很明顯的，主要的問題仍然是政府沒有盡到監督的責任，人民獲得最基本照顧服務的權利沒有受到保障，以及照顧提供的品質問題，這些問題促使服務提供機構必須開展一些誘因或有效策略，針對不同需求的老人提供各種照顧服務，而不只是「解決問題」或透過正式的服務滿足老人的需求。

轉變中的議題——個別化和個人預算

目前，政府對老人照顧提供的責任已經有所改變，已經從社區照顧的責任轉變為個別化和個人預算（individual and personalized budgets）。最重要的是，這種轉變不管在服務的提供或專業人員的角色扮演上，都是非常大的轉換。個別化預算試著將分別來自健康服務和照顧服務的經費加以整合：包括居家式照顧中「提供

人民協助」（supporting people）的預算，以及提供年輕殘障者的「獨立生活補助金」（independent living fund）。要整合這些不同來源的政府補助經費是一件非常複雜的工作，在他們各自的領域中，個人預算式的補助必須更加審慎，並將照顧服務經費直接支付給個人。對政府和個人而言，兩者的基本論點都是：個人必須能夠自行管理一筆經費，或者和該費用等值的服務內容；而不是委託他人，透過照顧管理過程來獲得適當的照顧。對於這種轉變，Tanner 和 Harris（2007）認為，這是國家福利制度基礎的一個大轉變，將老人福利提供的責任，從國家的責任轉變為個人必須自行面對的一種危機。然而，前面所提到的現代化照顧服務創新策略，非常強調社會包容的特質，如今把照顧服務的責任還給老人自己，在目前各種轉化議題中，「個人化」已經成為新自由主義的象徵，在這種新自由主義的氣氛下，個人必須開創並管理自己的生活。

2008 年地方政府公告《轉變中的社會照顧》（*Transforming Social Care*）裡具體說明，未來各地方政府都會都透過各種協議，將不同的照顧服務加以整合，因為老人的人數越來越多，目前機構化的安置已經被認為無法滿足老人的需求。對此，和老人有關的考量可能包括：強調由老人自行負責並管理照顧服務品質，對於一些沒有能力管理個人事務的老人，可能會造成一些責難；要尋找並訓練一些適當的個人助理也是一項大問題；在多樣化的照顧服務模式下，照顧服務的品質將更難掌控；對一些容易受傷害者的安全照顧也將成為一個重要問題；此外，如果個人預算的補助標準缺乏適當的評估，目前所建立的各種服務規劃將會快速消退。

此外，1990 年代早期所提出的社區照顧是一種新的政策，關於社區照顧的績效，即使在委員會中所呈現的證據也非常有限。由 Glendinning 等人（2008）所主導的「個別化預算先導計畫」研究發現，個別化預算式照顧安置過程的績效和危機都有待進一步

的研究和發展，因為「個別化預算式安置」和標準的「支持性安置」兩者的成本效益並沒有顯著的差異。很明顯的，儘管擁有個別化預算，老人不會像其他年齡的人一樣充分表達自己的期待和熱情，而且還會擔心把這些預算當成額外的負擔，因為老人必須負責規劃並管理自己的照顧服務。至於建立新制度的複雜任務，是否能夠節省專業人員的服務時間，仍然有待確定。在 2011 年前，這項政策將成為主流，至於這項政策的效益仍然有許多值得討論的空間。

支持實證基礎的實務工作

目前有很多的實務研究都在了解「實證基礎」（evidence-base）的實務經驗，以及各種議題的合法性。社會關懷卓越機構（Social Care Institute for Excellence, SCIE）已經針對一些主題建立實作原則，並檢視政策的內容。同樣的，「國立臨床效能研究學院」（National Institute for Clinical Excellence, NICE）也檢視各種有關照顧服務發展原則的宣傳單、各種醫療診斷，以及國家健康服務人事局各種好的實施策略。因而在 2009 年將「社會照顧監督委員會」、「健康照顧委員會」（Healthcare Commission）和「心智健康法案委員會」（Mental Health Act Commission）等三個委員會，結合為「照顧品質委員會」（Care Quality Commission），試著提出一些照顧提供的標準化原則，同時希望能設定一些主題，監控不同照顧安置的服務品質。

至於老人自己以及他們的代理人是否察覺到這些改變？這些改變對他們的生活有哪些影響？根據政府針對目前照顧政策的矛盾所進行的研究，Bank 等人（2006）分析 2001 年人口普查的資料表示，儘管在 1991 至 2001 年之間，提供老人居家式照顧的數量已經大幅減少，但是這些比例的下降呈現一種不均衡情況，多數集中在一些資源匱乏且健康情況不佳的老人身上。但在同一個

時期，也有一些地方政府提供人民一些高品質的居家式照顧，提供相當高水平的家庭照顧服務。作者因此建議，以「居家式照顧」來取代「家庭照顧」（也是 1989 年白皮書的目標之一）的規模不夠大。沒有品質的護理之家服務，提醒我們關注中央和地方政府在面對強大的照顧市場壓力時，必須落實以需求為基礎（needs-based）的照顧計畫；缺乏完整的照顧計畫，將會影響老人的選擇和調適，尤其是那些少數的弱勢族群。2007 年慈善團體「諮商與照顧」（Counsel and Care），也針對地方政府的照顧收費標準、資格審查評估政策進行研究，研究結果表示，老人支付較高的收費卻獲得較少的服務，該調查的結論是：「銀根緊縮為老人」（the squeeze is tightening for older people），並當成該報告的副標題。儘管已經有一些策略性、以夥伴關係為基礎（partnership-based）的改進方案，例如強調加強住宅條件、整合性的需求回應、提供復健和遠距照顧服務等，但是，有限的經費表示預防性的治療是暫時拼湊起來的，多數都透過志願服務部門來提供服務。由於重點都放在那些高度依賴需求者，以及缺乏家庭支持的人，因此所有的預防性議題只好暫時擱置；至於收費標準也因為不同的主事者而有相當大的差異，但是整體而言，照顧費用是越來越高了。

蘇格蘭地區於 2005 年曾經發表一份重要的資料：《21 世紀社會工作的回顧》（*The 21st Century Social Work Review*），這份報告主要在評論目前一些社會工作的理念和觀點。該報告中有一個標題為「有效的老人社會工作」（Effective Social Work with Older People）（Kerr et al., 2005）。主要的討論問題是：「如果將年齡因素納入，老人的社會工作需求必須被強調嗎？應該如何強調呢？」（ibid.: 22）。討論的結果大致認為：老人並不需要社會工作者，因為他們的年紀已經很大了。至於這些概念什麼時候開始改變或轉向，轉而認為社會工作者可以有效介入並給予老人協助呢？多數人都相信，是因為 Smale 等人（2000）針對社會工作者

的特殊性角色所做的分析,這些角色任務包括:

- 當沒有人可以提供適當的答案時。
- 當受照顧者的關係變得非常複雜時。
- 當受照顧者的生命受到威脅時。

　　蘇格蘭地區也曾經針對一些經過審查的老人提供某種程度的免費個人化服務,讓老人在自己家裡或在提供居家式照顧的機構自由選擇不同的照顧服務。蘇格蘭地區接受居家照顧的人數占 65 歲以上人口的 4%,在英倫地區則大約只占 2.5%。在蘇格蘭地區,每一個人接受居家照顧的支出大約比英倫地區多出三分之一(Alzheimer's Society, 2007a),Curtice 和 Petch(2002)分析兩者的差異情形認為,主要的差異在於蘇格蘭地區的人對於老人照顧有不同的價值觀和態度,因此對公共支出給予更多的經費支持。在 2002 至 2005 年間,蘇格蘭地區接受個人化照顧的老人人數大約增加了 62%,有相當高比例的殘障者和非正式的照顧,這個數字無法透過人口的增加趨勢加以解釋,但是,有人認為可能是他們發掘許多過去沒有被滿足的需求。蘇格蘭地區的經驗揭示出老人照顧服務的兩個重點:增加「以需求為導向」(demand-led)的服務提供模式,以及為了回應老人照顧傳統價值所面臨的挑戰、在定量配給和有限的服務資源基礎上,在「照顧制度」方面進行改變。

強調「以權利為基礎」的架構

　　對於目前服務提供架構的相關研究,2007 年的「人權聯合委員會」(Joint Committee on Human Rights)提醒我們思考:把「提供的責任」和「獲得的權利」完全分開的二分法是否恰當。政府提供社區照顧的相關法規是非常零碎且複雜的(McDonald and Taylor, 2006)。Ann Stewart(2005)曾經從個人觀點陳述她在協助

自己的母親時所真正面臨的挑戰。就專業角度而言，她是一位法律方面的教師，她很清楚政府在提供成人照顧服務時，相關的立法都缺乏明確的價值基礎；在公共照顧上，也缺乏牢靠的人權文化底蘊。她所體驗到的挑戰都肇因於各種階層體制所造成的延誤、不合適的福利服務、不穩定的服務提供情形，以及忽略老人人權的文化氛圍。當照顧服務已經公開地委託給某個單位，如果照顧提供者和受照顧者之間沒有適當的契約關係，就表示受照顧者只能被動期待市場機制能夠對他們慈悲些，無法有效要求改變契約的期程。即使當 Ann Stewart 的母親開始自行僱用照顧者，嚴重不足的照顧者市場仍然讓她無所選擇。老人們不可能集合起來挑戰行政決策，因為以老人為對象的倡議活動有限，而且他們行使公法的權利受到限制。至於個別老人為了避免受到傷害，或者擔心有限的資源再次被剝奪，甚至因為領取政府的津貼而有些羞愧，因此不可能個別提出挑戰。

目前有關老人服務工作的法規都要求老人接受需求評估（NHS and Community Care Act 1990），但是，決定滿足老人有何種需求，則取決於資源提供的目的性。這種模式主要奠基於個人的不足，因此，儘管被界定是一種「以需求為導向」的服務模式，卻不能稱為「使用者導向」的服務，因為在這個範圍下，受照顧者的合法化需求仍然由受委託機構來進行評估和決定。強調保護個體免於受到傷害的觀點，當然會優先重視身體需求的滿足，而忽略個體在社會或情感上的需求（McDonald and Taylor, 2006）；毫無疑問的，如果個體有多重複雜性的需求，當個人要求政府提供社區照顧時，可能會以經費不足為理由而遭到拒絕，同時一方面鼓勵他們接受機構式照顧。我們必須體認，目前成人照顧服務的法令缺乏一致性，因此會影響民眾獲得照顧服務的權利。「法律委員會」（Law Commission, 2008）曾經為目前社區照顧法令的缺失建構一個完整的圖像，建議將一些和個人權利、公平性、夥伴關係相關的指導原則，納入一個新的社會制度，以符合照顧服務

的現代化趨勢，讓現代化照顧服務制度具有清晰的內容並具有說服力。1998 年的《人權法案》（Human Rights Act）中明白規定對個人家庭生活的尊重、免於受到不仁道或不合理的對待，以及老人相關的照顧和支持。但是在這之前，社會大眾一直懷疑「人權法案」可以保護老人的公民權。這些指導原則是否能夠有效落實在實務工作，不只要有足夠的照顧資源，也需要專業人員主動將各種問題視為一種個人權利的尊重，針對各種棘手的問題找出成功的對策（McDonald, 2007）。至於社會工作的功能、社會工作的支持政策等，將在下一章討論。

結論

　　以老人為對象的社會工作如果只強調年齡因素，將忽略老人和其他社區照顧服務使用者的共同旨趣。社會工作者對受照顧者的回應模式，受到工作情境脈絡的影響；就歷史的發展脈絡而言，以老人為對象的社會工作者一直都有資源匱乏的情形，強調過程而忽略實質的內容。老人社會工作實務需要各種應變的技巧、面對複雜的人際關係，同時持續保護老人擁有個人的權益。儘管以老人為對象的社會工作一直缺乏一致的明確目標，但是，由於市場導向的照顧管理模式、定量配給的服務，以及忽略個人權利的服務架構的影響，目前在政府的政策理想和實際運作結果之間，已經出現相當大的鴻溝，需要進一步的努力。

本章摘要

1. 探討不同組織間的失衡情形、不同的社會情境，以及個人對老化的回應態度時，我們發現，社會工作的理論和知識基礎遭遇到很多的挑戰。
2. 老人社會工作的發展歷史，主要的重點包括：忽略式的服務、以匱乏模式為基礎並強調機構責任的立法架構。

3. 1990 年代的社區照顧政策，重新塑造政府在照顧服務上的「賦權增能」角色，而不只是「提供者」的角色；重視以管理主義原則為基礎的制度建立，卻忽略了專業人員的知識和技能。

4. 健康和社會照顧上的「現代化」議題，以及目前理念的轉化議題，都是建立在「新自由主義」消費者選擇的原理原則上，強調服務輸送過程中的個人責任和個別化權益。

5. 老人社會工作的演變已經從強調「輸入」的服務，轉而重視「過程和結果」，強調重視目標的達成，提升個人的幸福感，增加個人的責任感。

課程重點

1. 老人社會工作的實務運作已經從一般性轉為特殊性的服務內涵，而且必須根據我們對老人的意願和需求的真實了解，調整服務的內容。

2. 不斷變遷的政策和社會情境促使社會工作持續轉型，照顧管理制度的發展已經為社會工作者形塑多種角色和任務，並開創一系列的專業人員以及不同認證資格的職工。

3. 老人社會工作必須留意「定量配給」服務的發展結果，因為定量配給的服務可能危及預防性服務的議題，也可能影響實務工作的回應能力。

4. 「以權利為基礎」的老人社會工作才剛剛開始起步，在實務運作、服務機構、立法和政策制定上，都需要不斷改變和進步。

5. 如果社會工作議題的轉化是為了讓個體真正擁有選擇的權利，就必須有足夠的服務資源，透過成套「套裝照顧」的管理，讓個人可以很容易的獲得適當的服務。

討論活動

1. 你認為目前的老人社會工作，有哪些內容仍然在反映過去社會工作所強調的重點或標準？這項事實在社會工作觀念轉變上可能產生哪些影響？我們應該有哪些準備？
2. 如果有人認為老人因為年齡大了，不需要社會工作服務，為什麼老人社會工作需要特別獨立成為一個專門研究呢？

延伸閱讀

S. Carr, *Personalization: A Rough Guide.* SCIE report 20. London, 2008.

這是關於社會關懷卓越機構所出版的「我們知道的故事」，內容包括目前對於個人化議題在第一階段的落實情形。

J. Lewis and H. Glennester, *Implementing the New Community Care.* Buckingham: Open University Press, 1996.

這本書主要在描述 1990 年代初期有關「社區照顧」的歷史發展和起源，以及探討社區照顧對機構和專業實務工作的影響之研究。

 # 3 社會工作的功能

> **本章討論議題**
>
> - 社會工作在社會上的功能，以及社會工作者可能面臨的不同工作。
> - 老人社會工作所需要的工作技巧及知識。
> - 社會工作理論的分類。
> - 社會工作者認證中與認證後的不同技巧，以及社會工作者角色的轉換。

　　老人社會工作者並沒有明顯的專業身分。以資格的角度而言，《社會工作國家職業標準》（*The National Occupational Standards for Social Work*）（TOPSS, 2002）中列出適用於個人、團體及社區中各種情境所需要的技巧，在一至四項社會工作者主要的角色中，包含社會工作的要點及社會工作要遵循的過程：

- 評量、照顧規劃和檢視（第一至二項）。
- 支持個人去表達他們的需求、觀點及情況（第三項）。
- 風險的處理（第四項）。

　　第五項社會工作者角色中指出個別社會工作者與雇主間的關係是：在監督與支持下，如何處理以及負責組織內屬於他們特有的社會工作。第六項則加強其他任務的基礎；如社會工作實務中

專業能力的說明。這種以能力為基礎的架構強調透過知識、技巧及價值觀的分享來保留組織中的專業。在社會工作資格認證後的階段中，上面所提到的成人社會工作的課程（GSCC, 2006）對專業人士、高階專業人士或進階的老人工作是沒有區別的。共同的知識與技巧和社會工作實務內容、政策與立法有關，也與人類成長、發展和共同的專業工作有關。此外，在取得社會工作資格認證後，他們必須具有幫助其他工作人員的能力，以及在機構中給予同事前瞻性的觀點。為了保有「社會工作者」的資格，他們在三年的期間內，必須要有 15 天的專業研習。

　　本章主要說明在公立的、義務性質的及獨立的機構中，社會工作者擔負的社會工作功能以及不同角色。在支持個人和保護他們免於受傷害之間，存在著緊張的關係，而社會工作者的角色是強調工作的合法性、代表性及專業的忠誠度，也會產生緊張的關係。本章的特色是評量社會工作的角色，發掘事情的問題並有計畫的反映問題的處理，同時也探討結果。在每一階段，每一種狀況以不同的理論架構作為了解及介入的評估。

案例概述

　　Winifred Yates 住在父母留下的房子，除了很多的儲蓄以及少量的退休金外，她也繼承了不少有價值的古董。她唯一的親人是 35 歲的外甥 Gerald，他每隔一週都會來拜訪她。Gerald 失業且有三個孩子，過去幾年內，Winifred 給他錢買新車、付公寓的訂金及家人度假的費用。Gerald 提議賣掉一些古董。而 Zena 是 Winifred 的清潔工，他發現家中一些古董不見了。現在 Winifred 被診斷患有老人失智症，常常很煩惱，因為 Gerald 告訴她要將她送到安養中心，而且要處理她的財產。

　　Winifred 的個案突顯了許多人面臨同樣的困境。當一群有社

會工作資格認證後的學生討論這個個案時，大家都對 Gerald 有複雜的感覺。他是一個關心但是有傷害性的照顧者，還是他自以為是，並且威脅到 Winifred 的自主權？Winifred 是受害者或是一個慷慨的人，保護她的家庭免於受到傷害？Zena 是個中立的人士，或者她為了自己的利益而想繼續在 Winifred 的家中工作？這些人的權力分配為何？Winifred 有金錢的優勢，Gerald 是男人且為家庭的決策者，至於Zena 她有能力離開這份工作嗎？這時候社會工作者就要有權力評估 Winifred 的最佳利益而做出最後的決策。這些決策也要根據社會、心理、經濟與合法的不同觀點。

　　社會工作者的基本知識包括覺察到 Winifred 可能會因為開始有失智症而忘了曾贈與的金錢，或她忘了存放的地點。也需要更進一步的以各種評估來診斷 Winifred 是否有合法的能力處理自己的事情。《2005 年心智能力法案》（Mental Capacity Act 2005）中指出，Winifred 只有在評估下才能做出一些決定，例如，金錢上繼續支持 Gerald 及他的家庭，或者住進提供住宿照顧的機構。至於社會工作者與其他的人，是不能介入的。

　　但是社會工作者應該了解 Winifred 在情感上與金錢上是沒有能力做決定的。要發掘 Winifred 過去和現在與 Gerald 及 Zena 的關係，並和她討論不同的情況，且將此情況告知有關單位。如此，Winifred 將會了解她被迫支援 Gerald 的金錢狀況，但她可能願意這麼做去維持與她外甥間的感情，或者避免她的財產被用在支付未來的養護費用，或者避免遺產稅。Gerald 對失智症的了解可能有限，而且他可能誤認為去安養機構是不可避免的。社會工作者的工作就是告訴他一些資訊及忠告，並且告訴他照顧 Winifred 的法律權利並評估他的照顧能力，考慮他的家庭責任及找份有薪水的工作。他也要被告知《心智能力法案》中的條文。他被賦予在財務及福利的決策中，可以替 Winifred 做決定的合法權利。

　　在保護成年人的跨部門合作政策架構中，《沒有秘密》（No Secrets）（DH and Home Office, 2000）〔譯者按：這是英國健康

司和內政部 2000 年 3 月 20 日公布的一份文件，作為保護弱勢成
年人免於受虐的指引。〕文件裡指出，弱勢成年人的定義是需要
社區服務，但是這不能符合 Winifred 的狀況和需求。在任何情況
下，如果沒有犯罪行為，法律的補救是受到限制的；為了保護成
年人，那些適用於保護幼童的法律並不能用於弱勢成年者。如果
沒有 Winifred 或 Gerald 的合作，並沒有法律命令能夠調查此事。
「人權法案」有保護的責任，但也賦予保護隱私權及家庭生活。
社會工作者則面臨倫理與法律間的抉擇，夾雜著自己對老人狀況
的看法，家庭的整合以及自己和這些機構裡一起工作者之間意見
的一致情況。

定義標準

　　國際社會工作學院聯盟（International Association of Schools of
Social Work, IASSW, 2001）定義社會工作是：

> 一種專業，可以促進社會改善，解決人際關係的問題，
> 並賦予權力來提升人民的福利。利用人類行為與社會系
> 統的理論，社會工作介於人們與環境互動之間，其基礎
> 為人權原則與社會正義。

上述定義將社會工作實務納入系統理論的範疇，並且假定社會工
作是動態的，而非僅是反應對福利有影響的一種社會與個人的看
法和立場。雖然綜合社會照顧委員會的《社會照顧工作者實務規
範》（*Code of Practice for Social Care Workers*）（GSCC, 2002）
已經被訂為必要的標準，來對抗即將進行的社會工作評量，但這
個標準以道德行動的共通戒律而言，在專業上仍然缺乏一套價值
說明。《實務規範》的重點在強調機會平等，甚於反壓迫的行為
（Fook, 2002），而且傳統的改革甚於激進的改革（Braye and Pres-

ton-Shoot, 1995）。《實務規範》中指出社會工作者必須：

- 保護服務使用者與照顧者的權利並提升他們的利益。
- 建立並維護服務使用者與照顧者的信心。
- 促進服務使用者的獨立並保護他們免於危險或傷害。
- 尊重服務使用者的權利並確保他們的行為不會傷害自己或他人。
- 維護大眾對社會照顧服務的信任與信心。
- 保持工作品質並負責監督及改善他們的知識與技術。

　　這些功利價值觀很適合現代對老人社會工作的需求。在法律的架構下，對他人的要求與有限的資源而言，個人的評估是有風險的（Biestek, 1957）。Jordan（1995）就主張不同的價值觀，從個人、功利和極端的觀點來看，如果堅持某一種方法，那麼就要放棄其他的方法了。自由選擇的能力會受到財富、老化與男性特質的影響（ibid.）。如果有關老人社會角色的假設限制了他們在經濟和社會角色的自由，年齡也可能會是增加結構性壓迫的一部分。社會工作實務形式上的「命令」，在國際社會工作學院聯盟和綜合社會照顧委員會的指導方針下，也包含了不一致與衝突。這些問題要如何說明是很重要的。如 Lymbery 指出：「當一個社會工作者無法得到適當的支持，他的能力就受到阻礙」（2005: 134）。

社會工作的角色

　　以社會工作訓練為主的「品質保證協會」（Quality Assurance Agency）指出，社會工作的角色是競爭的。雖然國際社會工作學院聯盟的定義（p. 39）著重在社會工作的急速變遷，但它也可以視為具有維持的功能（Davies, 1994），能夠在現有的環境中支持個人，而且也加速老人適應社會所認可的角色。社會工作者可能在不同的情境中工作，從實地調查、日間服務，到提供居家式照

顧的機構，以及和其需求與年齡無關的老人一起工作，如學習障
礙或暫時無家可歸。

　　如第二章所看到的蘇格蘭的《21世紀社會工作的回顧》也認
為，社會工作有不同的角色，如諮商師、倡議者和估價人員。As-
quith等人（2005）更進一步的認定在現代實務中，社會工作者主
要的角色為：

- 諮商師。
- 倡議者。
- 風險和需求的估價人員。
- 照顧管理師。
- 社會控制的代理人。

　　根據Barclay在1982年社會工作者的角色與任務報告中指出，
最重要的是區分諮商與社會照顧計畫的角色。在這兩個角色中，
也許爭論的是需要一些如喪失、變遷和轉化的知識，以及了解人
類複雜的關係。此外，社會工作者要有及時介入危機、評估風險
及需求的能力，當法律有需要的時候，也要義務性的參與。因此，
在Winifred Yates的個案中，她的失智症使她無法像以前一樣處理
金錢和人際關係，她需要其他人的協助去處理外甥對她的索求。
但是法律對她的協助是有限的，尤其她要決定她的住處、她與別
人的人際關係以及拒絕別人的干涉，以免她覺得與家人間的關係
變得孤立。因此，要了解Winifred的想法，評估她做決定的能力，
以及有計畫的做些正式和社區的支持，以監控或減輕社會工作者
所面臨的風險。

　　當老人面對社會工作管理者的時候，他們可能沒辦法清楚的
知道社會工作者的角色。老人們知道社會工作者對每個人的服務
是有限的；也就是說，他們知道資源是不夠的，另外，他們也期
待社會工作者能很適當的了解他們的情況，因此他們也期待得到
支持。Manthorpe等人（2008）研究老人對社會工作者的觀點，指

出訪談老人就是少數能夠知道老人對社會工作者觀點的方法，社會工作者的角色似乎是不清楚而且多變的。老人期待社會工作者能夠知道他們的需求，以及與他們站在同一陣線；老人抱怨社會工作者不了解他們的需求，而且只按照既定的方法去做。因此，社會工作者的行為要能夠符合老人身體的、社會的、心理的與經濟的層面。如果社會工作者只按照規定的事項做事，是會受到老人的抱怨，並且他們所提供的服務也是不切實際的。

社會工作的任務

　　社會工作者執行的任務受到社會工作實務情境之影響。雖然多數社會工作者不在法定部門工作，不過法定部門可由委辦方式來控管志工部門及私部門服務所執行的任務內容。然而注重過程的管理會議，以及握有豐富資源而不表示意見的高階管理者，卻擁有令人沉悶的主動權，使得社會工作者有被輕視與去技術化之感（McDonald et al., 2008）。在社區照顧興盛期中，照顧管理從1993年起開始以一些不同形式向前普遍發展，像是關注所有老人的綜合性研究，或是對有複雜需求老人的目標性研究等方式。Challis 等人（2007）研究發現，進行目標性研究的專家常採用多學科評估方式及給予有心理健康問題的人們更多支持，但卻明顯的少花時間在與服務使用者及照顧者的直接接觸上。這表示身處在這些照顧管理情境中的社會工作者，已從直接接觸服務使用者轉向而支持複雜的體系。

　　Lymbery（2005）曾評論Blair〔譯者按：Blair為英國1997至2007年的首相。〕政府現代化議程的影響，他注意到定義組織情境與社會工作者理解執行任務的重要性，從而提出了夥伴關係與績效的「雙子動力學」（twin dynamics）一說，對社會工作實務本質與內容影響甚巨（2005: 179）。尤其是對健康及社會照顧與

多學科團隊發展，包括社會工作者、護理人員、職能治療師等之
間的「夥伴關係」，對其更有緊密影響。因此產生兩種結果：對
實務醫學的關注可能成為主流（ibid.），以及更強調技術組合而
非清楚的專業角色。績效的測量著重於服務數量而非服務品質，
以及陳規充斥而非如醫院出院安排等問題的創意反應，此亦有扼
殺創意與淹沒個體責任之傾向。當問題解決之道仰賴機構間的彼
此合作，但個別組織卻被迫在決策時使用自我績效指標時，夥伴
關係及績效這兩個「現代化」議題便在社會服務組織中產生相互
矛盾的壓力（ibid.）。在照顧管理中，「做對的事情」是經濟且
必要的專業。而且近年照顧管理費用不斷提升：依據計算，2005
至 2007 年間在社會照顧服務中每八英鎊中即有一英鎊花於此處
（CSCI, 2008c）。所以，正確定位的專業決策及有效的輸送服務
至關重要，對老人也才真正有用。

社會工作理論

　　Healy（2005）以論述分析方式探究在社會工作實務的機構情
境中所形塑的各類信念，這些信念提供了特定社會工作實務中可
資證明與評鑑之意涵。這些論述包括生物醫學、新古典經濟學、
法律、心理學、社會科學、消費者權益及靈性（ibid.: 5）等方面。
它們提出了各自理解老人社會工作的一個架構。

生物醫學　　此研究認為難題在於人而非環境。以生物醫學
　　　　　　研究為基礎的疾病檢測與管理之醫學模式中充
　　　　　　分顯現博學醫生的診斷實力。近來，「專家病
　　　　　　人」（expert patient）〔譯者按：這是國外 21
　　　　　　世紀對慢性疾病管理的一種新方法，意思指的
　　　　　　是透過課程學習，使慢性疾病的病人成為了解
　　　　　　此種疾病的專家。〕團體及整合醫學實務工作

者提出了理解與治療疾病正統知識來源以外的
另一種選擇。然而，以社會工作觀點出發的健
康不平等研究顯示（McLeod and Bywaters,
1996），享有個人健康的程度並非平等獲得，
其中很大程度是受到社會及經濟因素所支配。

經濟學　　　新古典經濟學乃植基於分配稀少資源以獲取最
大利益的合理性之上。本資料的主要政策是針
對那些很難花費昂貴費用進入社區照顧或是身
心衰退的老人為對象。可是，服務不是對所有
需求者免費；在決定服務實際上提供到什麼程
度的過程中，付費能力乃是一個重要中介因子。
因此，效率與效能成為機構績效的評量重點。

法律　　　法律多以實證語彙客觀陳述行為準則以應用於
一般情境之中，但有時候卻與人們生活的真實
複雜性產生分歧。對法律「中立性」（neutra-
lity）之批評者，乃視其為一種以階級、性別及
身分不平等為基礎的體系。包括老人的一些團
體，很難擁有法律上的正式權利，也很可能在
受到以「照顧的責任」為理由而被過度監視。
（duties of care）。

心理學　　　心理學理論解釋了人類的動機與功能運作，他
們認為了解生活中連續不利之來源，在治療上
乃是介入的一個基礎，因為這些不利在老年時
期變得更加明顯。另外從實務工作者的觀點來
看，批判性的實務要求擁有在專業實務中分析
個人偏見影響的能力。

社會科學　　社會學為理解概念提供了另一種選擇，而此或
不同於「心理學」或「生物醫學」上所呈現的。
所以，由觀察某些悖離行為規範的老人而得到

的失智之「社會結構」，對失智的另一種解釋為認知障礙或大腦器質性障礙。當社會結構或社會創造規則產出結果時，「問題」是在個體之外的。

消費者權益　消費者權益的論述源自新古典經濟學，它視老人為社會財產的「消費者」，透過市場操作，以行動確保品質，只有成效卓著的供給者（如提供居家式照顧的機構），才得以倖存下來。改善處境的方式之一是發展準市場（quasi-market）（Le Grand and Bartlett, 1993），在內部負責照顧管理的社會工作者乃是服務的實際購買者，並經由監管單位負責提供產品之品質事項。此外，消費者權益運動（movements）也有其社會基礎。Healy（2005）認為爭取失能者權利的獨立生活運動，是一種植基於集體與經驗共享的消費者運動。在消費主義的規則上或許也會發展出老人的代表團體，來確保其會員在工作與退休金等議題上有更好的「待遇」，或為弱勢族群爭取更好的法律保障。

靈性　社會工作歷史的發展在很大程度上與慈善事業及宗教組織的工作有關，也特別與老人福利服務的提供有共鳴之處（Lymbery, 2006）。在此脈絡中，Holloway（2007）認為宗教團體可以吸引支持與資金，而使他們能提供更多非宗教公營組織的延伸服務。

在個體的層級，靈性的道德框架可挑戰法律的實證假設、有關適當組織服務的經濟學，以及成功結果的終極指標。這種對非物質事物的評價或許與老人的生活及優先考慮事項有特殊一

致之處。

　　這些重要論述引領著各種影響老人相關議題的發展，包括一些時而衝突、時而共融的相關議題，也提供了社會工作介入的理論基礎。主流論述的「選擇」在某種程度上需要實務工作者的定位，但更多部分仰賴他們所工作的組織或團隊加以定向。因此，在醫院團隊的社會工作者或許感受到了生物醫學的主流論述優勢，而在諮商單位的工作者則必須在消費權益與經濟模式中取得平衡。

　　理論（無論是否清楚明確）對實務的影響力越來越重要。Healy（2005: 9）探述理論如何藉由社會工作者的政治傾向來形塑其實務目的，不管其動機是要維持、控制或改變個體或環境。理論不只是「繪製」（Milner and O'Byrne, 2002）實務的複雜世界，也劃分誰或什麼該為社會工作介入主體，以及為獲得既定目標所應該採取的實務途徑（Healy, 2005）。在知識發展與使用的過程中存在著一種共生關係。技術理性論者選擇好像客觀有效的「現成」理論，透過應用於「個案」與「情境」的實務差異中進行自我轉化。具反思性（reflective）的實務工作者（Schön, 1993）權衡在不同個案中運用特定的方法，從新情境與新環境的經驗中轉化學習並據以調整他們的實務。Taylor 和 White（2000）在反思後提出「反省性」（reflexive）實務工作者的觀點，反省性實務工作者不僅是使用知識也製造（makes）知識，在實作中形成理論。所以有關老人社會的、個人的及集體經驗的「真理」與適當的社會工作回應乃是「被建構的」，而非在新情境轉化的學習過程中產生。

　　社會工作者所使用的方法，是透過社會世界不同理論的理解所形成的。Howe（1987）發展了社會學研究途徑來呈現並區分對社會本質的看法，而且這些理解也導引出個體對社會世界的需求及動機。關於社會究竟是植基於有序的或衝突的，以及個體究竟應從「主體上」或「客體上」來理解等基本爭論，使理論家對發展有了重要的分類。這些重要分類或「典範」成為觀看世界的一

種方式，因此列述如下（Hwoe, 1987: 50）：

功能主義	將問題固定於某一狀態者
詮釋主義	意義背後的探尋者
激進人文主義	揚起意識者
激進結構主義	改革者

在每個典範中皆有針對社會工作實務的特定理論並發展介入的方法，因此 Howe 視「將問題固定於某一狀態者」為精神分析傳統思想中的社會工作及行為社會工作的代表——儘管它們在實務中各異，但都構成那些 Healy（2005）所稱「問題解決」的一種途徑。「意義背後的探尋者」是追求以人為中心的方法，著重強調「助人的藝術」（Howe, 1987: 111）。激進人文主義則認為社會對個體是個問題，而非個體是社會的問題；所以，反歧視觀點讓個體意識到因社會所建構之團體身分而遭受的性別、種族或年齡的歧視。激進結構主義更將覺醒轉為社會行動。當此概念轉化入社會工作中，它以反壓迫實務形式來展現自我，挑戰權力關係，並透過衝突創造社會結構的改變。文化實務（例如將老人隔離入「照顧」安置）及社會結構（或許排除老人於職場之外）因此被視為社會工作介入的合法據點（Healy, 2005）。

除了這些社會工作理論的歷史分類之外，後現代主義提供理解世界的另一種途徑，其四個重要概念包括（ibid.）：論述（discourse）、主體（subjectivity）、權力（power）、解構（deconstruction）。論述從特定觀點如醫學的、法律的或社會的來「建構」知識，其後形成我們對已經確認問題的反應。此理論可應用到老人社會工作。對 Healy（ibid.: 200）而言，社會工作機構將是論述的角力場域——例如對老年照顧的國家責任及個人責任。在後現代理論中的經驗主體連結如「勞工」、「照顧者」、「老人」、「殘障婦女」等多元觀點，而非固著於本身先決經驗。自社會世界而來的論述形塑自我認同，故而依據時空變化，成為一

個老人的經驗也將會有所改變。同樣的,「權力」並不應視為階層體系運作中的固定數量,而是社會關係之持續的特徵,諸如「權力」對照顧者(一個社會建構的認同)或許可做的選擇比老人還多。在後現代主義中,解構是其揭露社會建構之社會性/組織和社會關係之工具。因此,重新建構是適合生命故事或情境呈現使其導向更正向論述的治療措施,並非搜尋一個不同的「真理」,而是一個更積極頌揚老人持續優點的方式。

認證中與認證後的知識與技能

　　所以,在此脈絡之下,社會工作學生如何準備勝任且遵循倫理的去實習?期望新手對社會工作者不但能整合理論與實務,而且還能發展優良溝通技巧,是新社會工作學位的重要特色之一(Ford et al., 2006)。社會工作者被期望在倫理原則框架中,連結社會與人類科學及相關法律之間的重要訓練知識。他們必須要具備有效的溝通技巧,「基於對他們年齡、種族、文化、理解與需求的尊重,與需要且使用服務者及其照顧者對話」(TOPSS, 2002: 2)。學習這些技巧是個複雜又反覆的過程,不只是需要學生嚴以律己,對同儕團體也要有建設性的嚴格要求。Mercer(1995, in Ford et al., 2006)強調使用資訊的重要性而非僅止於顯露資訊。就業輔導提供在課程內實務角色扮演機會。Ford 等人在建構這樣的課程中加入「跨專業活動」來定義專業實務工作者的技能,除此之外,Barnett(1997)列述其他如下:

- 透過理論詮釋世界的能力。
- 在行動中理解與處理不同架構的技能。
- 在倫理規範與價值內工作的能力。
- 有權利與責任在公開辯論中毫無保留的說出關於專業及詳細的知識基礎。

- 對專業的忠誠而非自我興趣。
- 在其專長之外拓展專業知識的能力。
- 從事有關於需求、服務及資源之多樣和單一論述的能力。
- 堅忍剛毅、穩定及正直的個人特質。

社會工作教育探索這些不同的理論、行動與自我之面向,讓學生能養成溝通技巧,同時也學習專業認同。

在認證後的階段,專家服務輸送內涵包括了社會工作學位的總體性學習(GSCC, 2006)。甚至專家標準與要求的指引是以和所有成人服務使用者團體相關工作之知識及技巧的共同框架為基礎建立,並沒有一個是特別為老人工作而設(即便職場評估是基於與特定使用者團體之架構技巧的應用)。成人社會工作知識與技巧的共同架構包括:

- 法律、社會政策及社會福利。
- 成年、發展及轉化。
- 溝通與承諾。
- 評估、獨立、風險、易受傷害和保護。
- 跨專業的、多機構工作、建立關係網路、以社區為基礎的服務及勇於負責。

進一步連結以人為中心價值的獨立、幸福及選擇;為思考及促進與服務使用者相關專門知識技術的夥伴關係,提出失能的社會模式以當作「適當模式」。因此,社會工作者繼續專業發展的評估之中,直接包含了個人與政治價值觀。

認證後的教育特別強調某些實務工作者是已過時的,不清楚如何運用其法律知識(Braye et al., 2005),且不一定會更新最近相關實務研究發現。儘管增加實務程序化,綜合社會照顧委員會(GSCC)承認社會工作者仍須在「模稜兩可、不確定及風險」的情境下工作(GSCC, 2006: para. 8)。此外,雇主贊助訓練與機構

發展成學習型組織及促進專業繼續發展息息相關。

　　儘管 Adams（2007）承認要嚴格區分基礎與認證後的社會工作是難以持續的，他的論點是區別真的存在於既存的複雜情境中，而且必須做出改變生活的重要決定。Adams 舉 Khan 太太的案例來說明，她無法照顧剛出院的先生，她提出接受居家式照顧的「簡單」請求。在反思、批判及轉化實務關係中，Adams（2007: 39）連結了在此情境下可能的反應。在此情境中，反思實務需在現狀下努力及跟隨程序，儘管行動細心自覺，但或許仍由先前清單中提供服務。批判實務則將自我置於現在實務的政策情境內並自我批判，透過挑戰醫院及明顯建構為照顧者之 Khan 太太的權力，思慮如何改善或做些不同的事。轉化實務挑戰現狀，透過挑戰機構協議，或視 Khan 先生與太太之情況是結構層級對抗老人的歧視代表，改變實務現況及鼓勵與他人的集體行動。雖然在此關係中未有嚴格的區分，但也說明了實務如何透過專家、資深專家及更進階層級的努力向前發展。

未來角色

　　《卓越的選擇：創建社會照顧未來的職場》（*Options for Excellence: Building the Social Care Workforce of the Future*）（DH, 2006b）聚焦在未來 15 年後能有選擇去改進招募新人和保持工作現況，以作為定義社會工作者角色、改進社會照顧實務品質與發展投入社會經濟個案的基礎。依據預測，老人工作人員數量自 2006 至 2020 年將增加 25%以上，以符合人口壓力的需求。對所有部門的所有工作者，其重點在於獲得對社會工作的正面看法：透過服務使用者、跨機構夥伴關係及專業訓練之必要發展的參與。同時，英格蘭的綜合社會照顧委員會思考檢討社會工作者角色與任務的改變。為對此檢討做一報告，Blewett 等人（2007）撰寫了相關文獻的討論論文，其中定義了七個有關任務關鍵角色及社會

工作的核心討論要件，它們是：

- 了解個體與社會之間的動態。
- 社會工作與社會公義的關係。
- 關係的轉化意義。
- 社會工作的促進角色。
- 社會工作的管理角色。
- 社區與個人的管理風險。
- 以實證為基礎的社會工作實務。

　　上述的任務淨化是嘗試從社會工作者的歷史趨勢抽離，並且確定他們是為誰工作而不是他們做什麼。這樣的評論是否符合服務使用者的基本需求，要視他們的想法而定（Beresford, 2007）。沒有以現況為主，服務使用者常責難社會工作者相關的政治結構議題，有限的資源以及大機構所支配的社會照顧，來取代聚焦於現在社會工作者的角色。當代實務的問題是污名化、缺乏預防服務、失去連續性及風險規避。特別不受喜愛的是照顧管理的理性角色。對「專業」縮小焦點亦被視為引起分裂；這包括要求改變對 65 歲的服務。服務使用者希望殘障及老化能得到更多的關注，而且希望像正常人一般有直接的給付、殘障的社會模式及社會工作想法的概念。

以人為先

　　政府在 2007 年的聯合聲明使對成人社會照顧的渴望達到最高點，照顧技術及私人照顧提供者的代表綜合社會照顧委員會提出「以人為先」（Putting People First）來作為達成成人社會照顧的共享願景與承諾。因為重新認知到 1990 年代後社會照顧法規導引出了過於複雜又常無法回應人們需求與期望之系統，「以人為先」透過組織的改變來促進照顧個體化。它致力於推動代間方案、整

合跨機構的政策發展及共享全民健康醫療服務及社會照顧資金的機會，政策重點特色是：

- 一個普世資訊、忠告及倡議服務，當作「第一站服務點」。
- 一個更強調自我評估的個人社會照顧需求的共同評估過程（Common Assessment Process）——意圖釋放支持、仲介及倡議的社會工作時間。
- 以人為中心之規劃及自我導向之支持的主流。
- 一個「第一流」的系統，提升地方照顧服務的尊嚴。
- 合於公共資助成人社會照顧資格者的個人預算。

　　這些改變的基礎受到質疑，如個人主義選擇及自我負責，強烈強調健康的重要來保有工作。但在此爭論之中，支持人們走過創傷或悲劇、生理或心理的脆弱、無家可歸或負債等之社會工作者與社會照顧者的傳統工作範圍卻未顯現。Jordan（2007）為國家對依賴公民政策走向、國家與個體的新契約關係而使公共支持大幅下挫的轉變感到氣餒。新政策矛盾之處在於強調個體自主及集體連帶責任之間的關係，後者乃是指透過社群凝聚力為個人滿意而提供較為穩定的情境。這種不同於次消費者為中心的個人主義，需要以它本身的狀況來瞭解（ibid.）。因此，社會工作的任務，如本書第三部分所述，不管在結構上屬於哪一種專為老人共同利益而努力的團體，其範圍都應該從個體的直接服務擴展到家庭、團體及社區的工作。

結論

　　老人社會工作不斷變遷，價值、角色、任務及技巧重新排序。在爭論的過程中，社會工作者的角色詮釋為與服務使用者合作過程中的「促進者」，挑戰主導資源與官僚主義的組織服務及對老人的結構不平等。

本章摘要

1. 在認證中及認證後社會工作者角色的概述中，老人社會工作並無獨立的培訓。

2. 社會工作的本質是一個爭議性概念，在國際及國家中的定義也揚起了意識形態及價值的問題。

3. 社會工作者在各類機構及各種角色中工作；在社會工作角色中，老人自我覺察到衝突與模稜兩可的情況。

4. 政府及專業團體開始檢視在成人服務中社會工作的角色；這是對政策轉變的回應，是社區照顧時期的遺緒及新勞工的現代化議程。

5. 對朝向個人化趨勢的批評，可看出在集體支持與社群回應中的優點。

課程重點

1. 透過資格認證後的機會，可以鞏固並發展認證的一般性能力，這些能力可以增進老人社會工作者的知識與技能基礎。

2. 「社會工作者」頭銜現由法律以註冊方式保護，但註冊前需要提出專業繼續發展的證據。

3. 綜合社會照顧委員會的《社會照顧工作者實務規範》提供了社會工作實務指令，但卻是肇基於功利主義的社會工作價值觀點之上。

4. 社會工作者的工作受到實務的限制，儘管未來有關技能取得的議程，已經強調從「誰僱用他們？」轉變為「他們該做些什麼？」但這些主題未來仍然值得爭議。

5. 人口結構的改變顯示，未來社會對老人社會工作將有更大的需求。

討論活動

　　Queenie Rogers，現年 55 歲，患有唐氏症，最近她開始出現阿茲海默症的徵兆。Queenie 現與其年逾八旬的父母同住。儘管不情願對未來早做計畫，但 Queenie 的父母覺得，如果有一天 Queenie 的需求改變了，而他們也無法再支持她時，或許應該開始考慮不同的選擇。

　　請考慮特定的介入方式和情境的適當性，也可以考量 Queenie 和她的家人在實務上是否能以反思的、批判的或轉化的方式恰當的描述。

　　舉例來說，你或許考慮：

1. 照顧管理途徑：在透過資訊、評量、照顧規劃、監控及檢視程之後，對 Queenie 的未來照顧進行規劃。

2. 以任務為中心的工作模式：找出 Queenie 及其父母的優先事務；打破階段任務方式以達到目的；同時培養個人實力以因應未來可能有的挑戰。

3. 焦點解決途徑：預先尋求 Queenie 與家庭分開後可被支援的途徑，且找出何處可讓她擁有適當的支持。

4. 心理社會途徑：探索過去與現在的障礙，以發展情感及實務上都可以接受的決定。

5. 一個激進系統為基礎的途徑，連結 Queenie 和其他同社區有學習困難的女性共同挑戰這些不平等。

在這個個案中，Howe（1987）提供了一個可以連結社會工作理論與建議的特定介入方式，以作為說明。

　　簡單的說，任何對 Queenie 和她家人的評估，都必須根據阿茲海默症的發展對 Queenie 行為及需求的影響程度。假如提供支持對她來說比較困難，能否強調透過延伸現存的服務？或者當 Queenie 及其家人進入生命的不同階段時，需要有更多的基本改變？一個強力基礎的途徑將建立在 Queenie 與父母過去 55 年的調

適之上；此時，將社會工作者界定為「專家」的角色，是不適宜的。在其他方面來説，連結社會工作者對這種失智症類型的預後知識，或是他們與其他專業人員取得聯繫的能力，能否真的有用的協助規劃並進行決策？如果必要的話，要支持並説明一項援助的網絡系統應建立在現存的編制，以便改善過渡時期的困難。對 Queenie 的父母而言，如果他們多年來支持的孩子沒有希望了，他們的生活也將沒有未來，因為這個孩子曾經和他們度過無數的歲月。他們面臨的不僅是角色喪失，還有過去 Queenie 給他們的情感支持與實際幫助。對父母來説，特別難過的是，面臨孩子因為失智症而變得不認識、不承認他們，也忘記一起度過的歲月。介入式治療是透過生命故事工作來留住重要記憶及創造記憶箱，促使 Queenie 與父母連結他們過去與現在的經驗。Queenie、父母與相關專業人員希望經由遊説得到更好的公開認定及發展適當服務，以特別設計並提供有學習困難的失智症病人各種社區及安養機構所缺乏的資源。對 Queenie 及其家人的評量是此分析的起始點，我們將會在第四章來探究社會工作的評量技巧。

延伸閱讀

C. Bigby, *Ageing with a Lifelong Disability: A Guide to Practice, Programme and Policy Issues for Human Services Professionals.* London: Jessica Kingsley, 2004.

　　本書是描述一些身心障礙者在邁入老年期後的各種生活經驗，包括這些老人與照顧者的互動、生活方式的規劃等。

S. Neysmith (ed.), *Critical Issues for Future Social Work Practice with Ageing Persons.* New York: Columbia University Press, 1999.

　　本書透過各國的案例，從批判女性主義的觀點，分析老人的社會地位以及社會工作的介入。

第二部分

社會工作的歷程

4 社會工作中的評量

本章討論議題

- 社會照顧之評量的理論與途徑，以及評量的法制架構。
- 取得適當評量會遭遇的障礙。
- 單一評量過程作為評量工具的討論。
- 多元專業屬性的評量。

不論是在什麼環境下，優質的評量是有效的社會工作實務的基石（McDonald, 2006）。評量過程不只適用於個人：根據Specht和Vickery（1977）的說法，一個「一元化」的評量可以應用到個人、團體、鄰里、組織及更大的範圍。評量是「一個選擇、分類、組織以及整合資料之認知的／分析的過程」（Coulshed, 1991: 30）。評量要以什麼形式進行以及評量如何使用，都決定於評量者的理論取向、他們的專業角度、他們對該狀況與對應狀況的背景知識、他們的價值系統以及工作者與當事者的整體關係（McDonald, 2006）。因此，動態心理的評量途徑會透過檢視早期的生命階段來解釋目前的困境；行為學者角度的評量將尋求對活動進行描述並診斷，然後以策略性介入來產生改變；生態學角度的評量則觀察人們的生活及其與他人互動的環境。社會關懷卓越機構評量評論（Knowledge Review of Assessment）（Crisp et al., 2005）彙整大量各類形態的評量及評量方法的相關文獻，在評量

的過程中，是個好用的工具。

　　對老人而言，評量是個能聚焦並且是任務取向的工作。政府所實施的績效評估指標意味著每新做十個老人評量，就有八個能在四週內完成；每十個老人中有九個能在評量完成後四週內得到服務支援：評量的個案中有 67%的人能得到服務（CSCI, 2008c），由此可見，評量被視為是老人得到服務的入門。本章內，各種與老人有特殊相關的評量途徑都被特別提出來討論，對自我評量的發展所蘊含之社會工作意涵也有所討論。對老人的評量工作必須考量他們的家庭及他們身處的社會系統。從事老人工作的社會工作者必須正視文化的與跨世代的議題，以及他們對其他家庭成員的法定責任，就如同本章的案例所描述的。

案例概述

　　Imran Nazir 是位 70 歲的老人，他出生在巴基斯坦，20 歲的時候來到了英格蘭中部地區進入紡織業。他太太的娘家同一時間也一起從巴基斯坦來到該處。Imran 的太太兩年前過世，Imran 就與兒子、媳婦以及兩個正值青少年的孫子同住。Imran 常覺得孫子不尊重他，他也常挑剔孫子欣賞音樂的品味、所交往的朋友等，他們之間常常發生爭執。13 歲的 Anita 是 Imran 的孫女，她常向學校老師抱怨祖父打她，她覺得受夠他了。

　　這個案例跨了三代。Imran Nazir 是一個「在第二故鄉老去」的新世代代表（Norman, 1985）。從文化變遷與新家庭成員的互動角度來看，對於老化到底意味著什麼的原始假設，恐怕要重新評估了。Imran 過去的生活、他的性別以及太太過世對他的打擊，都會影響他對現狀的理解。與他一起探索這些議題，將會是評量中很重要的功課。然而，家庭裡還有其他需求。社會工作者的一般訓練及保護兒童的法定角色的要求，是所有家庭成員的社會福

利都需要被顧慮到。在全面評量中，社會工作者不只要了解被照顧者的需求，也必須理解兒童發展以及家庭衝突對兒童可能造成的影響。雖然在介入的使用中，角色有可能更換，從事老人工作的社會工作者應該要注意到被照顧者的各種期望只是眾多需要被平衡的因素之一。因此，在這個案例中，孫女 Anita 的風險應該要評量，介入也該全面性開展。

評量的種類

Smale 和 Tuson（1993）將評量者和服務使用者之間的互動歸納成三種模式：質問的、行政的和交換的，每一個模式中，執行評量者和接受評量者之間的關係都有不同的平衡點。雙方在多次接觸下，兩者間的關係很有可能會在這三個模式之間互換。在質問模式中，評量者被視為是「專家」，並負責決定評量的方向。在行政模式中，管理者常使用預計報表和清單來管理社會工作者和服務使用者。相比之下，交換模式是一個分享的架構，使用者被視作是自己生活上的專家。需求取向評量常常被拿來與資源導向評量相比：在資源導向評量中，介入必須在事先決定好的服務範疇內進行。

根據法律規定，評量必須以需求為導向。與老人社會服務有關的法律很清楚的將評量和提供服務做區分（McDonald, 2006）。《1990 年國民健康服務暨社區照顧法案》（National Health Service and Community Care Act 1990）（認為評量是法定責任）第 47 條提到必須根據需求的內容來「評量其社區照顧的需求」；然後，依據評量的結果，決定是否需要提供任何特殊服務以滿足需求。然而，需求導向評量與使用者導向評量是不同的；地方機關不一定能提供人們需要或想要的服務。因此，評量之後，《公平使用照顧服務》（*Fair Access to Care Service*）（DH, 2002a）會根據需求程度和獨立生活困難度（分為高、中、低，或實務性）來提供

地方機關運用資源的參考。服務的種類，不管是「社會工作服務」、居家支持或居家式照顧，都視提供者有多少資源而定，而非個人的選擇。提升老人的公民權（以政治和社會政策的角度來探討）、社會融合（以老人身分的社會觀點為主），以及福利（集中在健康和發展問題）等議題，對社會服務是關鍵性的挑戰。

環境的重要性

　　所以這些議題是如何反映到社會工作的評量上呢？由於社會工作的環境會影響個人的經驗，Gorman 和 Postle（2003）以及 Richards（2000）指出，以個人為中心的工作、資源限制、化約論者進行的評量，以及機構須面對的個案數量和早期結案壓力等，各種現象之間存在衝突，它們之間因使用方法不同而有所差異。Richards（2000）批評機構取向的評量，主張他們會忽略甚至不去看老人能分析並自我照顧管理的能力。她也質疑評量者實際能夠以老人的觀點為評量重心到什麼程度。甚至當老人提出他們的需求時，評量者在過程中還是會以機構經費為重心，使得服務使用者在評量中變成被動的一方，而非積極參與者。

　　否認權利導向的評量方式也間接否認了老人的公民權。在對兩個地方機構、專家和醫院小組實務的研究中，Rummery（2002）發現接受評量是一種特權而並不是權利。同樣的，Ellis（2004）也發現社會工作者在工作上沒有以人權觀點對待弱勢族群。老人們並不是因為行使公民權，反而是因為想要接受健康或福利照護才能夠得到服務。某些老人比其他人可能更享受不到公民權。但在護理之家的老人與其他住在家裡的老人一樣有權利參與相關的社區和政治討論，而且有權支持他們個人關心的議題（Scourfield, 2006）。此外，弱勢族群的老人可能不願意參與和他們文化需求無關的服務。法院認為評量工作應專注於當下的問題，卻忽略過去所累積的智慧。他們將社會工作視為是「照顧」障礙者，而非

預防性的工作，忽略了社區為老人在自己家園提供重要支持的角色（Ogg, 2003）。正如前述的 Imran Nazir 案例，他和家人可能因為他們的家族和文化的關係，很難為自己的特殊情況爭取到適當的評量方式。

接受評量

　　越來越多社會工作是透過客服中心的技術協調進行，這漸漸取代了以往面對面的互動（Coleman and Harris, 2008）。客服中心在提供社會服務時涉及了四個時下的議題：向私營機構學習、減少成本、技術和消費主義（ibid.）。過程中強化了對專業裁量權的掌控，強調工作導向，但消費者的角色卻不夠務實，老人其實不太敢向正式組織尋求幫助。這是因為先前與商業化的客服中心有不好的經驗，還有老人不願意使用高科技，加上聽力障礙的因素，他們會認為客服中心只有弊沒有利。這些客服中心擁有專業裁量權，他們決定評量內容和對象、工作流程，和與案主之間的關係。

　　以事先定好的問卷形式來行使專業裁量權，對比出社會工作者與潛在消費者之間的不同重心。這是假設更多協調服務的機會，意味著更大的正面結果。然而，Foster 等人（2008）對實務工作者評量社會照顧的紀錄進行研究，發現專家選擇的服務項目顯得相對的狹隘和傳統。針對服務使用者的調查，結果大致分成以下幾種：家庭內外服務、個人照顧和安慰、獨立生活、社會活動、日常生活、財務，這五大類占服務項目的 70.3%；這些服務項目是：設備／輔助物、居家協助、財務支援。正如 Foster 等人（ibid.: 556）所說的，太注重老人的自我照顧和提供協助，而不去探討老人獨立和融合等的政策效應，將妨礙服務的個別化。服務產出和專業角色，或機構內部角色間的連結，驗證了 Chevannes（2002）早期的研究結果，該研究顯示評量老人的工作可以在有限架構下

進行。在這個架構中，護士偏向尋求醫學治療，職能治療師會將焦點放在設備和日常生活的活動、而社會工作者會專注於個人照顧和社交活動。於是，探討傳統服務的假設以求更彈性的滿足使用者期望可謂是一項挑戰。對機構來說，要設計有包容性和支援協助的方法，也是一個挑戰，對個別實務工作者來說也是挑戰，對老人所重視的服務項目，他們應盡量摒棄傳統的刻板印象。

評量老人的要素

在協商過程中，什麼是評量老人的重要要素，怎麼樣才能夠得到較不受限制的結果？從研究中我們可以學習並研究出以下幾點評量老人的方式：

1. **能力觀點**：重點在於老人認知、分析問題，並找出解決辦法的能力。讓個人專注於他們擅長的事情，以彌補其他退化的能力，這是面對老化並保持活躍的不二法門。因此，我們不應該去評量他們的弱點，而應專注於他們的能力。尤其是年紀大的女性，她們可能還是想要擔負做家事的責任，並決定該先做哪些事，可不希望別人告訴他們吸地板或擦窗戶不太重要，他們也寧可別人幫忙準備食物，也不要吃送到家的現成食物。

2. **公民權**：衡量一個人在社會團體的地位，大多是觀察他們的觀點是否受到尊重。參與決策過程是擁有公民權的重要象徵。尤其是社會工作者，他們必須確保護理之家的照顧專案，也照顧到老人們的倡議權，這樣一來他們就能持續針對護理之家和社區重要事項發表意見（Scourfield, 2006）。安排老人參加政治會議並投票，是認同他們在社區擁有公民權的重要象徵。

3. **自治權**：老人是擁有自治權的個體，因為他們是成年人，所以也擁有決策能力。評量者必須知道，家人或其他人有可能將自己所關切的事加諸於老人的期望（Richards, 2000）。家人可能

會不認同老人做出的個人或經濟決定，這個衝突可能是不爭的
事實：因為老人可能不想要幫助成年子女的情感和經濟問題，
或對家庭糾紛和疏離感到頭痛。

4. **資訊**：資訊常常是不容易取得的，而且機構間會有協調不佳的
情況。老人常不太了解評量過程，但很想搞懂它的目的、形式
和結果（Baldock and Ungerson, 1994; Richards, 2000）。

5. **個人發展**：評量會給予個人發展和成長的機會。機構有限的計
畫會讓人們比較不了解他們的處境並逐漸削弱溝通對話的發展
過程（Blaug, 1995）。所以能夠對相關的人訴說故事，基本上
是很重要的。

單一評量過程

　　法定機構常使用正式的評量文件來進行組織評量。《老人之
全國性服務架構》（DH, 2001）引進單一評量過程（Single Assess-
ment Process, SAP），以確保能徹底並精準的評量老人的需求，避
免不同機構多此一舉的重複執行這些程序（DH, 2002b）。

　　這種方式提供了許多模式，但最主要的目的是讓不同評量者
能夠分享資訊，這樣老人就不用一直重複回答同樣的個人資訊。
若需要進行更專精或複雜的評量，可以拿原有的資料為出發點。
對此，衛生與安全委員會（HSC）2002/001 有提供指導方針，老
化政策中心（Centre for Policy on Aging）也有對照評量工具、草
案和培訓教材案例。單一評量過程中的評量分為三大類：接觸評
量、概要（或多重角度）評量和專家評量。並有以下的區分方式：

- 接觸評量應篩選需要接受不同種類服務的人。
- 概要評量應支援跨專業的工作，並考量精神、生理、社會和環
  境需求；此外，應該同時考慮個人需求對他們家人以及所有照
  顧者的影響。

- 如需要了解更多有關當下需求的原因、本質或滿足需求的方法，例如有專業治療介入的需求時，應該進行專家評量。
- 任一前述各類專家都可以協助個人進行評量，當作是協助自我管理的過程的一部分。

執行單一評量過程時，在評量持續的過程中，對需求的檢視被認為是很積極的一部分。

　　單一評量過程的推行越來越廣泛，但這還是與預估的最終執行日期（2004年4月）有很大的差距。關於單一評量過程工作，較早期的研究成果主要都針對專業和服務使用者的經驗。於此所衍生的議題包括：

- 機構合作實施單一評量過程的能力。
- 不同專業團體的觀點差異。
- 老人對過程的滿意度。
- 使用單一評量過程獲得改善的證據。

　　PSSRU 研究（Challis et al., 2004）進行了文獻探討、對從事保健服務與社會照顧的管理人員進行調查、資料來自心理醫師與老人醫學藥物專家，以及老人們自己。結果發現機構在實施單一評量過程時缺乏連貫性和信任。資訊系統的不相容是一大障礙。下頁提供的是概要（基礎、一般）評量的評量計畫表。由此可見，評量是建構在一系列的「專業領域」中，有些領域可能會需要專家更詳細的評量。這邊的評量模式很顯然的屬於行政模式，在「專家」提出問題之前，就已經有他們預想會聽到的回答選項。

　　單一評量過程可以用來當作預防性的工具，協助對慢性病進行自我管理，並協調機構間的業務。但對自我管理來說，單一評量過程是不是一個好用的工具呢？Roberts等人（2006）曾評估在基層照護中使用這種「病例追蹤」的評量工具的可行性。他們發現評量本身是很耗費時間的，執行研究的護士對病患進行概要評

單一評量的核心評量和結果列表

FACE 概要評量第五版

完成評量項目的重要／記錄方法

- 問題／需求
- ？　潛在問題／需求
- no　沒有需求／問題
- n/k　未知
- n/a　不適用
- u　未評量

1. 簡述案主目前問題或需求。
2. 相關個人病史。
3. 評量相關的文化／精神／私人問題。
4. 目前接受的正式照護／支持。
5. 評量領域：
   a. 身體健康。
   b. 心理健康。
   c. 日常活動。
   d. 社會環境。
   e. 家人與照顧者。
   f. 照顧者的需求與關心議題。
6. 評量總結：優勢、弱點、有利因素／風險。
7. 對健康和社會照顧的需求＋FACs 分級與合理化。

量要花上半個小時，進行全面性評量要 1 小時 45 分鐘，還要額外 1 小時 15 分鐘的時間來準備和進行再編碼。評量最常問到有關免疫和篩檢、藥物管理、溝通障礙和疼痛等問題，卻沒有問到老人

酒精濫用或酗酒的情況。結果發現，評量（54%）和服務的拒答率都很高。與參與者訪談結果顯示，接受新服務或轉介的時間點很重要。作者也討論（p. 397），比起像是有糖尿病等特殊狀況的病人來說，要對體弱的老人進行慢性病管理是不是比較難。大多數老人比較偏向接受定期持續檢查並與基層醫療照護團隊溝通，他們比較不喜歡採用「病例追蹤」的方式。將評量視為一個事件，而非一段持續與基層醫療照護專家溝通的過程，對老人來說是比較無法接受的。尤其當使用評量時必須將複雜的私人因素預先以需求條列舉出，老人更無法接受。

　　社會工作者曾進行老人對評量的認知研究，顯示在關係脈絡下從容的討論是很重要的（Powell et al., 2007），評量者的敏銳度和人際相處能力特別重要，這與 Richards（2000）的研究結果相符。對無法滿足需求的服務，應該要提高期望，而這會是一項難題（Powell et al., 2007）。將社會環境與家庭、照顧者、照顧者的需求結合是很重要的，因為這樣才能完整了解老人周遭環境的優勢。對這個研究中的老人而言，融合官方的健康與社會照顧服務以及家人、朋友持續的非官方支援，就是個平衡點。而這個平衡點在單一評量過程的「人際關係」與「切身環境」領域中可以偵查得到。在評量過程中，以社區為主的對老人的支持也仍然非常重要。然而，光靠一份調查表要了解文化、歷史和老人認為他們在社區的地位是不夠的，老人累積的智慧是需要以口頭方式在理論架構中來進行分析。

　　諮商與照顧（Counsel and Care, 2006）在倫敦 33 個自治市中進行單一評量過程研究，是因為他們發現許多與諮商與照護忠告服務（Counsel and Care Advice Service）接觸的老人和照顧者反映需求評量的品質不佳，還常需處理重複的資訊。他們的研究根據下列五大主題來分析針對專家和服務使用者的調查結果：資訊分享、諮詢和介入程度、互相合作、監督和審查。當專家認為單一評量過程提供的資訊達標準以上，33%的老人或他們的照顧者卻

認為這些資訊是差強人意甚至是負面的。他們的反應（ibid.: 10）
顯示資訊的缺乏會產生權利被削弱的感覺，並增加焦慮、挫折感。
缺乏書面詳細條文和照顧規劃過程也會減弱對評量的正面經驗感
受。在專家工作進程中，進行員工諮詢看似很有效，但對使用者
和照顧者來說，個人導向的評量是最有效的。健康和社會服務專
家認為合作執行單一評量過程比較困難，因為越多人合作，代表
更需要去改變組織文化，而很少有組織會自行去向案主詢問意見
或蒐集資料來檢查單一評量過程的影響。

　　讓老人更了解評量標準的存在並清楚解釋過程是非常重要的
一環。社會工作者的積極參與也同等重要。獨立的意見和資訊對
幫助人們在系統中運作特別重要，公民權也是。

自我評量

　　為何評量的專業守門人一定要存在呢？Griffiths（2005）研究
自我評量——沒有專家直接涉入所進行的評量。「自我評量」本
身就是一個有爭議的說詞，但 Griffiths 認為以下幾點是自我評量
的重要組成：自我評定、自我完成／方向、自己本身是受益人。
自我評量成了許多不同、複雜的元素的組成（ibid.），而這些元
素不一定是「以案主為中心的」。單一評量過程在自我評量時可
以成為一個關鍵的工具（DH, 2002b），這種模式通常會要一般使
用者參與完成簡式量表、問卷或線上測驗。

　　然而，大部分對自我評量的研究，多是關於被用來作為篩選
工具的健康相關的評量。因為參考標準很完善，這些評量被認為
最有效（Griffiths, 2005），像是對心理健康、骨質疏鬆症和行動
不便的評量。雖然自我評量可以增進案主的參與程度，卻無從得
知老人對自我評量的感覺。若自我評量是來自於像是全科醫生這
種比較有公信力的人，參與率比較有可能提高。當自我評量對象
超過 75 歲，不做回應，很有可能代表需求未被滿足或者有潛在的

問題，而非缺乏明確的問題（ibid.）。因此拒絕評量並不等於沒有需求。

　　另一方面，雖然外行人或專家的介入能幫助解釋這些結果，有人從旁協助的自我評量對老人來說仍是一個正面的經驗（ibid.）。老人居住選擇（Housing Options for Older People, HOOP）評量（參見 www.housingcare.org）就是一種有效的自我評量工具，這個評量能讓老人根據自己的需求來決定是否要搬家。這能幫助老人減輕從家庭或朋友方面感受到的壓力。在健康方面，還需要更多研究來觀察自我評量如何改變行為。能夠滿足需求的資源也很重要。在系統導向的研究中顯示，在需求明確和易滿足的情況下，老人評量過程會比較順利。若議題很複雜，仍會需要專業幫助來克服困難，並提供持續的支持和監督。這些支持必須來自一種互信的關係，在這個互信關係下，個人需求的發展和結構阻礙的問題可以得到解決。因此，在理論架構下了解這種需求的來源和複雜度是社會工作一個重要的部分。

社會工作者在多元專業環境下擔任評量者

　　越來越多社會工作者在跨機構和跨專業的環境下工作。許多提供社會照顧、健康、社會福利和環境服務的機構可能會合作或分開參與評量過程。在社區照顧評量中社會工作者有法律責任（《1990 年國民健康服務暨社區照顧法案》第 47 章(3)）邀請健康和住宅機構參與評量。他們引據《衛生法案》（Health Act）的彈性機制來集資、發展醫療信託，及發展以實務為主的外包服務來打破健康和社會照顧部分的結構障礙，使得評量後續的外包服務內角色能夠互換。對個別實務工作者來說，多元專業領域的工作，每一種專業有其獨具的知識和技巧，而且可能也需要跨領域工作，重視產出，要求的是「需要做的事」，而不是「誰做了什麼」（Øvretveit, 1997）。這種改善後的新合作關係，背後的原因

不是三言兩語就能說明的，這是個複雜的社會介入過程，而且在特殊服務環境下個人需要有差異化的舉措（Freeman and Peck, 2006）。較之於其他能為服務使用者帶來的好處，服務之間增加協調性更容易感受得到。

　　雖然如此，不同專業提供服務時會採不同方式，也會有不同的優先順序。例如，社會工作者和職能治療師都努力把老人留在社區，但他們選擇不同資源，職能治療師會想從環境或設備來強化老人的獨立，而社會工作者比較傾向於建議使用私人照顧協助。CAMELOT 的隨機控制實驗（Stewart et al., 2005）發現，職能治療師和社會工作者為體弱老年人和他們的照顧者進行評量，兩者一系列的臨床結果沒有顯著差異。但這個研究發現社會工作者團體比較不會將醫療需求轉介給像是心理治療、言語治療和社區照護等大環境的社區醫療專家。即使這種介入對照顧者在自我衡量福利有比較好的效果。

　　社會工作者在面對醫療需求時，是有需要學習的地方。社會工作服務無法代替正式的醫療照顧。有一個針對在急診醫院中社會工作者如何定位的研究，該研究報告持相同的觀點。在急診室的社會工作者能在老人不知所措的情況下提供援助，但有適當的醫療保健系統和社會照護資源，才能避免住院人數的增加（McLeod et al., 2003）。

　　評量通常是在時間、資源、技術不足等壓力下進行的。安排病患出院的過程能提供健康和社會照護機構之間合作的臨床評量指標（Henwood, 2006）。法律架構隨著《2003 年社區照顧（延後出院）法案》（Community Care [Delayed Discharged Act 2003]）的通過而改變，因而導致對專業角色的期待越來越低。這項法案主要針對老人建立了一個系統，用來補強不足的社區照顧服務。這項立法對專業服務和老人在出院之後的待遇有所影響。社會照顧監督委員會在 2004 和 2005 年進行的研究發現，雖然他們對復健的滿意度不一而且有出院後照顧不周的案例、（在某些區域）有

更多人直接進入居家式照顧的機構、能降低住院人數的服務明顯的投資經費不足，但延後出院的情形大大降低了（ibid.）。

2005 年的社會照顧監督委員會報告主要研究倉促決定對老人的長期影響。報告指出（para. 2.3），由於對可信賴的、正面的風險承擔缺乏討論及協議，一半以上的案例都沒有完善的風險評估與危機計畫，那些為了讓老人更能獨立生活的種種努力都因此打了折扣。研究發現，老人認為照顧他們的社會工作者的貢獻不僅是對老人的需求和喜好有日積月累的所知，這些社會工作者所建構的人際網絡更是珍貴。積極傾聽家屬的意見，並讓他們參與風險評量和應變計畫，也能幫助未來處理危機。所以以弱勢老人來說，若社會工作者能以自己的語言進行溝通，並了解特殊照顧需求，加上家屬能提供住宿，並了解有多種資源可以選擇，就能減少社會工作者因評量技巧不足而做出的刻板回應。

老人被排除在評量工作之外

在考慮社會工作介入之前，有兩群人特別受到歧視，而且被救濟資源排除在外：那些不符合申領標準，或自給自足的人。被評量工作排除在外的老人必須使用自己的資源，甚至當遇到在本章談到的複雜情況也是一樣。對這兩群人來說，在組織和個人方面都會面臨不平等待遇。

在社會照顧監督委員會對社會照顧報告的背景文件中，Henwood 和 Hudson（2008）對那些「在系統中迷失的人」進行分析。他們發現老人在評量過程無法招架文化和機構的老人歧視（ibid.: para. 25），這些歧視完全沒有意識到參與和社會融合的重要性（ibid.: para. 3.86）。他們不願意理會低階的需求而且（非專業合格的職員更是如此）持續的以服務導向的方式來照顧。專業職員的裁量權會受到組織限制，卻能在訓練課程、同行考評，還有監督、管理中行使。經濟自足的那些人在這種體制下會無法適應，

因為評量過程往往忽略他們，他們較沒辦法仰賴獨立的意見或研究，評量多只能靠口頭或憑對服務的感覺來進行（ibid.: para. 3.64）。

這些自給自足的人當然會對社會工作保持距離，但他們是護理之家的理想候選人，因為他們比較健康，而且有能力支付較高的費用。原本住進護理之家是需要深思熟慮的一件事，但他們卻往往在考量其他方案之前，便倉促做出這個決定（ibid.: para. 14）。於是漸漸的，在低階需求的評量中把能自給自足的老人排除的結果就是造成服務「關稅」的上漲，長期下來，資源會越來越稀少且更為昂貴。因此而產生的危機狀況也會更多。當他們決定提高申領標準，只照顧重要和實質的需求，這會造成越來越少人使用照顧支援。這種分配預防性服務的方式會增加住在護理之家的人口。對經濟充足的那些人來說，因為有領養老金，他們會比較晚獲得照顧（Wanless, 2006）。越來越多人被歸類為能夠自給自足，對這些人提出適時的幫助和意見會越來越重要。幫助他們的人可能不是社會工作者，但是也應具備類似的專業技能。

評量結果的下一步是要訂定出照顧計畫，而照顧規劃的過程是下一章所要討論的。在照顧管理的過程中，必須要能夠在彈性的空間找出可以滿足需求的資源，還要在期望更高的服務水平下保留重新評量的權利。根據服務使用者的經驗，只有當評量是一個協商的過程、有資源從旁協助，並提供適當的服務，評量才是可以接受的。

結論

雖然社會工作者一定要學會如何進行評量，但他們需要做得更多。其他專業團體也會參與評量過程，而且常以文書報表來掩飾其間意見的分歧。自我評量讓老人有機會表達他們迫切的需求，但這是要在資源能夠支持的前提之下。

本章摘要

1. 評量可以應用在個人、團體、社區、組織和大環境。
2. 法律體制下的評量是需求導向的，但所訂定的標準會將資源分配給更需要幫助的人。
3. 老人單一評量過程能夠避免不同機構執行重複的步驟；研究顯示老年人重視連貫性、以人為導向的評量方式，還有結合正式和非正式支持。
4. 需要更進一步評估老人是否會接受自我評量，且需依靠資源來滿足所提出的需求。
5. 出院時間能衡量評量過程的有效性，以及專家與老人對評量風險看法的一致性。

課程重點

1. 交換模式下做出的評量，認為老人是自己生活上的專家，但行政模式會根據管理者的思維列出評量的議程。
2. 社會工作者和其他專家可能不會對老人採用權利取向的評量方式，但不這樣做就等於否認了公民權。
3. 將老人安置在護理之家的社會工作者仍有責任評量他們的需求，他們應將倡議權納入照顧計畫中，讓老人有機會從正式管道表達意見。
4. 不同專家進行評量的方式也不同，在機構中，他們傾向於速戰速決，而非仔細的決策考量。
5. 社會工作者必須了解他們每天的工作、專業價值和環境壓力之間的矛盾。雖然自我評量讓老人增加了些權力與能力，但那些有需求卻沒有資格獲得服務的老人，或經濟上能夠自給自足的老人卻可能會在接受支持、指導、照顧上失去應有的權利。

討論活動

　　Bowes 和 Dar（2000）研究巴基斯坦老人和他們的家屬放棄使用社會照顧服務和覺得使用困難的原因。他們強調傾聽使用者心聲的重要性，當與相對弱勢的團體一起工作時，會遭遇到理論和實務方面的困難，同時，語言、文化溝通上的障礙也被認為有方法上的問題。了解有關他們文化的資訊會增加社會工作者的自信，但當社會工作者與服務使用者是同一個族群的時候，不應假設他們一定能在專業上勝任。

　　那麼你會如何為弱勢團體中的老人設計一個具有文化敏感度的服務呢？

延伸閱讀

J. Butt nad A. O'Neil, *Black and Minority Ethnic Older People's Views on Research Funding*. York: Joseph Rowntree Foundation, 2004.

　　從文獻和直接與老人的討論當中，找出未來研究的走向，以增加不同族群取得適當服務的機會。

J. Milner and P. O'Byrne, *Assessment in Social Work*, 2nd edn. Basingstoke: Palgrave, 2002.

　　關於社會工作的各類評量方式，這是一本經典論述。介紹從治療到解決問題等種種介入手段，適合推薦給想要更清楚了解評量的讀者，以及面對選擇方法常有兩難的實務工作者。

5 照顧規劃

本章討論議題

- 照顧規劃的結果取向。
- 各類型的照顧者以及照顧的市場運作。
- 社區照顧規劃中的住所服務、輔助技術、日照服務、居家服務。
- 了解照顧者的需求。
- 使用者取向的照顧規劃。

　　為達到需求評量過程中所設立的目標，照顧的規劃過程確認了最適合的方式。照顧規劃包含服務提供者的確認、資源的投入使用以及成果因素的考慮。對專業服務重新定位，讓照顧更貼近居家，這是老人照顧的重要政策目標（DH, 2006c）。這類照顧方式的關鍵要素有：

- 早期介入與評量。
- 長期慢性病團體的管理。
- 支持性早期出院。
- 快速取得急症醫院護理。
- 以老人及其家人的需求與期望為主的合作關係。

　　英國國家健保局（NHS）與社會照顧機構在確保老人獲得正確服務上，有明顯的共同關注。65 歲以上老人占了英國國家健保

局總預算的 43%、社會服務預算的 58%，以及社會照顧相關計畫的 71%（ibid.）。因此，老人的照顧規劃成為各項服務的重要議題。

　　人們越來越注重結果，而非標準服務的提供。注重結果很簡單的意味著，服務應該經過調整與評量，好讓它們能夠為人們的生活產生影響。例如，要擴大休閒活動機會，可藉由提供人們交通方式，去參加成人教育課程或前往運動中心，而非提供較為傳統服務方式的日間照顧站。人們進一步注重的是使用由「照顧尊嚴活動」（Dignity in Care campaign）特別提倡的社會照顧，作為「過程」的產出（DH, 2008b）。本文所指的尊嚴有許多重疊的面向，包括尊重、隱私、自主性、自我價值。

　　個別制定的照顧逐漸被視為是符合老人期待的重要服務目標。家庭照顧者的投入一直是照顧規劃的重要部分，規劃出能夠符合其需求以及其照顧對象需求的服務，對於達到過程的與最終的結果都非常重要。本章將討論 Una 和 Alf Vernon 的例子（見案例概述）。

案例概述

　　Una Vernon 與丈夫 Alf 都已 68 歲。三年前，Alf 從大型零售商店的經理職位退休，從此之後 Una 與 Alf 經常到國外度假，Alf 也參加了地方性的高爾夫球俱樂部。他以前總是長時間工作，他們也因為工作而經常往來全國各地，Una 發現這樣很難結交朋友，並且需要仰賴 Alf 做出重要決定。六個月之後，Alf 中風了。在醫院住了一陣子之後，他回家了，並且在地方性的日間醫院完成了一項物理治療療程。Una 向醫院人員表示，Alf 不願讓她獨自外出，而且他一直需要她的照顧。Una 表示她覺得自己不適合擔任照顧者，但是卻又不知道 Alf 如果沒有她要如何照料自己。

Alf 在中風之後，遵循了一個包含急症醫院照顧以及支持性早期出院的計畫安排。作為一名長期慢性病患者，他必須接受建議與監測，好讓他能夠在社區內管理自己的病情。而他的妻子Una 也變換了角色，成為他的照顧者。Alf 一直以來都被社會定義為「殘疾人士」，因此在從事先前的嗜好與興趣，以及參與其生活社區的活動方面他可能有困難。照顧規劃包含以 Alf 與 Una 的需求與期待為主所建立的合作關係，這不只能解決醫療服務問題，也能解決人際關係與社會身分改變的問題。

老人重視的成效是什麼

如果服務無法滿足如 Alf 和 Una 這類人的需求，服務有可能無法持續下去，或者在經驗上也無法讓人覺得有幫助。「成人社會照顧產出」（Outcomes in Social Care for Adults, OSCA）方案（Henwood and Waddington, 2002）的重點不再是簡略的購買者與服務提供者二分法，這種二分法強調由誰來提供照顧。反之，重點轉到老人個人、家人與照顧者所經歷的照顧服務品質，以及達到的成效。成效也分成以生活品質程度為標準的維護成效，例如清潔性與安全，以及社會參與及控制；改變的成效，例如能夠處理困難，以達到生活品質或減少風險、改善合作關係、協助復原與康復過程；過程的成效，此成效著重於服務提供方式所帶來的影響，例如文化敏感性、選擇與尊重（Henwood and Waddington, 2002）。

Glendinning 等人（2007）提出一項研究證據的評論，內容是關於老人所看重的成效，以及促成與抑止達成效果的因素。他們發現雖然老人的優先事項可能依據年齡、生活條件與身體疾病類型而有所不同，老人跟服務的提供者一樣重視多類成效，包括：

改變的成效：

- 改善身體症狀與行為。
- 改善身體功能與行動性。
- 提升士氣。

維護或預防成效：

- 達到基本身體需求。
- 確保個人安全。
- 維持乾淨與整潔的居家環境。
- 維持敏捷與活躍性。
- 接觸社會並且有人陪伴，包括提供以及獲得幫助。
- 能夠控制日常生活。

服務過程的成效：

- 感覺受到重視與尊重。
- 受到人性化的對待。
- 對於服務擁有發言權與控制權。
- 物有所值。
- 與其他資源及輔助服務能夠「配合」良好。
- 在文化與宗教的偏好上，能夠相容並且尊重（ibid.: vi）。

　　與社會照顧準市場運作有關的因素，同時也是 1990 年代社區照顧的部分傳統，被認為影響了成效取向的服務提供方式。包括服務導向評量、不定期檢視、根據時間或工作內容購買而不根據成效、僵化的委派方式，以及人員招募及留任上的困難。最近發展的服務，例如中介照顧與復原照顧服務，都更強調其成效。然而，如果未能發覺老人在經歷重大事件後所遭受的身心變化，即使是這類的服務都可能是無益的。

　　機構面臨的困難也可能不利於產出。由私營機構所提供的住所服務，在發展產出導向的方法上有困難，在這種情形下，照顧

服務是依照僵化的時段或工作而分配。評量者的角色至關重要；老人鑑定服務有哪些成效時，他們的能力可能受到以下認知的限制，包括對社會服務的責任、他們認為合理要求的協助，以及他們認為可獲得的服務（ibid.）。因此，不該假定潛在的服務使用者都能了解在家裡可獲得社會服務的協助範圍，除非他們明確提出。了解老人對自己的經驗所賦予的意義也很重要，能掌控自己的生活似乎凌駕了所有其他成效，倘若老人認為服務與他們的自主性、自我形象或是強調依賴性的自我形象無法相容，這種服務成效老人通常是拒絕接受的。

　　探討 Una 和 Alf 對於可能接受的服務類型與頻率的認知是非常重要的，因此，在一項老人對患病與復原過程所賦予意義的研究中，計畫所提供的服務以及老人認為需要的服務並不相符，而這影響了人們其後居住於家中的能力（Wallin et al., 2006）。我們不僅需要個人化的復原方案，也需要讓老人參與更大範圍的服務規劃。我們要傳達的訊息是，如果只是為了強調對老人的尊重而讓老人參與服務成效的鑑定，以及量身訂製服務以達最大自主性與控制，這樣做並不合宜。

老人照顧提供者的種類

　　為了顧及過程成效以及最後產出，評量不應只明列該提供哪些服務，也應述明服務提供的方式。提供服務的行政長官對是否提供強調成效的服務，有重大影響力。Bamford（2001）說明了以「最佳價值」制度取代強制競標代表了不選擇最便宜的服務，卻平衡了所提供服務品質的成本。地方當局採用了三種主要類型的契約：

• 包裹型契約（block contracts），其中購買者必須以指定價格購買全部或部分服務或設備，例如護理之家的一些床鋪。

- 成本與數量契約，其中服務的數量與總價經過人們一致同意，任何額外服務依據個別價格而提供。
- 個別或交易型契約（spot contracts），其中購買者依據雙方同意的價格在指定時間為個別使用者訂立一項服務契約來取得服務。

　　機構的委託功能在個人套裝型照顧服務的購買過程中，於實務面落實運作——Bamford（2001）稱之為「微委託」（micro commissioning）。在照顧管理與預算管理，以及倡導服務使用者最佳利益的經濟與社會目標之間，出現了不可避免的矛盾關係（McDonald, 2006）。由於伴隨而來複雜的交易成本，社會工作已經超越傳統的協調角色，積極尋找新的服務與提供者。對許多老人而言，以創新方式使用委託功能，可讓他們獲得運輸或託管服務，讓他們有機會維持先前的生活方式。

照顧的市場

　　社會照顧市場的管理日益複雜。自從社區照顧於 1993 年開始之後，由法定部門直接提供的居家式照顧場所比例已下降，而使得志願與私部門成為目前主要照顧提供者。由私營機構提供的居家式照顧比例也已增加，然而成長並不平均，在倫敦與郊區一直存在著特別的議題。在倫敦，國王基金（King's Fund, 2005）調查發現，由於高於平均的護理之家費用、人員短缺以及更高的社會問題比例，使得首都的照顧機構資金不足、人員不足，在選擇與品質方面有所欠缺。因此，老人獲得照顧與實際幫助的機會有限，並且可能遭遇到面臨未受訓與不合格人員的風險。在發展不健全的照顧市場中，老人是較為脆弱的消費者，因為他們缺乏可獲得哪些服務的資訊以及影響生活品質的服務機會，也缺乏可購買所需服務的金錢，患有心理疾病者、黑人和少數族裔尤其受到影響。私營居家式照顧服務機構分布零散，以及高交通費也限制了鄉村

地區能有的選擇（Glendinning et al., 2007），因此市場途徑是否能夠提供選擇仍受到質疑。對於個別老人而言，選擇用多少成本使用哪種資源的決定多是經由照顧管理者居中協調促成。強調重視個人選擇的趨勢從一些較新的方案中，看到了專業導向照顧規劃模式面臨了挑戰：直接付費、個別化預算，以及以實踐為基礎的服務測試，這些終將擴大可能服務的範圍，同時使照顧市場變得不穩定，因為成本與數量系統，以及包裹型契約將不太可行。

居家照顧服務

從家中協助到家庭照顧，從低階的實務協助到個人照顧，這種改變已將目標客群設定在合乎資格的小眾。雖然英國接受家庭照顧服務人數從 1991 年的 50 萬減少為 2006 年的 384,000 人（CSCI, 2006b），個人獲得服務的時數卻增加了。地方機關被賦予增加時數的工作目標，其中造成的一項影響是低階的服務——「尋求一些協助」（that bit of help）（Clark et al., 1998）——已減少。居家照顧機構被帶至已建立的檢查制度中，以符合國家對規範照顧服務品質的關注。社會照顧監督委員會的首次檢查報告（CSCI, 2006b）有大部分內容著重於過程問題，檢查發現居家探訪的時間分配通常不適當，導致對老人缺乏控管，也有失其尊嚴，因為與提供私密性照顧服務的人員很難建立信任的關係。老人可能會覺得難以接受私密性照顧的協助，例如由不認識的人協助洗澡與上廁所，而這可能導致他們拒絕進行所需的服務評量。

居家照顧服務的需求大過供給。在蘇格蘭，採用免費個人照顧之後，已增加了 62% 的服務需求。Bell 等人（2008）的研究顯示，這不一定能彌補非正式護理數量的減少：目前家人與朋友同樣參與，但都是給予社會與情感支持，而非直接的照顧。研究也發現，當局能夠提供的既定成本服務數量有很大的差異性。然而對於親自照顧有困難的人，在本文例子中，實際的協助能讓 Una

專注於與 Alf 的社會與情緒關係，同時委託他人進行照顧。

　　在針對最有需要的人瞄準資源以及提供可及的服務之間，已經證明很難找到平衡。社會服務主管協會（Association of Directors of Social Services）和地方政府協會（Local Government Association）（2003）的報告指出「將照顧的三角關係倒置」以及提供更低階的預防性服務的問題，這也是健康與社會照顧白皮書（White Paper on health and social care）的重點（DH, 2006c）。然而，老人一直以來都可以接受服務。人們必須在支持與侵入性介入之間找到平衡。對於以家事能力感到自豪的人，使用居家式照顧服務以至於他們的家事能力派不上用場，可能會使他們感到沮喪（Banerjee and Macdonald, 1996）。照顧管理者必須察覺所提供服務的性別差異：獨居的年長男性較不擅家事，而對於由異性照顧，或是在他人面前裸露身體以進行檢查，男性與女性都會希望表達對這方面的意見。

　　經由照顧工作者而與社會有所關聯，這點相當受到老人的看重，尤其是一致性、及時性、完整性與效率方面的品質（Godfrey et al., 2004）。老人本身可能遭遇面臨可以移交給他人的工作，以及對於自身或健康非常重要而不願輕易放棄的工作之間的衝突（ibid.），因此，經由照顧規劃過程而對此進行研究是非常重要的。事實上，購買者在所有服務測試過程中扮演關鍵角色，可以影響所有類型的產出，即使供應鏈似乎讓影響成效的責任與服務測試過程之間，顯得沒有關聯性。在一針對居家式照顧服務提供者的研究中，Patmore（2004）發現購買者經由服務測試的時間，以及為了生活品質與身體需求而購買協助的意願，影響了服務品質。然而，在允許員工視情況額外提供協助時間方面，提供者彼此之間有所差異。日常生活或額外時間上的微小改變，可以改變到什麼程度也有所差異，在提供者執行之前，這些改變必須經由照顧管理者以買方身分核准。不同公司的作法可能因而讓老人在居家式照顧服務上有不同經驗。然而，失智症患者的專門居家式

照顧能夠確保所有必要的變更都能被了解，必且持續受到回應。

輔助技術

　　居家式照顧服務之後，老人另一項最常使用的服務是輔助技術（McCreadie et al., 2007），它所處理的主要的功能性問題是步行與爬樓梯。「輔助技術」一詞範圍包括在日常活動上提供協助並且讓人們適應，但是該詞逐漸包含了科技的應用，包括傳感墊與追蹤儀器。技術可以被安裝，例如扶手與輪椅升降台；也可以被攜帶，例如柺杖；或者是電子化，提供社區警鈴或「智慧型住宅」（Smart House）技術，讓照顧者注意日常生活上的困難。這些裝置大部分由私營機構製造，但是由受聘於照顧管理職位的專業治療師所建議。McCreadie 的研究發現，這類裝置的資訊是被動給予，而且被當作配給裝置。這些裝置常與專為殘障人士所提供的服務相連結，對老人的吸引力還不如「功能性居家」這種比較一般性的概念。使用規則與程序也很複雜，且測試與長時間的等待降低老人想要使用的動機。這類協助雖然技術上有幫助，然而在居家環境上的設計，以及如何令老人使用，都需要進一步研究。屋主對於設備的安裝可能有不同想法，例如在原本是放鬆與娛樂之處的家裡安裝輪椅升降台與升降機，特別是如果這類輔助裝置令人想起醫院環境。更基本的問題是，這種裝置對於老人的監測可能引發關於隱私與同意與否的道德問題，尤其是如果應用於失智症患者以限制其行動自由。

復原

　　「復原」（reablement）是一社會照顧取向途徑，旨在確保「在主動且持續的過程中，提供最低階而適當的介入，以平衡需要被照顧的成人之『生活品質』風險」（DH, 2009a）。在效益

上，這代表了以短期工作為主的照顧方式，脫離長期照顧或有時限的服務輔助，例如居家式照顧或物理治療。這種服務有可能變得更加廣泛，因為在財務上由「以人為先」協定所資助。健康司的照顧服務效率運送網絡（Care Services Efficiency Delivery Network）購買了客製化的功能性評量工具與滿意度調查表，並且充分利用有限資源參與一項關於改善生活選擇與品質的「居家式照顧復原」效能之長期研究。在研究內容中，「家」意味著個人的住所、庇護所或額外的照顧家居，研究重點在於預防住院或出院後轉移至長期照顧。研究的另一項目標則是藉由提供密集但短期的協助，以解決突發的健康惡化狀況，減少對居家式照顧的長期依賴。另外，居家式照顧復原鎖定居家式照顧維持健康方案的人，使他們受到協助並能夠復原一些功能。2026 年之前，老人將占英國家庭住戶增加總數的一半（DH and DWP, 2008）。2011 年之前，新的家居將符合終生住宅標準；人們設定這項目標，以確保經過合適設計的住宅隨著人們老化而達到不斷變化的需求，或是可供身體缺陷者使用。

日間服務

　　為了以群體方式提供老人服務，並且讓個人得以休息，日間服務在傳統上被視為是照顧計畫中的一項服務。日間服務有一些形式，從教育、復原到社會照顧（Seed, 1988），此外，日間服務可提供照顧者寶貴的休息時間，並且檢視各項需求，以支援長短期的計畫（Clark, 2001）。Moriarty 和 Webb（2000）的研究著眼於對失智症患者的服務效率，研究發現，參加日間服務的老人比起不參加者更有可能維持這種群體服務達六個月以及十二個月的後續時間，因此，日間服務可發揮重要的維護功能。為了評量成果，照顧計畫必須清楚說明服務的功能以及評量的標準，尤其當人們不斷從日間「中心」轉為一系列日間服務的委託，明顯更以

社區為中心，並且更具時間限制。Clark（2001）表示，服務必須具彈性、符合個別需求、具文化與道德的敏感性、適應各式各樣且複雜的需求，並且支持更廣泛的社會整合。

日間服務的轉介必須考慮人們先前的體力與興趣。例如，劍橋 Fulbourn 醫院的論壇（Forum）午餐俱樂部為了那些對創意專案有興趣的失智症患者經營一個藝術團體。社區組織也為老人經營各種午餐俱樂部或特殊興趣團體開放人們參加。此模式的組成為活躍的老人及其興趣的持續。先前的專業人員職責，以及對於運動及家務技術的興趣，都可能提供關於職業類型的焦點話題，如果有的話，老人也願意討論。

場所的重要性

一般而言，老人喜歡其住宅與鄰居，如果可能的話，寧可維持不變（Oldman, 2000）。然而，例如像喪親或疾病這類的危機，可能會快速改變情況。健康司（Department of Health, 1995）所做的研究顯示，恐懼是影響搬遷與否的關鍵因素：特別是害怕跌倒，以及害怕孤立與犯罪，解決這些恐懼將是協助社區老人的關鍵。「家」擁有安定與歸屬感的內涵，不只是磚頭與水泥（Heywood et al., 2002），設計不良的住家令想要從事居家活動的老人失去能力，但是大部分的老人專業住宅通常空間很小，家人沒有足夠空間停留。根據統計，老人更有可能住在貧困的住宅，這在設計上並沒有考慮到行動不便、體弱或感覺喪失者。老人很少參與其住房的設計，但是在維護居家功能上，設計則非常重要。因此建築物的設計顯示出是否其目的在於照顧管理與保護，或是獨立性與連結性。

人們已發展出退休村鎮，以額外照顧住宅的模式提供量身訂作的住宅與服務，在這裡，照顧人員可提供全天候的協助。人們期待擴大安全性與獨立性，這是搬到退休村鎮的重要動機；還有

一種假設是，尤其如果在同一地點，可順利升級到更高階的照顧設備。當然，需求最少服務的夫婦，很可能被視為退休村鎮發展的潛在「客戶」，附帶的是，萬一其中任何一方需要改變，現場仍能提供實地額外照顧服務。然而，Cheek 等人（2006）發現，這種傳統並非總是可行，並且需要協助才能透過可用資訊找出正確方式。有空房就進住的機會主義者，比起那些因為健康危機突然需要入住且過渡有困難的人，顯得較有優勢。老人普遍對於居家式照顧持負面看法（Davies and Nolan, 2003），而且，一方面，對於預備規劃可能造成限制，另一方面，在做出最終決定之前，必須讓年長客戶清楚了解複雜的居住條款與條件。

家人安置與喘息

　　相較於居家式服務，對當事人子女的服務或家人安置才是最重要的。對於成人，有一些相同的成人安置例子，而且此領域的社會關懷卓越機構《實務指南》（2006）旨在協助地方機關藉由鼓勵委託這類服務並且進行安置，以達到白皮書的目標（DH, 2006c）。小規模的服務，例如成人安置，可擴大個人為主的服務範圍，但需要適當的規劃與協助。Arksey等人（2004）研究發現，成人安置計畫在彈性喘息的服務，以及處理個別需求的服務範圍內，特別受到重視。

　　喘息照顧對照顧者來說很重要，明確的安排讓照顧者休息也很重要（Arksey and Glendinning, 2007），雖然有證據（Levin et al., 1989）顯示，在成為正式服務之前，許多照顧者已決定他們不能再繼續進行照顧，換言之，這項服務太晚提出。經規劃的喘息時間可用於讓老人養成長期居家式照顧的觀念。當然，也必須清楚知道喘息照顧的目的與預期的成果，才能避免老人陷入可能造成長期不利影響的情況。在人際關係議題尚未得到解決時，研究家庭成員的期待尤其特別重要。同樣的，Arksey 等人（2004）也無

法證明失智症患者的喘息照顧（不論是住所或居家環境），對需要考量經濟成本效益的長期照顧有顯著影響。

居家式服務

　　將居家式服務視為一種資源，而非一開始就將居家式照顧當作終生住所，這麼做可以擴大機會，使得人們可使用居家資源於評量、喘息以及「照顧」。在家照顧與「機構」照顧的二分法歸因於住所的環境，這種二分法持續受到質疑。Morris（1993）已經為有大量協助需求的人，針對社區中正式與非正式的照顧權性質，建立一套辯論。Gubrium 和 Holstein（1999）認為機構化是一種現象，也是對身體老化的照顧及照顧地點的選擇之種種想法的表述。在讓老人保有自主性與隱私方面，Bland（1999）也檢視結構與個別的因素，這些因素區分了居家式照顧的「服務」與「社會照顧」途徑，某些私營的旅館環境，比起國家資助的機構化照顧毫不遜色。認為居家式照顧本來就不比社區中的照顧服務受歡迎，這個想法因而受到質疑。

　　居家式照顧的過去趨勢，以及現在與未來需求的分析已顯示，需求可能不斷超越供應。住宅市場可能已經被大型機構所支配，因為小型供給者在財務上難以維持。對居家式照顧需求產生影響的因素，在結構上是：

- 來自英國國家健保局的持續照顧支持。
- 中期護理的可行性。
- 委託與契約機構。
- 市場推動力。

在個人方面，關鍵問題在於：

- 選擇。

- 照顧費用。
- 照顧過渡時期的情緒與社會層面。

　　不符合國家資助照顧資格的老人日益增加，這項事實已產生一些問題，也就是在符合他們需求的特定照顧形式之適當性，以及做決定時的品質問題方面，他們實際上也無法採用專業建議。由於做決定有其深遠的影響，大部分老人在規劃未來照顧時，都能受惠於重要的建議。因為自我指導的照顧越來越普及，許多制度也必須重新思量過去福利制度所創造的二分法，即國家提供與私人提供的照顧。

轉入居家式照顧

　　有大量證據顯示，老人並沒有充分參與轉為居家式照顧的決定：照顧者、專業醫療人員以及照顧管理者才是主要決定者。因此，了解社會與專業的關係至關重要。Cheek 等人（2006）研究發現，親人比老人自己更清楚察覺老人的健康狀況下滑，老人通常會表示自己健康是突然間下滑。Ware 等人（2003）的研究發現，由於在分配安置時，優先考慮公司需求，因此專業作法欠佳，而且也缺乏與老人或照顧者的諮詢。Challis 和 Hughes（2002）針對曾在某些地方機構受照顧的老人進行一項調查，調查發現幾乎四分之一的人曾在家接受照顧。那麼，在決定適當照顧地點時，是哪裡出了問題？似乎有一些原因：前置作業不足、不清楚目標、市場經濟有限，以及以諮詢制度作為必要決定方式的定量配給。依賴國家資助才能接受居家照顧的人因而面臨選擇上的許多限制。但是自籌經費者也面臨缺乏建議與長遠規劃的問題。

長期照顧的決策形成

　　Taylor 和 Donnelly（2006）探討長期照顧決策的專業觀點。他們發現申請居家式照顧的「門檻」受到服務可及性與工作量壓力的影響。這些因素、個人恐懼、動機以及家人的支持，在評量功能性與醫療需求時，都必須加以告知一起進行評量。做決定時遭遇的困難，對那些需要時間來評量的專業人士們，會引發衝突，尤其若「將時間作為診斷工具」（ibid.: 813）以評斷藥物或生活習慣改變帶來的影響。如果老人防衛性小一點，並且願意接受協助，那麼，在有效的照顧規劃中，公開且誠實的溝通會讓後續的面談容易些。各項專業人士，包括醫療、社會工作者、護理、職能治療以及居家式照顧管理，將下列因素當作申請機構照顧的原因，包括：

- 精神受損，包括失智症。
- 跌倒與骨折。
- 日常活動的身體限制。
- 無法用藥。
- 失禁。
- 健康需求。
- 睡眠問題。
- 營養。

　　然而，在類似的物理需求上，病患的觀點卻迥異，顯示出必須超越傳統對活動評量方式的重要性。家人對於健康情況的觀測，是他們提供身體照顧很重要的一部分。使用對老人健康狀況的評量作為是否接受居家式照顧的門檻條件時發現，即使在自己家中的行動能力受到身體衰弱的限制，最重要的因素仍是個人對於健康情況的看法。沒有證據顯示心智能力有受到影響，重新安置的

問題必須由老人自己決定，並且顧及家人的焦慮感。在質疑他人對於身體健康狀況下滑應優先考慮哪些事項的觀點時，比起地點的連續性與熟悉感，提供支持才是更加必要的。

在考慮其他選擇之前，跨領域的評量能避免倉促決定接受居家式照顧。Challis 等人（2004）研究在進入護理之家之前老人專業臨床評量的作用。由老年醫學專家或老年精神科醫生進行的評量發現先前照顧管理者不知道的情況，特別是認知功能障礙。曾接受臨床評量的人，身體惡化情況降低，對於緊急救護或是申請進入護理之家的需求也減少，照顧者也表示老人身體健康有所改善。該研究支持社區老年醫學專家成為多元領域團隊的一份子，他們在決策的關鍵時刻能扮演重要角色；面對生命重大改變時，該研究中對倉促做成決定提出警告。

社會照顧監督委員會（CSCI, 2005）對於出院時接受居家式照顧所進行的研究顯示，大部分的人在緊急住院之後直接接受居家式照顧。許多因身體疾病住院的老人，其心理健康也多有狀況。Anderson（2001）研究發現，一般醫院中，年長住院病人患有失智症的普及率為 31%；憂鬱症普及率為 29%；還有 20%罹患譫妄症（delirium）。這些狀況是負面醫療結果的獨立預測因子，包括功能喪失、收容在機構中，以及更高的再住院率。三分之一的中風復原者罹患血管性失智症。延遲轉介至老年精神科就醫也意味著可能失去預防惡化的機會，或是在人們仍有做決定的認知能力時進行介入的機會，包括輔助回家的能力。患有失智症的老人也不太可能接受中期護理服務，或被轉介至安寧照顧。欲了解身體與心理疾病之間的關聯性，需要全面性的評量，並且協助獲取適當的補充資源。

品質標準

居家式照顧的品質對於老人而言，是照顧過程與結果的結合，

其管理規定必須確保人員的品質、照顧程序，而居住者的照顧過程必須依照可接受的標準進行檢驗。與護理之家的合約也必須依據公平交易局（Office of Fair Trading, 2003）的規定，並強調關係的合法性。私人護理之家的居住者由地方機關進行安置，而私人照顧的提供機構，必須依據《1998 年人權法案》（Human Rights Act 1998）開設，這是遵守正當程序中人權規定的必要條件，對隱私的尊重與人性化對待一般而言也會包含在地方當局為了照顧居住者而委外承包的契約中。然而，私人護理之家居住的弱點仍然存在。沒有法條規定如何處理護理之家的停業（Williams and Netten, 2005）。居住者是特許的，但在經一段通知期限後，可被要求離開，沒有客戶受到法定程序的保護，可見法律對居家照顧的保障非常有限，社會工作者工作的制度中，對老人的身分與權利，以及機構對身體健康的責任，仍有模糊地帶。因此，關於老人的身分與保護，居家照顧成為一般關注問題的縮影。

照顧者的身分

　　社區照顧系統是藉由非正式照顧者的意願與能力來協助日益增加的老人，大約有 70% 的照顧者協助老人（Audit Commission, 2004a）其中涵蓋各種關係，包括配偶、家庭成員、鄰居或朋友。「照顧者」一詞原本受爭議，但是已逐漸於政策和立法中成為正式名詞。「家庭照顧者」一詞一直以來被廣泛接受使用，優先於非正式的照顧者。在發展照顧者類型時，Twigg 和 Atkin（1994）將照顧者視為一種資源、合作者或合作客戶；此外，當照顧者照顧的人轉到其他照顧環境或是死亡時，照顧者可被取代。Manthorpe 和 Iliffe（2005）沿用這個分類來進行研究，結果發現在照顧規劃過程中，社會工作者主要視照顧者為一種可利用的資源。因此，照顧者在照顧規劃中處境危難，首要的原則是他們必須能夠自由抽離這個角色，或是克制其投入。然而照顧工作很少能夠

進行協商，多半是情緒的累積或家庭的投入。對照顧者的評量在
《1995 年照顧者（認證及服務）法案》（Carers [Recognition and
Services] Act 1995）、《2000 年照顧者和身心障礙兒童法案》，
以及《2004 年照顧者（公平機會）法案》中有其法律依據。照顧
者有權評量其照顧能力，以及其持續對被協助的人獨立進行照顧
的能力。地方機關也可為照顧者提供服務，或是直接付費代替，
照顧成人目前也帶動關於職場保護的討論（McDonald and Taylor,
2006）。

　　社會關懷卓越機構指南（2007）強調進行照顧者的策略性規
劃是所有機構的責任，而非只是健康與社會照顧。對於老人，如
何照顧他人是一項重要議題。Young 等人（2006）根據 2001 年人
口普查數據檢視照顧者特性的改變，提供照顧的高峰年齡為 50 至
59 歲，但是 75 歲以上的人中，有 5%本身即是照顧者，因此照顧
者主要還是老人本身。在比例上有更多的照顧者為經濟弱勢族群，
以及處於貧困的地區。來自孟加拉與巴基斯坦的人比其他族裔更
有可能成為照顧者。女人比男人更有可能將照顧與支薪工作加以
結合，特別是在公部門工作的人。另一項潛在的照顧資源是住在
同一個家庭的成年子女。然而，只有五分之一共同居住的子女每
週提供 20 小時以上的照顧；這些兩代同住的家庭中，約有 5%可
能是年長的雙親照顧成年子女。

照顧者的照顧規劃

　　照顧時的互助計畫在文獻中是一重要議題。Arksey 和 Glendi-
nning（2007）為照顧者推動更全面性的政策，藉此讓照顧者與接
受照顧者雙方的利益能夠被同時考量：照顧者的選擇會受到其照
顧角色的限制。在同一個議題上，Seddon 等人（2006）提出了在
照顧規劃過程中，實務工作者有必要結合照顧者成為合作夥伴。
需要解決的關鍵問題包括保密性（Rapaport et al., 2006）、成本與

報酬的平衡（Quereshi et al., 1983），以及對資訊的需求（Arksey et al., 2000）。O'Connor等人（1988）要求我們重新思考一個被認為理所當然的假設，也就是如果提高對妻子的期待，認為他們能勝任超出能力範圍的事，那麼妻子將必須承擔照顧工作，同時會造成他們的權限感降低。因此，他們提倡將情況重新定義為「特別的」、而非難以達到的協助需求，這種需求是在一般的家庭關係假設下。在這種情況下接受協助乃屬應得的權利，儘管只有在達到合作夥伴關係而非強加於缺陷模式（deficit model）上時，這種協助才會被接受。英國政府的《照顧者策略》（*Carers Strategy*）（DH, 2008a）將對照顧者的協助定義為一項持續不斷的優先事項，並要求人們認可照顧者有自己的工作與休閒興趣，才能與照顧工作相互平衡，並且向他們保證在照顧工作中，擁有必要的休息時間以及適當的報酬。

　　Philp（2001）的研究特別著重於老人的照顧者，其研究從正式服務之中，確認出下列為特別重要的協助形式：

1. 情感協助：傾聽；表示關心；表現信任、令人安心的專業親密關係；讓人感受到被關懷。
2. 資訊協助：對於擔任照顧者有充分準備；協助發展新的因應資源與解決方法。
3. 評量協助：給予反饋以肯定自我價值、達到自主性；處理內疚感與內在的不足感（feeling of inadequacy）。
4. 工具性協助：提供符合實際需求的直接協助與服務。

　　為了能充分提供協助，將照顧者的意見與專長納入評量過程是非常重要的（ibid.）。照顧者自己的因應策略包括從處理問題到處理情緒（Lazarus and Folkman, 1984），因此需要不同類型的介入。但是知道自己的資源有限，是照顧者接受外部協助的第一步（Philp, 2001），對於某些人，接受外部協助也許很困難；在他們早期的人際關係中，合作夥伴可能會運用權力影響已做出的決

定。因此，O'Connor 等人（1988）認為這個權力問題必須明確處
理，這樣能夠提供非脅迫性的服務，以及丈夫與妻子相互幫忙的
服務，而不是讓妻子直接挑戰這些權力的使用，就像他們過去的
關係一樣。

使用者導向的照顧規劃

　　儘管在傳統上著重的是服務，而非付現金來使用照顧服務，
人們仍有一些選擇以規劃自己的照顧，最近也已制定相關政策，
以推動這種安排作為個人化照顧的基本原則。雖然原始的法令──
《1996 年社區照顧直接補助金法》（Community Care Direct Pay-
ments Act 1996）──只適用於 65 歲以上的人，從 2001 年起，無
論是直接獲得服務，或是經由法定機構訂立契約，老人都可利用
直接補助金作為獲得服務的另外一種方式。直接補助金起源於擴
大照顧市場選擇的消費主義哲學，並出自於促進獨立生活的行動
不便人士運動。直接補助金也可用於對照顧者的服務，這類服務
是可行的。法律上，由於法規的關係，提供直接補助金來取代服
務已變成一種責任（McDonald and Taylor, 2006）。儘管有個人預
算一詞，將補助從地方當局直接轉給個人的唯一合法方式即是透
過管理公共補助的門檻準據，經由直接補助金來支付全部或部分
的照顧費用（Law Commission, 2008）。

　　在關於老人對直接補助金領受率的研究中，Leece 和 Bornat
（2006）認為轉為市場經濟的其中一項後果是，社會照顧逐漸被
視為一項買賣的商品。其他歐洲國家也為老人制定「現金支付照
顧」的方案，Timonen 等人（2006）評估愛爾蘭、芬蘭、荷蘭以
及英國的體系。他們發現除了愛爾蘭以外，這些體系都並沒有激
進的轉化改變照顧服務。在愛爾蘭，可以替代的服務方案太少，
這表示擴大「現金支付照顧」的方式可能會使照顧服務轉向由私
人提供服務與補助。在英國，Clark 等人（2004）以解放性的說法

說明老人直接補助金的好處，但是研究結論卻認為，如果不是假定老人也優先考慮個人照顧並且他們的生活方式受到限制，老人有可能從直接補助金獲得更多的好處。在跨越「成人」與「老人」服務的界限時，老人本身也經歷年齡的歧視。雖然照顧管理者是提供老人直接補助金的關鍵角色，但是這卻尚未成為照顧管理文化的一部分。直接補助金的使用者歷經在社交、情緒及身體健康上的正面影響。他們覺得自己勝過服務提供者，現在已經有控制權。因此，老人主動積極利用直接補助金重新開始社交生活，或者依靠值得信賴的朋友或協助者，或是那些在時間的使用上與工作上能持續且有彈性的人，讓照顧者得以休息。因此，比起機構直接照顧，這種方式較不會破壞社交生活，也更有彈性並且更個人化。

全國分配到的直接補助金在數額上有很大的差異。Fernandez等人（2007）研究顯示，儘管有15%的身障團體預算因此而花費掉，卻只有0.8%的老人社會照顧預算用在直接補助金上。然而，為老人聘請居住在工作場所的照顧者每週平均費用高於居家式照顧成本。照顧管理者的預算制定以及直接補助金領受率之間，似乎沒有任何關係。特別是關於老人，研究顯示對自主性的期待非常低，並且普遍存在脆弱性與依賴性的醫療模式。對於管理直接補助金，或是滿足那些無法得到主流服務的需求而言，階級與種族是重要的因素。

在直接補助金過往的歷史上一直都存在著干擾領受率的因素，包括管理補助金的問題、員工的反對，以及個人協助的供應問題。因此，直接補助金不只是一項複雜的後勤工作，這對於社會工作者對使用者控制的承諾以及理論建構都非常重要。根據這些理論，有資格獲得國家資助的人，有別於沒有資格獲得國家資助的人，後者將只獲得剩餘的服務。Ellis（2007）進一步說明，他以基層官僚（street level bureaucracy）（Lipsky, 1980）的觀點，說明直接補助金在發展上的困難，它取決於福利專家在詮釋規則時的自由

裁量權。與直接補助金特別相關的是，重視自我決定的道德義務
與監控資源的法律義務，以及提供完善的照顧制度之間，可能產
生矛盾。

　　白皮書中指出照顧資金財源分散是一個問題（DH, 2006c），其
中提議進行個別化預算的試行（piloting），匯集各種資金，包括
提供諮詢的社會照顧服務、提供住宅服務的支援人民計畫（Sup-
porting People programme），以及行動不便人士的設備經費。老人
可以視自己需要去花費分配到的補助，而非機構優先。健康司在
《機會年代》（*Opportunity Age*）（DH, 2005b）中，做出對個別
化預算的承諾，以個人為主的規劃方法，在同樣或更少的資源下，
能夠提供更好的結果。不同於直接補助金，個別化預算提供聯合
型的協助，而且不一定以現金進行分配，有可能是提供服務。在
社區之中，很重要的是，要有足夠的需求來創造新的服務，在鼓
勵參與和創新、摒棄孤立與依賴時，也要能兼顧重大的政治與個
人利益。

　　以直接補助金為基礎的個別化預算（individual budgets, IBs）
試行，匯集各種財源，已由Glendinning等人（2008）進行評估。
消費者最初的反應認為個別化預算比直接補助金更容易管理，儘
管需要仲介（brokerage）或倡議（advocacy）才能充分利用制度
並且管理支援服務。如何為那些沒有家人或沒有非正式協助的人
增加服務的選擇及長期觀測，是個別化付費機制的一大挑戰。社
會工作者的角色也會有所改變：從在照顧規劃中強調創業技能，
轉變為協助人們做成決定，並且在過程中擔任引導者。更根本上
而言，個別化預算說明了權力的轉變，讓人們更加了解在轉變過
程中的自身需求，轉變過程中，服務提供者必須以服務無法「外
包」的方式，適應使用者的需求。由於投入於「照顧管理」的時
間被空出來，社會工作者將能夠與人們一起研究他們生活中最重
要的事項，而不是有資格做的事情；並且在管理照顧工作相關風
險時，直接接洽服務使用者（Demos, 2007）。人們一直擔心並非

所有老人都能受益於這種標的式支持。諷刺的是，最有可能被剝奪權利的人是那些比較富有的人。

　　較富裕的老人面臨的風險之一是脫離正式的協助，原因是因為他們的需求被認為不符合資格標準，或者他們是自己的出資者（Henwood and Hudson, 2007）。篩選系統的事後評估往往將照顧規劃的自我出資者轉向私人提供服務。在 Henwood 和 Hudson 的研究中，對那些沒有照顧計畫而在其他地方接受協助的人，很難充分追蹤其後續情況，因此在選擇服務或評量服務品質時，只能靠口述或是感覺。結論是，私營機構占了全國一半的社會照顧成本，但是他們卻沒有受到良好服務，目前的服務機制重點在於達到資格標準。相較之下，個人化預算會詢問人們生活中的重要事項，並且以該答案協助他們規劃服務。不想要直接委託服務的人，社會工作者的角色將從把關與服務管理者轉變為仲介，尋找可用的資源、倡議行動並提供建議。比較困難的是，要確保所有對獲得此服務有興趣的人，都能獲得協助。社會工作者的角色一向是監控變化、回應風險，並且保障老人，同時維持選擇性與控制性，這將於下一章提出進一步討論。

結論

　　照顧市場的混合經濟結構代表服務漸漸不再由法定機構提供，而是由志願性、私營與獨立機構所委託。這也將社會工作者的角色轉變成為照顧管理者。雖然過去以來一再強調保障服務的重要性，但監控品質也同等重要，正如確保服務使用者有滿意的結果一樣。最近發展的計畫是讓服務使用者經由直接補助金與個別化預算的方式委託他們的服務。也因此可預見傳統的服務提供方式將衰退，因為人們會優先考慮社交與休閒活動，勝過目前照顧工作中所著重的個人照顧事項。社會工作者將發展新形態、更有創意的角色，以協助老人做出選擇。

本章摘要

1. 照顧規劃是一個找出最能夠達到目標的方法之過程，而這些目標則經由對需求進行評量來確認，包括尋找服務提供者以及資源的委託。

2. 成效可分為改變的成效、維持的成效或預防的成效以及服務的成效。然而，如果依據以工作為主或有時限的模式分配服務，服務提供者在發展以效果為重點的方法時，將會面臨困難。

3. 老人有可能拒絕與自身獨立或自我形象概念不符合的服務成效。

4. 在委託服務時，必須採用三種主要類型的契約：包裹型契約、成本與數量契約，以及個別或交易型契約。照顧管理者依約為特定個人承包服務，會建立一組服務項目。直接補助金與個人化預算則將控制權與選擇權交給個別服務使用者。

5. 為了滿足各種需求，傳統的服務在提供上越來越有彈性，例如住所照顧、日間服務、住宅或居家式照顧。然而大部分是由有權獨立評量他們是否具有提供或繼續提供照顧能力的家人、鄰居與朋友提供協助，這些人也可以根據自己的權利得到服務。

課程重點

1. 進行滿足需求的服務是社會工作的任務，而個人化的照顧提供則是一項重大挑戰。

2. 照顧提供的尊嚴問題包括尊重、隱私、自主性以及自我價值。服務需求者對照顧的體驗與感受，以及為了個人、家人與群體所能達到的效果，這兩者在服務規劃過程中應成為社會工作者的指引。

3. 有必要讓老人參與規劃過程並且接受服務。

4. 照顧管理者透過老人——照顧的購買者——所做的決策來影響老人的選擇。老人的獨立性可藉由自我指導式的照顧方式達成，這將使照顧管理者轉變為照顧仲介者與引導者的角色。

5. 當我們把照顧者視為一種資源、夥伴或臨床工作者，當照顧關
　係結束以後，這種照顧的服務仍然會持續下去。

討論活動

　　在你居住的區域內研究居家式照顧的可得性：

1. 如何在法定、志願性以及私營機構提供的服務之間取得平衡？
2. 如何評量部門內部的品質？
3. 服務如何收費？
4. 服務是否因應不同需求？
5. 服務使用者是否能變更請求服務的時間，或是照顧者進行的工
　作內容？

延伸閱讀

H. Clark, H. Gough and A. Macfarlane, *Making Direct Payments Work for Older People.* York: Joseph Rowntree Foundation, 2004.

　是一份較早對老人如何使用直接補助金、直接服務的重要性，
　以及照顧管理者的看法進行研究的分析報告。

K. Stalker, *Reconceptualising Work with 'Carers'* (Research Highlights in Social Work 43). London: Jessica Kingsley, 2004.

　這份研究探討「照顧者」一詞如何形成其社會建構，並且檢視
　描述「照顧」時可能會提到不同類型的人際關係。

6 監控與檢視

　　對結果取向途徑而言，管理改變、監控介入所產生的影響，以及提供檢視服務是很重要的。大致來說，監控與檢視相較於評量和照顧規劃顯然較不受到重視，而且監控變得困難的原因在於案主與委託者是在分開的狀況之下進行，且其所採取的介入也多是短期的監控。檢視被視為是正式的程序，可以被分派給那些跟評量者不同機構的工作者，評量者在這個過程中將對方法的延續不斷提出問題。對於那些因為產生危機而必須對他們採取介入工作的老人，以及對那些健康有問題或者他們的支持系統很脆弱的老人而言，有效率的監控是很重要的。然而，監控還是必須有焦點並且有特定目的。Goldberg 和 Warburton（1979）有關於當地官方社會工作者的研究中顯示，社會工作者在完全無法預知的狀況下的焦慮訪視是沒有效率的。比較有效的監控方法是針對案主建構一個支持網絡，當事件或改變發生時，可以隨時報告。

　　面對處理老人一生所面臨的變化和挑戰，關鍵的概念是賦權增能、風險和保護。本章將帶我們檢視這些概念的社會工作實務意涵。交叉相關的議題包括因家庭關係和態度的改變而產生的影響，這些關係與態度反映出老人間的文化差異。監控與檢視對於社會工作與照顧介入結果的評量也許是一個「好的實作」機會，然而對那些因機構偏好或因公共關切而被整頓過的老人而言，這些方法卻不見得都被肯定。以下兩個案例研究即描述因監控和檢視衍生產生的轉型與過渡將引起哪些關於老人自治的議題。

案例概述

　　Shaun Taylor 是一個 75 歲的老人，他有咽峽炎與慢性阻塞性肺病。自從他太太一年前去世之後，他就一直獨居至今。Shaun 唯一的女兒建議他可以搬去當地的庇護式照顧機構，因為那兒有專人可以照顧他的生活起居。Shaun 住在一個非獨棟式建築，而且還有一個花園。他的鄰居會不定期來探訪他，Shaun 也僱用一個清潔員來清潔他的房子，Shaun 會在輪椅上用餐，他漸漸發現自己對於爬樓梯已經力不從心，而且也無法到當地的店鋪採購生活用品。有時候，他甚至會忘記吃藥，而且在過去的一年當中，他前後已經進入醫院三次了。

案例概述

　　Olive Preston 63 歲，與她同住的伴侶 Paula 最近也退休了。Olive 患有多發性硬化症的病史長達 15 年之久，最近她獲得一位來自身障團隊的社會工作者的支持。Olive 是當地獲得直接補助的其中一個，也因為如此，她可以僱用一個私人團隊 24 小時在她家提供有效的照顧服務。除此之外，在私人看護的伴隨之下，

她可以一年兩次去外地拜訪朋友，甚至可以看電影和參加芭蕾活動，只要時間允許的話。Olive 已經被告知當她年紀達到 65 歲的那年將被轉介到一個「老人團隊」，屆時將會被要求重新評量與檢視。

　　組織的安排隱含著對老化的假設；在 Olive Preston 的案例中，因為年齡的增加，使得身為服務使用者的她地位因此產生了變化。對 Olive 來說，年長者是否可以比那些較年輕的人在當地得到同樣的服務品質，這才是 Olive 關注的重點。Olive 的身分不只是老人，她還是個不良於行的老人。這樣的轉化，使得 Olive 的需求得以再被檢視。在 Olive 的案例中，雖然她已經累積相當多的經驗，但在機構的資源重新分配與供應系統下卻不是優先被考量的。Shaun Taylor 目前則處在一個危機，妻子剛過世一年，在此關鍵時刻中，他可能得被迫離開他所熟悉的環境，也因此他在情緒上的危機遠大於身體上的危機。

賦權增能

　　賦權增能的意義對於老人與照顧者有著特有的共鳴關係。Thompson 和 Thompson（2001）因此認為老人的賦權增能涵蓋了「照顧模式」之外的工作。一般認知的「照顧模式」中，老人只是服務的消極接受者，但 Thompson 等人認為在服務的規劃與分配過程中，老人也應該有所參與。適時的以及敏銳的社會工作介入有可能可以協助老人們取得社會網絡以及參與網絡，例如出院後（McLeod et al., 2008）。社會照顧監督委員會有一個關於具體產出與抉擇的重要性的報告——《真實的聲音，真實的選擇：達官貴人對照顧服務的期望》（*Real Voices, Real Choices: The Qualities People Expect from Care Services*）（2006a），報告中提

到：接受照顧服務的人並不只想要被問他們使用服務的看法——他們更想要的是他們可以因此而過得更好。

　　然而，老人尋求賦權增能的障礙存在於個人、文化以及結構層次（Thompson, 1997）。就結構層次而言，不平等的模式把Olive Preston這類的老人分派到有某種特殊意涵的特定社會位置。這些意涵指對生活的選擇、地位、信用、權力與社會資源的差異性分配（Thompson and Thompson, 2001）。就文化層次而言，老人的賦權增能包含一個挑戰，即強烈指出老人的刻板印象是虛弱以及依賴的（Thompson, 1997）。從個人的層次來論，個人的賦權增能仰賴個人（或團體）在認知以及發展他們的生活能力上，而這些生活是他們能夠自己掌握的（ibid.）。

　　基本上，「對老化有著根深蒂固的文化的態度」已經普遍被認為存在於地方性的公共服務中，並公認相當程度限制了健康、社會照顧和其他針對老人的大眾服務的發展（CSCI, 2006a）。當規劃與委託大眾服務，例如健康照顧和運輸服務時，老人的特殊需求並沒有被優先考量：社會照顧監督委員會的報告中顯示，95%的老人在最近幾年並沒有被問到有關全民健康醫療服務或議會服務的意見，80%的老人並不覺得他們對服務的規劃有影響力（ibid.）。在一些案例中，服務的取得與社區的需求間缺乏一致性，特別是一些低收入、失智症，或來自服務不易取得的地方少數民族等（McLeod et al., 2008）。老人可能會自我內化歧視為低自尊和無法感覺到「有權利」去要求更多和更好的服務。相反的，有些元素很重要，它們能夠讓老人持續有一種過得好的感受。這些元素與克服文化以及社會孤立有關聯，這些元素也與連結有共同興趣及經驗的人去涉入各種社會及休閒活動的能力與機會有關聯（Godfrey et al., 2004）。在過渡期要處理龐雜的需求，有些事情是很重要的，包括：要有前瞻性的服務、高感度的管理改變，以及能夠適時取得適當的資源。

前瞻性的服務

　　適時提醒你，老人之全國性服務架構（NSF）（DH, 2001）強調的是：

- 以個人為中心的照顧。
- 連貫性的服務。
- 及時回應需求。
- 健康與活躍人生的增進。

　　抉擇、管控和責任對老人來說是三個關鍵階段（ibid.: 2）及重要轉折點，例如健康照顧危機，這些點有機會強化及時介入的價值。社會照顧監督委員會有一份關於出院的報告（2005），發現為傷殘人士所設計的改善復原能力的服務可以有效改變一個人的生活，預見危機並預作規劃有助於降低住院的發生，但孤單、長期健康不良、沮喪、貧困和缺乏安全感對老人的健康與生活品質卻是主要的危害因素。雖然在 Shaun Taylor 的案例中，上述危害因素可能都找得到，但重要的是，正面的與負面的因素都被注意到了。這裡有很好的鄰里支持，而且 Shaun 不良於行的問題可以透過使用輔助科技來克服。當然，才剛痛失親人就面臨馬上要搬離他所熟悉的環境是有風險的。Shaun 對他自己的房子與花園的依附如同對「家」的情感依附一樣，這應該要被注意到；同時，有沒有意願搬去一個比較小且與別人共同居住的環境生活，也應該要被考慮。Shaun 經常忘記服藥以及他入院的病史顯示他需要更好的健康照顧監控。

　　在檢控需求及回應變化上，社區健康服務是很重要的。《NSF的長照》（*The NSF for Long-Term Conditions*）（DH, 2005a）特別鎖定像 Shaun 這種被歸類為次級服務重度使用並需要密集管理的個案案主。社區的保母在這樣的策略上，是自我照顧的支持者，

並作為與健康及社會照顧的連結平台。雖然有些人會認為這只不過是把一些服務換了個名稱，而且他們認為家庭醫師的保障也太薄弱，但有一些介入性照顧服務仍快速擴張，這是一種策略設計，用來減少緊急醫療照顧和緊急入院（Young and Stevenson, 2006）。雖然有些介入的照顧服務規模也許太小、標的不適當，或整合不足以至於無法達到老人服務的整體機制改變，但中介照顧的理論在於不論是多機構的運作、分享式評量或是重建任務，種種理論都必須能夠在社區內輕易轉化為實作（ibid.）。這樣的實作導向對 Shaun 這類病患應該有所助益，這種病患對健康的需求很複雜，但對標的性介入卻能夠有所回應。

管理改變

老人需求的改變會對個人自我的感受、自信心和對未來的計畫產生影響。這些需求的改變也會對家庭照顧者以及機構服務有所影響。Gooberman-Hill 和 Ebrahim（2006）針對健康與自主性方面的非正式照顧進行檢視，對老人在人際關係上的調適有許多陳述，這些關係的調適是很必要的，尤其是在老人自主能力減弱或這個問題更惡化時。以關係的角度來看參與者處理他們近期健康與自主能力改變，有三個主要的方式：

- 通力合作促進復原。
- 通力合作促進獨立能力的養成。
- 通力合作去面對、體驗與處理困難。

那些曾經歷身體健康突然惡化的病患發現他們比那些健康狀況逐漸惡化的病患更容易做復健。因改變而做調適會發生在既有的關係上，對病情的預斷以及對病情改善的期待對情緒的處理也至關重要。因此 Shaun 的女兒因應父親健康情形改變的調適能力對 Shaun 能否持續在社區裡生活是很重要的，同時將來的介入措

施若能聚焦在 Shaun 女兒的焦慮上，將會更合適。

Parker（1993）也考量婚姻關係中的缺陷可能會產生哪些影響。家庭與鄰里所提供的幫助不大，身體照顧是由配偶所負責，但從親密關係人到身體照顧者的轉變與過渡會需要對角色重新評量。Paula 因為已經放棄工作，她目前的處境有點為難，雖然她還沒正式接受自己成為 Olive 照顧者的角色，但可能會發現自己的角色定位就如同 Olive 被定位不良於行的人，是被歸類於「老人」的。如同這些心理社會的調適，對於成為照顧服務的提供者，同性伴侶會面對特定議題。正式的機構服務可能並不想在做成決策的過程中讓他們參與；如果他們並沒有血緣關係，尤其是醫學決策更會把他們摒除在外，照顧規劃的過程也會把他們邊緣化（Price, 2008）。

面對死亡與喪親

失去伴侶將會使老人的社會處境大大轉變。Holloway（2007）認為將死亡等議題理論化的過程中，缺乏對「老人」的具體議程，尤其是這個年齡層的族群常需面對很多慢性病。對於老人，尤其是非常年老的人而言，從家裡移到一個終老場所的「機構」，不僅意味著一種文化的移轉，也意味著經歷一段不穩定、遷移，以及改變然後死亡的過程。然而，一樣是要離家，還是有年齡差異的現象，年輕人比老人更適合被安排到安寧療護的處所照顧。沒有證據證明年老時對死亡的恐懼會減少，這種恐懼會一直存在於整個人生，雖然對老人來說，關注點會集中在對死亡境遇的害怕，以及期望不要變成「負擔」（Holloway, 2007）。對護理之家的員工而言，死去是一個過程，照顧老人的同時也要管理這個過程。

世俗化已經去除（ibid.）或者至少不再討論關於死亡之道德的、哲學的與社會的基礎。這個改變對於那些仍然保有信仰與期待的老人特別有意義，雖然那些信仰與期待跟現實中對死亡與臨

終的醫療與機構照顧是有距離的。一般的想法都認為喪親到最後就是把精力從照顧死者轉移「再投資」到其他地方去。Holloway認為不必然如此;在老年期,再投資到新關係與職業上已經不實際,也不是老人所要的(ibid.)。對那些已經失去老伴的人而言,保留對死去配偶或孩子的記憶及連結,透過約定俗成的儀式與拜祭的方式,也許會是個終結喪親之痛的好方法(Kellaher et al., 2007)。老人喪親也許意味著失去社會接觸、經濟支持以及無可取代的性出口,特別是「不適時的臨終」,先過世的是「不對的那個」。長年照顧丈夫的妻子突然去世,對還活著的丈夫而言將產生情感和實際的危機。突然要面對自己角色的重置,老人這個時候比年輕人更不知道怎麼安排自己,或者尋找居家的支援,擔任照顧之配偶的重大疾病或死亡因此成為跨入居家式照顧的重要考量點。評量喪偶後的老人比較困難,因為喪偶後他們常會經歷心理上的迷惘、遺忘、疲累以及忽略自我照顧(Holloway, 2007)。因此,一般建議老人喪偶後不要立即做生活方式上重大的改變,是有其心理社會的理論基礎的。然而,急迫的照顧需求仍然會使得老人的生活方式必須做出重大改變。在我們的範例中,Shaun Taylor 發現他自己在喪親後必須緊急替自己往後的照顧服務做出決定。

關係的改變

「親友與居民協會」(Relatives and Residents Association)(Clarke and Bright, 2006)進行的一項研究中,針對配偶住進護理之家的人進行調查。研究對象最擔心是否能夠在經濟上負擔照顧完善且最適合對方的照顧方案,他們也擔心無法妥善處理負面的經驗與情緒。預估約有 7%到 10%護理之家的居民會成為另一位社區住戶的長期伴侶。男性與女性在長期照護有伴侶陪伴的比例幾乎相同(Hancock and Wright, 1999)。大部分有伴侶的人,在

另一半住進護理之家之前，並不會接受太大的照護；很少人會在
沒有家人、醫療或社會服務人員的幫忙下做出入住護理之家的決
定。面對這種情況，最常見的反應是罪惡感，而且這個感覺會一
直持續下去，這通常與對護理之家生活品質的認知有關。對此，
Clarke 和 Bright 認為「準備住進護理之家的人，他們的需求是最
重要的，而要如何幫助他們決定最適合自己的照顧也同樣重要」，
這一點「在重要性等級上最不能忽略」（2006: 12）。入住時，不
管安排再怎麼周全，若他們是在倉促之下做出這個決定，一切都
是多餘的。入住前應該要充分評量，包括在過渡時期給予支持，
並了解老人過去的人際關係。社區和家庭可能會給予另一半繼續
照顧的壓力，而上一段婚姻所生的孩子也可能不服現任配偶的決
定，另外，配偶的社會地位同樣也還不明確。某種程度來說，他
們是「寡婦」或「鰥夫」，即使他們仍過著一如往常的生活（ibid.:
13），也就是說這個改變對他們比對孩子的影響還深。一般來說，
夫妻會試著維持正常的關係，通常包括天天去探視他們，雖然照
顧計畫在這方面的建構尚未健全：探視時，常無法給予適當的尊
重與隱私（ibid.）。這部分的改變，尤其是當社區照顧與居家式
照顧的權責有重疊的時候，要如何在實務與情緒上同時兼顧特別
是一項難題。

風險評量與風險管理

　　重新評量風險時，通常會從基線來測量變化。「風險」是一
個有爭議的概念，但這在現代生活中漸漸變得無所不在（Beck,
1992）。政府提供健康與社會照顧時，必須監督並分配資源來管
理風險。政府在制定社會政策時所做的選擇會有風險。比起分配
財富，分配風險自然更重要，而且預防傷害比起追求公共財更受
到重視（Kemshall, 2001）。若這些服務是針對最弱勢的那一群，
而且比起未來發展，他們更重視「安全」，這對老年人特別有影

響。透過退休金政策來確保老年人經濟安全和擁有健康的生活在個人責任議題方面都越來越重要。然而，因為認為個案比較無法自助的情況下，專業介入會主動尋找需要幫助的人。監控介入對生活品質的影響時，一定不能讓老人有被歧視的感覺，並評量他們是否有能力維持一般認定的標準生活水準。舉例來說，將Olive Preston 和 Shaun Taylor 的生活方式做比較，Olive 對獨立生活比較樂觀，反觀 Shaun，他需要費很大的功夫來維持生活，因此比較不容易接受其他人的介入，其中最排斥的是風險評量。

　　了解跟老人的某些特殊處境可能相關的「風險」，有幾種方法：

1. **風險的法律概念**：是基於「可預知性」。這是建構在發生個別事件的可能上，也建構在照顧的責任上，這些照顧責任的產生是因為有些人的行為就是會受到一些可預期的外力的影響。在追究責任歸屬的法庭審理過程中，過失是有罪的。所以，接受照顧服務的老人在護理之家的安危是由護理之家的負責人負責，亦即他必須能提供一個安全的環境才行。怠忽照顧職守，就必須為「合理可預見的結果」負起責任。舉例來說，老人行走若需要有人扶持，但照顧機構卻沒有提供這個協助，因此使得老人因為跌倒而摔斷腿。因果關係是個關鍵的議題：未提供協助有沒有使得跌倒更可能發生？又使得結果更嚴重？但是決定責任的歸屬仍然是一種需要取得平衡的動作。難道採取預防措施的「成本」有這麼高，以至於不知道無人從旁協助老人行走會產生什麼風險，而這些風險無論如何都需要承擔？這裡相關的考量不只是照顧機構的員工因必須確保每個居住成員都有人陪伴所需付出的時間成本，也包含因為如此嚴密的監控所產生的對人身自由限制的議題。亦即，考量成本就必須考量例如因為跌倒所產生的各種可能傷害及其結果的嚴重性等代價。所以當護理之家的居住成員被評量出有容易跌倒的慣性或身體羸弱無

法承擔因摔斷腿所帶來的不方便，就應該隨時提供更多的支持
與幫助給他們。風險有可能從個人擴展到環境：當護理之家座
落於鬧街時，住民在無員工協助之下離開建築物，或甚至住民
會到處遊蕩，其中所產生的風險是可以預見的。

2. **精算風險**：相同於計算保費的方式。透過整體人口統計分析，
   將風險當作是事件發生的機率。經過統計，雖然年紀大且身體
   虛弱的鰥夫比較容易憂鬱，這對探討個體能力和支持網絡等相
   關議題只是一個起點。這種預測的作法無法對事件提供解釋，
   也不一定能找出解決方法（Steele, 2004）；把風險當作預測值
   的想法已逐漸不被接受，取而代之的是把風險視為不確定性，
   並強調解決方案取向的風險管理（Kemshall, 2001）。

3. **風險是科學事實**：把風險視為是可以量化與標準化的，而這是
   屬於實證主義的範疇，並關注改善不好的「風險選擇」。舉例
   來說，政府可能會根據酒精對健康和社會影響的研究結果提出
   一般的建議酒精消耗量，在某些情況下，像是喝酒開車，超過
   建議消耗量會被罰。人是否能根據已知事實做出理性選擇將影
   響他們遵守規則的態度。

4. **社會建構主義**：在這裡，社會對建構風險意義與合理性的角色
   很重要。當社會越來越排斥喝酒開車，喝酒開車的「風險」已
   經與文化規範合一。社會建構中，一般老人對風險行為的容忍
   度比年輕族群低。老人跌倒的風險可以以某種方式來降低，而
   這個方式對那些參加運動賽事可能會受傷的年輕人來說就不適
   合。由於對肢體暴力與情緒傷害的覺醒，家庭成員對老人施暴
   的問題也逐漸「建構」成一個新的議題。

5. **對風險的主觀認知**：此認知受個人經歷和信念影響。老人有可
   能長期酗酒或認為酒精無害。人們會因為主觀認為專家與他們
   對自己的看法不一致，而不採納專業人員的意見。在我們的案
   例中，Olive 在監控和適應自己的狀況與風險已經有 15 年的經
   驗。

6. **後現代主義的風險觀點**：後現代主義挑戰理性、進步、凝聚力，強調不確定性和分裂。對理性失去信心，將削弱客觀的事實。當面對危險與不可知的未來時，風險呈現了人類決策的弱點。因此，後現代觀點對老人主打多元化和客製化的個人經驗。所以 Shaun Taylor 明顯會因為行動不便、身體狀況還有孤立情況，而對身體造成風險；同時還有住進護理之家調適的風險、決策權轉移而破壞自尊心的風險，以及新環境未知的風險。

　　Kemshall（2001）認為風險取代了需求，成為是否需進行福利介入的指標。風險評量漸漸與社區照顧服務需求評量和是否符合服務條件的評量合併。另外，社會工作者本身要擔心錯誤決策的風險，而組織則需對負面結果負責。重視「風險」有可能對自我決策和行為自由造成威脅，也有可能讓人的自由被法律以外的因素剝奪。注重風險也會讓工作有獨特性，將需要特定服務的人當作病人；這時，能與幫助這種情況的「人／事」便與一般的認知不同（Smale et al., 2000）。為解決危機而建立的風險管理就是，舉例來說，幫助想要繼續住在家裡的老人架構一個由家人和朋友組成的網絡，或者找出網絡失靈的應變措施。用來保護弱勢的「保護計畫」，是一個評量環境變動時管理風險和分配責任的工具。

專業風險

　　專業人員在組織內部要承擔決策品質的風險。因為缺乏支援、獨立行動、做出沒有理論基礎的行為、不去面對私人情緒和價值觀，以及在界限、角色、責任模糊的情況下行動等原因，在需要謹慎處理的情況下，他們有可能加重這個風險。另外，不按照確實的步驟進行介入、在管理個案時沒有好好監督，或沒有提供安全自足的環境，都算是危險的行為（Thompson, 2005）。

　　如果否認、投射以及取代等防衛行為不只能在個人層次被理

解，也能在工作者的焦慮及不支援的組織兩者間所建立的關係架構中被理解，那麼個人與環境的互動就是最具影響力的因素。這種組織壓力在第八章將做更深入的探討，但這種問題的存在，表示監控個人環境變動是不夠的，同時還要考慮服務品質，包括社會工作者對改變的認知並做出回應的能力。

獨立、抉擇與風險

　　健康司的手冊《獨立、抉擇、風險：決策支援實務導引》（*Independence, Choice and Risk: A Guide to Bet Practice in Supported Decision-Making*）（DH, 2007a），試圖為為組織發展建立一套來幫助人們在生活上做出決策並處理相關風險的普遍原則。這些建議可以協助建立個人風險管控模式，將幫助面對特定風險的處理方式、集體討論決定風險管理策略、釐清權利責任，並整合個人、團體、法律途徑來面對風險。一般人會採取法律／組織途徑：「最終，地方機關有法律責任去否決無法顧及個人需求或置個人於險境的照顧計畫」（ibid.: 7）。

　　然而，人們在不影響他人權利的前提下，有權利選擇自己最想要的生活，這是決策和風險管理的正確方式。而在現實生活中，一定要（ibid.: 9）：

- 幫助人們做選擇並掌控自己的生活。
- 了解決策時可能存在風險。
- 幫助人們了解他們的責任及決策的後果（如風險）。
- 了解風險多少會存在，試著移除所有風險會降低一個人的生活品質。
- 維持保護人們的現有制度。

其中一個例子提到，他們是如何讓住在護理之家的一名 97 歲女性，延續她過去在家裡的習慣，也就是在早上為自己泡杯茶。這

個案例中，護理之家會幫她在餐桌上準備泡茶的用具，與她一起承擔任何燙傷或跌倒的風險。在另一個例子，一位患有亨丁頓舞蹈症和運動神經元病的五十多歲女性，她在家中接受套裝的健康與社會照顧，卻拒絕靠鼻胃管來增加營養吸收。雖然她的家庭和醫師對於這個抉擇感到擔憂，但她是在精神正常的情況下做出這個決定，所以他們還是尊重她的意見，但同意定期把這個方案再拿出來討論。在風險管理中，永遠都有不容忽略的狀況出現，但這時還要考量文化價值、規範、機構期望，還有擁有的資訊及時間等因素。個人、小組和機構都要有策略來處理各案例，以確保所有個案都分配到最適當的人員，並提供足夠的回應時間。

保護與防衛

老人如同其他處於弱勢的大人和小孩，一樣容易成為家暴受害者，由於這個觀念漸漸受到重視，在政策、立法、研究、實務上都可看到改變。對事件做解釋雖然重要，卻會帶來很多爭議。一旦界定一個議題，這個界定也同時決定了某種特定的調查方式和解決方案（Dobash and Dobash, 1992）。這些闡述包括了虐待（Eastman, 1984）、違反信任（老人受虐慈善行動 [Action on Elder Abuse]: www.elderabuse.org.uk），或侵犯人權和公民權（DH and Home Office, 2000）等。在不考慮動機的情況下，犯罪意圖或結果都會是關注焦點，例如家暴（Mullender, 1996）、虐童（Stevenson, 1996）、政府濫權（Biggs, 2004）或犯罪行為。而老人受虐慈善行動這個團體努力彌補以往所忽略的這個部分。

《沒有秘密》（DH, 2000）這個計畫透過機構間制度的成立，向受虐的弱勢成人伸出援手，其中包括了策略會議，還有兒童保護模式的個案報告。O'Keeffe 等人（2007）對英國 4%的人口進行研究，探討關於老人受虐的普遍現象；研究顯示施暴者可能是親友、護理人員、鄰居和有認識的人。「虐待」的種類包括了漠不

關心（1.1%）、財務虐待（0.7%）、心理及身體虐待（各0.4%），還有性虐待（0.2%）。大部分的施虐者是配偶或其他家庭成員，再來是志願性或付費的照顧人員（13%）。家庭成員對老人的責任不像父母對小孩般明確，這使得責任歸屬變得更加複雜。這項研究並沒有考慮到護理之家的虐待事件及老人失智族群。從 O'Keeffe 等人的研究中，照顧者的壓力與施暴行為之間並沒有關聯。其他考量變項則包括了相處品質、受虐者性別及虐待種類。Eastman 和 Harris（2004）認為要以公民權的角度來看待虐待事件，並強調預防和保護措施。因此我們將焦點從醫療法律途徑轉移到社區介入和意識宣導來「捍衛」受虐者。

　　要了解施暴發生的原因，才能做適當的介入（McCreadie, 1995）。角色不同，解釋也會因而改變，像是照顧者與被照顧者在過程中角色的變化、行動主義者對家暴持續存在的看法，還有精神病理學對施暴者的詮釋等。無論透過刑法制裁、社區照顧服務或家暴立法，介入必須要針對暴力事件的起因來進行或者要符合理論。雖然會遭到冷落的受虐者以女性居多，男性卻較常在財務方面被利用（O'Keeffe et al., 2007）。Pritchard（2002）的研究指出，男性受虐者過去的脆弱性以及其渴望長期支持，與暴力事件有直接且顯著的關聯。老人不想要的是因危機而產生的介入，因為長期下來，當這種介入結束後，支持就不再。《沒有秘密》這個計畫靠著策略會議、個案報告、保護計畫，在跨領域環境下分配責任，但他們卻缺乏專業人員去幫助那些受虐者，而且在法律上無法進行調查、進入住宅，或暫時將老人安置到安全場所。因此比起孩子，弱勢成人的照顧比較不周全，而且專家在決策時缺乏完善的支援（McDonald and Taylor, 2006）。

　　社會照顧監督委員會針對議會、護理之家、居家式照顧機構和其他社會照顧機構的規範和活動進行研究（see CSCI, 2008c），結果顯示目前保護成人的措施沒有一定的規則可循。好的保護與一般的品質績效指標有關。在界定虐待和實施程序中各種不同的

操作與實務反映出前一年在不同服務間轉介的案例從 10%增加到
150%。到目前為止，議會還沒有一套保護自助者的系統。對有受
虐危險的服務使用者，提供的資訊和倡議服務都不夠，個案紀錄
審查和個案監控成效也都非常失敗。因此，一定要做出明確的界
定，尤其是針對以下這幾點：

- 在理論方面將焦點轉移到人權和公民權上。
- 更強調預防。
- 注意用詞的清晰易懂。
- 不好的措施與被認為是不好的措施，兩者之間要分辨清楚。
- 要考慮給立法更大的權限與職責。

　　除了政策改變之外，也必須在實務上改變。老人一旦接受系
統的收留，可能對事情會失去控制權，而且對受虐者提供的支援
可能良莠不齊。以居家服務來說，不只是組織需要統一的標準，
個人層次也需要受到支持。根據研究，職員訓練與服務品質之間
有關聯。只有 61%的服務使用者相信他們的問題會得到解決，這
是令人擔憂的，可見使用者對正規系統的監控能力不太信任。

　　社會照顧監督委員會的研究（ibid.）指出，站在第一線的員
工並不了解法律救濟對虐待事件的幫助，法律途徑的建構沒有很
完善，而且個案管理的實施標準也參差不齊。計畫實施結果的成
功因素包括：清楚的事件時間列表、風險評量、清楚的個案紀錄
和保護計畫。正確實施《2005 年心智能力法案》有助於評量能
力，這些評量應被確切記錄以顯示個人的期盼、情感以及家人和
朋友的意見是如何被考慮在內。若發生利益衝突，就能指定「獨
立心智能力倡議者」（Independent Mental Capacity Advocate）來
做決策。這種方式能保護老人的自主權，也能用不同方式在管理
家庭和財務關係時照顧到他們的權益。

案例概述

　　Phyllis 和 Ernest Jones 兩人都 75 歲，結褵 50 年。除了 Phyllis 的姪女 Sandra 平均一個月探望他們一次，他們沒有其他親人。Phyllis 和 Ernest 之間常吵吵鬧鬧，多年來他們常為 Ernest 的酗酒問題發生爭執，Phyllis 也說 Ernest 酒後曾經對她暴力相向。Phyllis 的健康每況愈下，掉了很多體重，而且常常看起來很累，所以 Sandra 越來越替她擔心。Ernest 會大聲叫她起來走動，但她卻似乎無法做出回應。Sandra 上一次探望他們的時候，家裡沒有什麼食物，卻在垃圾桶裡看到很多威士忌空瓶。Phyllis 眼睛有淤青，並向 Sandra 坦承因為 Ernest 跟她要錢買酒被拒而挨打。當 Sandra 向 Ernest 對質時，Ernest 叫她離開而且不要再回來。Sandra 不希望她阿姨與 Ernest 獨處，於是尋求協助。

需考量的議題

- 透過社區照顧服務的評量或轉介更進一步的評量，考量可提供 Phyllis 及 Ernest 什麼支援。
- 預測行為或關係的改變。
- 法律地位。

　　以一般評量、照顧規劃、監控、檢視方式分析 Phyllis 和 Ernest 的狀況後，認為透過外來介入能幫助他們繼續維持感情。這個過程必須要制定出一個照顧計畫，目標為讓 Phyllis 得到安全、改善生活狀況，並讓 Ernest 了解酗酒對兩人感情的衝擊。Phyllis 持續惡化的健康狀況，顯示他們原本的相處模式和角色已經不可行，Phyllis 已經沒辦法接受使喚，也無法像以前一樣應對。Phyllis 暴瘦的原因有可能是身體器官組織或缺乏營養所造成，真正原因有待進一步的健康檢查。特定的法律介入可能讓 Ernest 不合法的行為浮上檯面，若為了讓 Phyllis 能繼續安全待在家裡，也可採取家

暴救濟措施。對老人來說，補救婚姻是很重要的，這樣能讓他們擁有一個習慣的環境或在未來賣掉房子之後可以擁有照顧方案可選擇。

結論

　　對老人的賦權增能會因對風險、抉擇及保護方式的立場與觀點不同而有所差異。風險是一個有爭議的概念，老人與專業人員願意冒的風險可能不同。當個案無法表達意願或有第三者不適當的介入，保護系統會保護弱勢的一方。這部分還在發展的初期階段，而且保護老人的立法架構尚未明確。針對複雜的個案，注意決策紀錄與有效監控是必要的。

本章摘要

1. 一般來說，比起評量和照顧規劃，照顧管理的監控與檢視功能比較不受重視。
2. 當一個人面對改變或失去，自我意識和關係認知都會有所衝擊；伴侶和家人的需求也要納入考量。
3. 改善老人的健康與生活，抉擇、控制和責任都是重要的因素。
4. 專門保護弱勢者的服務、中期護理服務（醫院急救的下一道防護線）、入院計畫和居家式照顧，都需要專業人員的仔細監控才能給予足夠的時間復原，並在充分資訊下做出選擇。
5. 在分析跟老人相關的決策時，賦權增能、風險以及保護是關鍵概念。

課程重點

1. 當老人的健康和行動能力有變化，社會工作者需要一套專業知識來照顧他們，而這過程中的角色改變可能是無預警且有壓力的。

2. 一連串的個人因素、其他服務帶來的壓力、是否有足夠空間，
都會影響選擇長期照顧的方式。社會工作者必須了解這些因素
對決策帶來的影響。

3. （當他們選擇）居家式照顧計畫時，應該要考慮家庭照顧者，
因為留在家中的配偶在面對關係改變時需要一定的幫助。

4. 身體、心理、經濟上的安全感是影響老人生活品質好壞的主要
因素。社會工作者在這種情況下需要多方思考及以預防性的出
發點進行介入。

5. 社會工作者在處理複雜個案時，包括保護老人，需要意識到專
業風險的存在。角色明確、支持、監督對計畫的安全實行是重
要的。

延伸閱讀

Action on Elder Abuse, *Hidden Voices: Older People's Experience of Abuse.* London, Help the Aged, 2008.

對所有從事照顧和支持老人人權工作的人而言，這是一份重要
讀物。該文的撰寫是根據長達六年半累計超過一萬通打到老人
受虐協助專線的電話資料分析而來。

D. Carson and A. Bain, *Professional Risk and Working with People: Decision-Making in Health, Social Care and Criminal Justice.* London: Jessica Kingsley, 2008.

本書對風險評量與風險管理抱持正面觀點，透過許多專業團體，
分析溝通過程中字彙使用的風險。

第三部分

社會工作方法和介入

7 個人的照顧工作

本章討論議題

- 以權利為基礎的老人服務工作架構，以及《2005年心智能力法案》的應用。
- 老人服務的相關單位，及其對社會工作實踐的回應。
- 與老人合作並成為夥伴關係。
- 了解有關心智障礙老人照顧的行為和治療性介入。

　　個人化照顧服務需要熟悉各種不同理論以及適合老人的社會工作方法，同時重新思考和界定老化的內涵。社會工作實踐與應用的核心價值是在權利（rights）和風險（risk）、賦權與保護之間取得一種平衡。對實務工作者而言，面對做決策以及因為結構化議題和工作環境所引起的挑戰，的確是一種兩難的問題，特別是那些沒有決策能力的人所引起的問題。本章將透過老人所生活的社會脈絡，討論各種老人個別化服務的取向，以了解老人的處境、協助老人進行各種決策，甚至掌握各種環境的變遷。

　　第三章提到Howe（1987）的社會工作分類，闡述了各種社會實踐的重要假設，社會工作者可能是一位功能主義者（或協調者）、詮釋主義者（闡述事件的意義）、激進的人文主義者（意識的喚醒）或激進的功能主義者（投入社會改革或變遷）。社會工作者可能在單一系統內或不同系統之間運作，協助系統間的溝

通和相互理解，但最終的目標仍然是引發系統的改變，所不同的
是介入的重點，社會工作者介入的重點可能是個人和處理的方式，
或者是服務的提供和維持。這些介入方式可能是心理分析論，試
著去了解個人的以及他們生活的世界；也可能是行為主義的觀點，
試著去改變個人的問題行為。其中，功能主義者或協調者的目的
在恢復個人或社會的系統，讓個體或系統可以和諧運作（Howe,
1987: 57）。詮釋主義者認為社會的真相是由社會公認的意義所建
構起來的，很明顯的是一種當事人中心的典範，協助個人肯定並
重視自己的生命經驗。社會工作者不是專業的協調者，而是一位
促進者。然而，外在的各種因素可能會給老人貼上負面的標籤，
或者對老人有一些令人困擾的期待。因此，必須幫助老人確認生
活情境中所遭遇到各種不平等，這些不平等通常是社會性的，是
將個人或社會組織邊緣化，對此，最激進的作法就是，針對個人
問題的政治性原因進行處理。

　　有些老人也許並不需要日常生活的照顧服務，但是仍然可以
透過各種心理社會的介入服務，表達個人的心理或情感需求，以
及生活上所遇到的障礙，下面的案例就是一個很典型的例子。

案例概述

　　Arthur Bertram 是一位軍人，曾參與第二次世界大戰，他有
很多朋友都在戰爭中喪命，Arthur 也受了重傷。他表示再也不願
意踏進醫院的大門，也很少真正提到自己在戰爭中的各種經歷。
最近，Arthur 的身體很不舒服，他的主治醫師懷疑他可能得了肺
癌，但是 Arthur 拒絕到當地的醫院接受檢查，而且變得非常焦慮
不安與沮喪。

　　Arthur 不僅面臨了困難的診斷，也必須面對過去所失去的一
切。儘管他的傷痛很明顯的需要一些心理社會的介入服務，但是

我們也必須承認，他有權利拒絕接受醫院對他的任何醫學治療。此時，社會工作者必須處理的是一種跨領域的問題，主治醫師的轉介或輔導也必須在醫療診斷系統和介入模式之間取得平衡，同時儘可能的詮釋 Arthur 對這些情境的感受，以維持當事人的統整性。

Arthur 所面臨的危機是因為他成為病人的角色所造成的，過去透過壓抑不愉快記憶所形成的認知適應模式受到了挑戰。對年輕人可能造成挑戰的情境，此刻正發生在 Arthur 身上，也就是 Erikson（1980）所指的「自我統整 vs. 絕望」時期，是個體最重要的心理社會衝突。因此，Arthur 必須從過去的各種創傷中，重新審視他個人的自我認同概念，同時將這種自我認同轉化為美好生活的一部分。此時，如果漠視 Arthur 的排斥心理，要求他接受對其他人可能非常有效的醫療處置或介入，可能讓 Arthur 更缺乏自我價值感，缺乏對生命的期待和熱愛，這是導致老人憂鬱或絕望的主要因素。

協助 Arthur 的社會工作者必須非常熟悉 Rapoport 的「危機理論」（Rapoport, 1962），同時了解個體在失去自我掌控能力、沒有能力維持穩定生活時所可能造成的各種情緒問題。了解個體在真實生活或夢想期待中對失去的回應情緒（Worden, 2008），可以幫助社會工作者適切的詮釋 Arthur 此時此刻的回應與心理狀態，同時協助他從否定或拒絕的階段過渡到接納階段。特別是透過一些認知行為典範（Roth and Fonagy, 2005）、諮商（Scrutton,1999），以及任務中心導向（Reid and Shyne, 1969）的介入方法，都可以將要求 Arthur 接受醫學治療的過程，拆解為多個 Arthur 可以接受且可以加以評量的介入步驟，讓他接受完整的醫學處理。輔導網絡必須重新架構，讓 Arthur 的個人問題轉化為一種集體經驗，例如，讓 Arthur 和美國退伍軍人團體或其他同儕病人取得聯繫等。一些比較偏激的社會工作者可能會把 Arthur 的情形歸類為一種系統性的個人忽視，是因為他們終身為軍人，過去持續的被要求為

國家奮戰，退役後也拒絕成為健康或社會照顧體系的負擔。

以權利為基礎的取向

　　以權利為基礎（rights-based）的社會工作服務強調個人和國家之間是一種「互惠性義務」的社會契約關係，最近幾年國家對老人的互惠性義務議題受到高度的關注，強調老人過去因為個人勞動力投入和經濟貢獻，對公民社會所累積的投資，至於有關個人權利的討論可能是一種哲學的、政治的或法律的分析。權利可以視為一個人的基本權益，有關權利的論述可能包括維持個人基本生活的權利，也可能包括提供各種經濟、社會和發展的權利，以協助個體在不同的歷史或文化脈絡中，擁有各種可用的機會或資源。政治權利包括公民權益、決策權，以及互惠的獲得國家的協助和保護，包括各種服務以及對社會的期待。法律的權利則可能包括在國家法律的保護下，透過法定的程序以擁有不能讓渡的權利意識，就實證主義者的觀點而言，也可能是國家法律或國際公約的制定（McDonald, 2007）。

　　個人的權利、決策和醫療介入是本章的主要議題，包括：個人如何覺察到他們必須進行的決策、察覺他們回應各種機會的即時性等。然而，在專業者介入的關係脈絡下，這些回應很容易受到改變，這表示權利的實踐是一種動態的過程，在這些過程中，個體可能會產生新的或不同形式的挑戰，因此打破社會對老人的傳統印象。

　　然而，擁有權利並不保證這些的權利都被充分的支持或保護，擁有權利的同時，個體或組織也有義務尊重或為權利而努力。在各種權利的詮釋和執行過程中，可能也是一種行政的邏輯判斷，因此，不同的決策者可能導致不同的經驗。最後，如果權利受到侵犯卻缺乏補救的措施，則是一種無效的權利，此時，決策者和國家政府對個人或團體提供服務的運作機制也是一種不適當的機

制。相反的，干擾個人在「福利」基礎上的自主性權利，尤其受
到限制；英國在《2005年心智能力法案》的規定下，個人自由的
剝奪必須依循各種心智健康法案，至於缺乏行為能力者，也必須
重視決策的過程和個人的最大旨趣。目前看來，這些法案對Arthur
似乎都不適用，因此，針對Arthur拒絕醫藥治療介入的情形，必
須透過各種權利的討論，同時受到絕對的尊重。

　　隨著健康和社會照顧相關議題的現代化，有關個人權益的討
論都依據英國《1998年人權法案》的內容加以落實，相關權益也
受到「歐洲人權協定」（European Convention on Human Rights）
的保障（McDonald, 2007）。然而，這兩者可能是相互矛盾的，
如果是根據相關的義務來決定服務的內涵，那麼認定標準的發展
以及服務的合理性評估將會強化個人在接受社會服務的經驗察覺，
將社會服務當成個人權利的讓渡，而不是個人應得的權益或津貼。
提供健康和社會照顧服務的決策判斷，也顯示這些權益是個人的
「生活權」（the right to life）（歐洲人權協定第二條），也是對
個人隱私和家庭生活的尊重（歐洲人權協定第八條）。這些法案
的執行情形可能因為不同的地理區域或個人地位而有不同的詮釋，
儘管第14條明文規定禁止因為不同年齡、性別和種族而造成各種
權益實踐的差別待遇，但是實際執行時，仍然可能因為不同年齡
而有不同的執行程度。多數的個人權利都不是絕對的而是有條件
限制的，在民主會議過程中，很容易受到國家政策考量的影響。
再者，個人在歐洲人權協定中所享有的公民和政治權利，和各國
國家資源和社區產出的貨物上所享有的經濟和社會服務，並沒有
對等的關聯性（Ife, 2001）。各國對人民的權利保障，通常是在滿
足人們的基本生活需求之後，根據國家資源的擁有情形，再決定
權利或服務的分配。以英國為例，目前與年齡相關的差別待遇法
定條文，只規定不得因個人年齡在聘任或訓練上有差別待遇情形，
對於貨物和服務的提供則沒有相關的規定，對於殘障者、不同種
族或性別者的差別待遇也沒有類似的規定。因此，事實上法律對

老人權利的保護是非常有限的,這些現象都可以歸因於目前老人居於次要的社會和政治地位的事實。

　　至於目前英國國內老人真正擁有哪些權利,以及相關權利的發展情形如何?在2002年的人權法政策定位報告書中,有關年齡的相關權利部分可以發現,該法執行過程的特色之一即明白規定,政府有義務積極協助老人提升他們的社會地位。這些法令的詮釋也必須包括代理機構的實踐,以及個別實務工作者的決策過程。

　　有關上述權利實踐的討論有幾個重要的範疇,其中和老人有關的領域包括(Age Concern, 2002):

- 獲得醫療急救服務,以及一般水準的健康和社會服務的便利性。
- 免於受到虐待和忽視。
- 未經同意的留置。
- 關閉護理之家。
- 合理的服務必須讓人們可以留在自己的家中,或者維持原有的社會和家人關係。
- 阻礙老人扮演父母親角色的相關政策。
- 保護老人免於受到年齡歧視。
- 讓老人有機會針對影響他們權益的決策過程,充分表達意見。

　　根據審計委員會(Audit Commission, 2003)的資料,公部門很少提供民眾有關人權法的相關資訊,都是因為政府擔心民眾藉此提出訴訟,或者不願意重新修改相關的政策以回應各種權利議題。Ellis(2004)發現,就操作層級而言,有關權利議題的對話可以歸納為一種更傳統的假設,亦即有能力者應該為自己的福利而努力;第一線的社會照顧人員認為,社會權利的行使必須以滿足責任義務為目的,而不是完全以公民權為依歸。因此,主流派的論述特別重視「自助」(self-help),既有益於經濟也減少當事人的依賴性。英國人權學院(British Institute of Human Rights)已經針對人權相關議題可以提供給老年人的各種福利,規劃出一系

列的指導原則（BIHR, 2004），包括提供照顧服務過程中所展現的尊重，以及政府保護老人的責任和義務。人權法所傳達的正式指導原則認為，所有的指導原則都會被納入決策過程。然而，由於資源有限，在決策過程中管理者主義比專家取向更具有影響力，挑戰傳統工作模式的合法性受到質疑，在在顯示單純的指導原則無法有效改變現有狀況（McDonald, 2007）。

　　如果對法令以及表達意見的資源管道有足夠的認知，應該有很多機會可以落實人權指導原則以改變老人的權益。例如，將病人的收費從醫院直接轉嫁到居家式照顧的決策，與家屬們的期待相違背，是對家人權利的不尊重。降低居家式照顧品質或忽視個人隱私的社會政策也是對人權學院指導原則的一種挑戰。此外，無法保護家庭暴力的受害者，提供他們適當的住所或相關資源，也會對個人生活權造成威脅。即使是目前的發展階段，法令對人權的保護情形以及尊重個人和賦權增能的社會工作價值之間的相互作用都顯示，在提供老人個別服務的工作上，已經有積極、動態性的發展。這些人權指導原則對於老人社會工作者在法規執行面上，具有相當程度的意義，這表示在老人的社會服務工作上，透過倫理和法令層面的宣導改變操作模式，必須發揮實際的效能以擴大服務的可能性，以符合人權協定中「無差別待遇」的核心概念和指導原則。因此，社會工作者必須重視老人的權利，將老人相關的訴求納入他們合法且專業的服務內容。

老人的相關議題以及彼此關係對社會工作實踐的影響

　　老人的個人化服務必須從老人相關議題的覺察開始，必須擁有一種發展性、社會性和政治性的敏感度，體驗並了解個別老人對這些議題的詮釋，包括個人在目前生活脈絡下的生活感受，以及個人對未來生活的期待。傳統上，老人社會服務通常都是透過

團體來提供，這是一種福利國家的服務模式，強調對經濟弱勢者和生活匱乏者提供社會服務。這種服務的傳輸是透過正式的階層體制來運作，因此社會工作者通常認為自己是政府機構的專業人員。這種模式的社會服務規劃從 1990 年代到現在並沒有太大的改變，主要目的都在協助弱勢者或生活陷入困境者必要的服務。儘管這些服務工作都是由政府單位、志工團體和私人代理機構共同分擔，個人的參與對任務的達成沒有太多的影響力，也沒有機會改變個人生活決策，以超越過去對「為老人提供服務」的侷限式思考。強調「以任務為中心」（task-centred）的社會工作規劃只重視結果評量，不僅忽略社會工作的心理諮商角色，也忽略當事人的隱私權，甚至忽略了老人在情緒和社會發展上的各種需求。因此，現代化的老人社會工作服務必須規劃一種新的運作模式，以個別化的服務傳輸為主，同時了解主要預防性議題的重要性，以維持並找回老人的生活幸福感。例如，對 Arthur Bertram 而言，協助 Arthur 針對過去喪失親友的經驗對目前生活適應問題加以詮釋就是一種社會工作服務。此時，社會工作者可以支持 Arthur 明白的表達自己的想法，同時讓他了解，只要他願意，健康照顧體系隨時可以提供他必要的服務。

首先，個別化的社會工作服務必須發展直接付費（direct payments）的模式，繼而開創個別化預算的制度，將權力的平衡關係從社會工作專業者導向個別老人身上。亦即，政府有義務根據老人的選擇和喜好，直接將經費撥給個別老人，當然，必須透過社會工作專業者的規劃，建立一個完整的評估架構。個別化照顧不僅對傳統以機構為主的社會工作模式造成極大的挑戰，也改變傳統對社會服務的價值觀，這些觀點的改變也擴展了傳統老人社會服務機構的視野。其中，「相信老人有能力決定自己的服務內容和優先順序」，是個別化老人社會照顧規劃的主要特質，肯定老人個別生活形態的差異性，強調老人興趣和需求的多元性。因此，個別化照顧所展現的人性基本價值，也是對個別化內涵的積極回

應。個別化服務的重要議題包括性別、性需求以及不同種族的尊重，最重要的是對失智症老人的需求。儘管提供「以使用者為中心」（user-centred）的照顧已經成為良好照顧制度的聖經或真言，但是，如果沒有考慮到上述各種人權，仍然無法符合當事人個別化需求的照顧服務。

　　將個別化的議題轉化為個別老人情緒需求的滿足時，可以讓社會工作者合法參與當事人的醫療介入過程，同時根據情境需求給予他們必要的協助。很明顯的，在思考老人相關議題時，千萬不要掉入對個別老人和老人需求的刻板印象陷阱。當然，未來輔導諮商的相關議題，仍然必須深入討論，也有許多需要改變的地方（Scrutton, 1999）。設定有關年齡的老人議題時，必須強調老人在各方面的喪失情形（例如職業、健康和關係等）、老人生活上的改變（例如退休、升格為祖父母和獨立生活等），或老人活動內容的改變（例如休閒機會減少、更多參與社區活動的機會或學習新的技巧等）。老人生活經歷的多元性可能肇因於結構性因素，也可能受到過去生活機會的影響。根據Jung（2009）的觀點，老年生活可以提供個體多元化的生活體驗和機會，Jung認為個人生命的下半場，可以協助個體將過去被壓抑的自我認同，開展為Tornstam（1996）所說的「卓越老化」（gerotranscendence）的自我概念，將社會工作的概念從物質和理性的層級，轉化為靈性和思考層級。整體而言，社會工作者必須牢記，老人本身的經驗和觀點不應該被侷限在專業化發展和學術實踐層級上；相反的，老人本身的經驗可以提供社會工作者一種不同的、具有價值的知識。Levy（2003）提醒我們必須留意刻板印象對老人自尊的影響，因此，社會工作服務的重點必須以老人優勢能力的開展為主，而不是強調老人的不足或專業者的焦慮感。

　　明白老人有表達意見、決定接受或拒絕接受服務的權利，表示我們了解，除非透過合法的介入（例如為了保護當事人）或者與老人詳細的協商，否則社會工作者不能有支配性的作為。因此，

面對上述的個案，Arthur Bertram 一定非常希望能拒絕醫院為了提供他必要的醫療照顧，針對他過去的生活經驗進行測驗。Arthur 在生理上所面臨的危機可以減輕他對死亡的恐懼感，也減輕了因為同袍死在戰場，自己卻苟延殘喘所產生的罪惡感，也打破了他過去為了克服內心焦慮所建立起來的心理防護疆界。雖然這些問題的處理可能需要被拆解為多個輔導任務才能真正幫助 Arthur，也可能讓 Arthur 目前的生理危機更加嚴重。但是，由於社會工作的合法介入，可以提高個案服務的倫理價值、更加重視個案的隱私，對於專業人員的信任感、雙方關係的發展技巧和長期照顧的有效性等，都有正向的幫助，其中長期照顧的「有效性」是目前功能模式（functional model）的照顧管理中最難加以評估的部分。

權利、賦權增能與抉擇

探討與當事人權利有關的問題時，必須回到權利運作的文化脈絡中，將老人當成社會公民，不僅表示在提供服務前必須詢問他們的意見，也代表我們必須依照他們的意見來運作（CSCI, 2006a）。Thompson 和 Thompson（2001）針對過去以形式主義和醫療取向為主的老人「照顧模式」提出質疑，他們提醒社會工作者，照顧模式的概念幾乎主導過去的社會工作運作，未來應該轉為以「賦權增能」為主的服務模式，這些模式已經證實可以有效協助肢體或心智障礙者。在賦權增能的模式中，社會工作者是一位資源的提供者、促進者或增能者，而不只是一位專家。社會工作者對角色的自我察覺是非常重要的，正如 Dalrymple 和 Burke（2006）所陳述的：提供社會服務的法定程序是從「福利角度」出發的專業化評估，忽略個體的「自我掌控權」。因此，在提供老人相關社會服務時，人權的指導原則和個體的自我決定權應該成為專業覺察的首要任務。至於老人歧視在制度和個人層級上所引發的各種問題和影響，也必須列入考量。此外，Thompson 和

Thompson（2001: 65）也指出老人在表達意見或個人需求時，經常遭遇到的一些障礙，包括：

- 結構上的壓抑，以及年齡歧視者所假設的「老人不想成為別人的負擔」已經內化為多數人的認知。
- 缺乏足夠的資訊，情緒因素惡化的結果，包括悲傷反應所引起的無助、絕望和失敗感。
- 一些會讓老人覺察到自己負面形象的複雜化情境。

　　上述三種因素讓老人社會服務的賦權增能更加複雜化，如果只是單純針對老人拒絕參與各種情境、拒絕接受服務或援助的情形給予表面的回應，將無法真正了解老人的需求，事實上，老人沒有足夠的時間來表達自己的觀點和需求。很明顯的，當我們檢視老人社會服務的提供過程時，立刻會發現核心知識、個人的自信心和個人的生命韌性，都會影響老人對各種機會的掌握、運用和安排等，特別是當系統環境過分強調消費者主義和自我滿足時，這種影響會更加明顯。面對這種環境障礙，給予老人選擇的機會是無效的，特別是在一種困惑、混淆不清的服務市場機制下，老人更加沒有選擇的能力。

　　如果無法協助個別老人做決定，一味堅持自由公平的價值，忽略現實社會中經濟市場和品質控制的複雜性，將會導致語言表象的危機，所謂的「抉擇」將會是一種表面的假象，有效的掩飾老人被忽略、被孤立的事實（Neysmith, 1999: 11）。對大多數老人而言，在進行重大抉擇時，需要專業人員在旁給予協助，才不至於屈服於市場導向的趨勢而無所適從；老人同樣需要社會倡議和醫療評量工具的協助，以進行正確的抉擇。因此，有效的老人社會工作需要整合企業化技巧和人際互動方法，才能協助老人自我決定並真誠表達自己的意見。

透過夥伴關係提供服務

　　Thompson 和 Tgompson 認為（2001: 66），社會工作者透過夥伴關係為老人提供服務時，應該具有下列的規劃知能和技巧：

- 需要有人際互動和解決問題的技巧，才能夠協助老人超越過去已經內化的社會壓力，重新擁有自信和自尊。
- 清楚了解各種可獲得的服務、資源，以及其他可以解決問題的機會。
- 能夠分析各種複雜的社會和個人情境，同時點出各種結構性的發展策略。

其他可能還包括：

- 對於老化的心理社會特質有清楚的認識和了解，以正確詮釋或預測老人在人我關係中的行為和複雜性。
- 能夠與守門員和資源擁有者進行協商。
- 有能力針對必要的變遷進行預測和規劃。

　　這些技巧主要在透過社會工作方法，有效協助老人認識且充分表達自己的需求和期待，並尋求主動尋求解決途徑。因此，「以任務為中心」的方法不僅可以協助當事人確認自身問題的特殊性，嘗試為問題尋找解決的方法，進一步可以增進當事人一般性問題解決的技巧，因而提升他們的自信和自尊。照顧的管理過程必須藉由社會工作者的專業，透過「協助者」的角色，安排適當的照顧，並且能夠監督、檢視整個照顧服務的過程。只要能夠真實面對老人在生理上和關係瓦解上的限制，「問題解決導向」（solution-focused）的服務方式對老人也有非常大的幫助。以問題解決為導向的照顧服務主要在打破當事人過去所受到的障礙或限制，肯定老年時期是個體持續發展的階段，因此，社會工作者的專業

覺察在於提供適當的介入方式，包括單純或複合模式的照顧服務，以有效協助老年當事人。然而，「夥伴關係」（partnership）的照顧服務模式中，社會工作者必須對彼此間的角色和緊張關係更加有覺察能力。社會工作者一方面要成為照顧機構的守門員，一方面要成為老人社會工作的倡議者，同時維護各種和老人照顧有關的補救性介入模式。

心智能力

Arthur Bertram 正嘗試拒絕他的主治醫師為了協助他所安排的一些檢查，老人的決策能力一向受到他人的質疑，特別是當這些決策和專業人員的意見相左的時候，這種挑戰會更加明顯。決定介入模式的權力運用必須透過審慎的評估，同時對權利、價值觀和決策過程有敏銳的覺察力。

老人所做的決策也許相當複雜，甚至改變個人的生命過程，例如拒絕接受醫療處置、決定是否搬去和親戚一起住或者進入居家式照顧的機構等。也可能是日常生活中的各種決定，例如三餐的內容、如何使用金錢、是否到醫院就診或服藥等。這些決策能力的行使被界定為一種「法定能力」，是普通法所謂的法定能力，而不是《2005 年心智能力法案》中所規定的能力範疇。這個法案所謂的「法定能力」強調個人需求的表達，強調必須在個人「最大利益」（best interest）的原則下，找尋最好的替代決策。這也是家庭照顧人員和專業照顧工作者必須遵守的合法性原則，只要遵循法案的條款，就可以保護老人免於受到因個人決策所導致的不當結果，這個保護策略讓老人的決策獲得進一步說明或辯護的機會。由於這些接受照顧的決策權擁有法定的地位，社會工作者在挑戰他們的專業化決策時，必須清楚覺察自己在重新規劃之「保護法庭」（Court of Protection）上的最後角色，才能讓法案中的相關條款靈活運用。這個法案的執行也需要審慎和仔細的評估過程，

以確認個人在決策時是否猶豫不決或有一種不確定感。

　　《2005 年心智能力法案》是特別針對患有失智症，或者因為其他醫學症狀引發心智或大腦功能障礙的人所制定的法案（s.2(1)）。包括有學習困難的人、因為中風引發的心智障礙，以及因為藥物或酒精濫用所造成的失能情形。這些失能情形可能是永久性或暫時性的，但都是一種特殊決策，例如，當事人可能有能力決定服用哪些藥物，卻無法進行金錢的處理或投資。透過「法定代理權持續」（Lasting Power of Attorney）的執行，在當事人擁有決定能力時，可以預先將決定個人「福利」的權力、個人處理財務的權力委託給另一人。該法案也保障個體擁有拒絕醫療專業處置的決策能力，《2007 年心智健康法案》（Mental Health Act 2007）是由《2005 年心智能力法案》刪修而成的，該法案確立「自由的剝奪」的權力必須受到保護，不管是接受居家照顧或在醫院接受醫療照顧的老人，都擁有這種決策權，且受到法律保障，這些權力也包括個人私人財物的擁有、拒絕訪客拜訪等。如果上述醫療服務是由全民健康醫療服務所提供的醫療處置，或者是一種長期照顧的建議或提供，就必須考慮「獨立心智能力倡議者」（ICMAs）所規定的內容。例如，當病患沒有任何家人或朋友可以和醫生共同協商以決定醫療處置的時候，病患的獨立心智能力仍然受到保障。「獨立心智能力倡議者」也適用於個人照顧服務的檢視、成人保護的各種程序，在這些過程中，決策者必須透過長期練習才能熟悉法案的應用和執行。

　　《2005 年心智能力法案》是長期發展和努力的結果，它讓一些成人免於受到各種武斷決策的傷害。《2005 年心智能力法案》反映了對個人自主性的尊重，對此，同時也要求專業決策者在決策前充分進行資訊的溝通，也要求當事人的充分參與，以獲得「最大利益」的決策。「保護法庭」確保當事人有權力針對相關能力提出辯護，此外，和《1989 年兒童法案》（Children Act 1989）一樣，可以決定合法的居住資格、與他人的接觸，以及其他與沒有

能力或財產者相關的特殊議題；法庭也可以指定代理者來協助當事人進行這些決策。《2005 年心智能力法案》的規劃基礎包括一些基本的原則和價值，整理如下，這些原則和價值都非常強調必須落實對「以權利為基礎」的論述（進一步的細節，請見 Dawson, 2007）。

《2005 年心智能力法》（s.1）

　　落實《2005 年心智能力法案》的主要原則包括：

1. 除非正式證明缺乏能力，否則必須假設任何人都有決策能力。
2. 除非協助當事人做決策的所有方法都徒勞無功，否則每一個人都必須被視為「擁有決策能力者」。
3. 不能因為當事人做了不明智的決定，就認為他沒有決策的能力。
4. 為缺乏能力者所進行的法案執行或福利提供，都必須遵守「最大利益」原則。
5. 在執行法案或進行決策前，必須考量其最終目的必須是對當事人真正有效的，而且對當事人的權利和自由行動造成最少限制的決策模式。

討論問題

1. 你如何將這些原則運用在各種特殊個案？
2. 在實際的狀況中，這些原則是否適用？

　　像 Arthur 的例子，我們會假設他具有決定的能力，因此，協助他進行決策的步驟可能包括，告訴他目前醫院所規劃的檢驗對他的利益，以及可能產生的危機，也包括讓他的親人了解拒絕或延遲治療或轉診可能產生的後果；也可能等 Arthur 比較放鬆、比較不焦慮的時候再做決定。但是，不能因為 Arthur 做了不明智的決定，就認為他沒有決策的能力。只有當他真的沒有能力進行自

我決策時，專業者才能在「最大利益」的原則下採取替代性的決策；即使如此，也必須讓他本人參與決策的過程，此時如果有不同的處理方式，仍然必須在當事人最大利益的原則下做最佳的決策。因此，心智能力法會對專業人員造成挑戰，要求專業人員針對他們為老人所做的醫療建議進行說明，重視醫療專業者在決策過程中的地位，成為當事人決策過程中的重要他人。

倡議

強調擁有能力的人可以合法進行自我決策，主要是受益於對個體展現個人利益的倡議。老人在不同年齡階段或不同情境下都需要不同形式的倡議協助，但是倡議的主軸都包括「描述真實情境、影響決策過程、終止各種假設、獲得更好服務、公平對待、參與決策過程、免於受虐待、強調權力的均衡、對權利的覺察和執行」（Dunning, 1995: 11）。Dunning 將與老人相關的倡議區分為下類幾種類型（ibid.: 20）：

公民的倡議　　受過訓練之志工的持續陪伴。

危機的倡議　　強調特別任務或特殊情境的單次參與。

同儕的倡議　　給予和自己有類似經驗或正遭受類似困難或差別待遇的同儕夥伴一些支持。

控訴的倡議　　是指針對一些特殊服務提出控訴或抗議。

公眾的倡議　　各種為特殊人民團體爭取權益的組織活動。

專業的倡議　　包括接受僱用以執行特殊倡議服務的專業人員，或者是扮演倡議角色的專業人員。Dunning 把社會工作者的角色列入這一類型的倡議。

自我的倡議　　個人表達自己需求，以及展現個人興趣的體驗過程。

團體的倡議　　可以提供相互支持、發展技巧與共同使命以回應變革的自我倡議的團體或組織。

　　倡議服務的提供可能伴隨著資訊或建議的提供。Quinn 等人（2003）的研究發現，老人剛開始通常無法區別資訊、建議和倡議三者之間的差別。但是，這些訊息提供也可能變成一種阻礙，讓當事人無法覺察各種對老人有益處，或者在不同情境下可獲得的資源，以及在不同階段有不同的阻礙情形。他們發現，老人通常比較重視主題性的資訊，而忽略一些以機構為基礎的經常性訊息，因此，持續的接觸是必要的，以避免向不同的老人一再陳述同一個故事。此外，執行後續服務才能確保問題獲得改善，而不只是持續的轉介服務；強調問題的發現與問題的解決，而不只是執著於不同機構間的差異，並持續給予協助。這些都是老人真正需要的「有幫助的訊息」，也是執行社會工作服務時的重要內涵。

　　當不同專業人員之間有不同的意見時，倡議行動就會展現各自的特質，倡議行動會透過「以事實為基礎」的方式進行決策，尤其是在沒有明確的解決策略時，以心智能力法為範疇的倡議行動特別具有價值。如果老人沒有能力對倡議行動給予意見或指導，就稱為「非指示型倡議」（non-instructed advocacy）。然而，非指示型倡議的內涵仍然相當多元，包括多種取向（Henderson, 2007）。以權利為基礎的倡議行動採取「監督者兼協調者」的立場，以確保倡議行動的參與者可以分享各種資源，這種行動取向強調參與者的警覺性，例如，運用《人權法案》（Human Rights Act）進行與老人有關的決策。以權利為基礎的倡議行動，倡議者和倡議行動的代表者之間不一定有關係，倡議可能只是一種變通的行動模式，而倡議者可能只是一些善於表達意見的朋友。Henderson（2007）認為，在界定「非指示型倡議」時，「批判思考」是一個關鍵因素，不僅針對個人所關切的事物進行批判，也是持續修正並導向成功結局的過程中最好的方式。這種取向要求決策過程和決策結果的績效；同樣的，根據倡議行動的特質，強調合法權利以及特定個人或全體的特殊權利，也可以提高階層體制的決策品質。

理解性的行為

　　實際提供老人相關服務時，必須了解老人在不同社會脈絡或個別化情境中的發展議題。其中，必須特別留意那些老年時期才遭遇心智障礙的老人，不僅要了解這些心智障礙對他們的生活自理功能或自我了解的影響情形，也必須了解其他人對這些老人的回應態度，亦即這些老人所面臨的挑戰。這就是Miesen所說的：「個人的早期經驗、情感經驗和生命歷史中的各種事件，都有助於個體面對老年時期的生活，並有效處理老年時期所面對的問題」（1992: 112）。

　　理解性的行為可以提高醫療性介入服務的有效性，儘管老年時期有各種持續增加的問題，但是老人對醫療性介入服務都沒有太大的興趣。Scrutton（1999: 3）針對目前老人社會工作的假設議題提出一些質疑，他表示：多數老人社會工作者認為老人通常不需要類似心理諮商的治療性服務、老人的需求通常可以正確評估、老人需要的是實務上的協助而不是情感上的協助。Scrutton認為這些都是錯誤的觀念，事實上，面對持續增加的生活問題，老人需要的是修復（reparative）模式的介入服務，而不只是非常膚淺、回應式的介入服務。

　　依附理論（attachment theory）可以提供老人社會工作者一種關係取向的觀點，亦即，程序化的照顧管理模式很快會被淘汰或消失（Phillips and Waterson, 2002）。Shemmings（2005）的研究進一步發現不同決策模式會產生不同的關係和影響，例如，進入居家式照顧的老人通常在經濟上比較寬裕，在財務上比較占優勢，反而輕忽動態的人際關係。然而，老人與照顧者關係的瓦解卻是導致老人進入長期照顧的主要關鍵因素（Levin et al., 1989）。Shemmings（2005）因此提醒我們必須重視「成人依附理論」（adult attachment theory）的價值，成人依附理論可以幫助社會工作者了

解人們對親密關係的覺察、情感和表現行為，對於處在壓力情境下的個體幫助更大。

　　成人的依附關係不同於兒童時期的依附關係，因為成人的依附關係是一種雙向關係，依附的雙方都有能力給予或接受彼此的支持或協助（ibid.）。但是，對依附理論的基本理解可能有助於了解老人的關係模式，卻也可能造成理解上的危機。成人依附理論是由 Sperling 和 Berman（1994）兩人所發展出來的，Sperling 和 Berman 對於一般人認為依附模式可能終其一生、持續影響個體的生活提出一些疑問。傳統的依附理論通常認為個體的依附模式是獨一無二、終生不會改變的個人特質，對此，Sperling 和 Berman 提醒我們必須深入思考：成人時期的親密關係，例如朋友、家人等，雙方是否能提供對方重新評估、重新體驗彼此關係的機會？Bretherton 和 Mulholland（1999）提出的「代間傳遞假設」（inter-generational transmission hypothesis）也質疑我們被父母教養的經驗是否會影響我們教養下一代的方式，如果答案是肯定的，那麼兒童時期的依附類型就會成為一種內化的運作模式，可以長久、持續終生影響個人的行為。

　　Bartholomew 和 Horowitz（1991）認為嬰兒時期所發展出來的依附類型，到了成年期會相對發展為一種安全模式，亦即「平衡型」（balanced style），以及三種不安全模式，包括：「完全占有型」（preoccupied style）、「解離型」（dismissing style）和「畏懼型」（fearful style）三種。「平衡型」的成人最能夠回應生活上遭遇的各種壓力，同時協助或照顧他人。「完全占有型」的成人對於不一致的照顧者會有膠著的情感依附情形，過分留意或在乎照顧者的負向情緒，擔心被拒絕，因此陷入一種依賴關係，卻無法從這種關係中減低心理焦慮。「解離型」的成人把正向的自我概念和他人對自己的負向觀點結合在一起；「畏懼型」的成人則是把自己和他人對自我的負向概念完全結合。Shemmings（2005）針對具有不同內在工作模式的個體在情緒調適上的表現

情形，以及個體在處理人際關係衝突和壓力的調適情形進行研究表示：安全型的成人能夠理解他人的壓力或失意情形，並適當回應他人，讓他人有舒適感、得到支持；反之，解離型和畏懼型的成人可能會拒絕他人的支持，也無法理解他人的困境。然而，不同依附類型成人的搭配，可能會有互補的情形，當面臨類似重大疾病、財務危機或損失時，相反類型的成人搭配在一起，原本親密的關係可能發生一些侵犯行為。Shemmings 表示，即使是專業人員也會根據各自的依附類型特質來處理人際關係中產生的各種壓力。因此 Shemmings 認為：「社會工作者不只要了解自己的依附類型，以及依附特質在處理自己與家庭成員和服務使用者衝突時可能產生的影響，也必須了解自己在面對壓力或者與其他專業者意見相左時的回應方式」（2005: 26）。

像 Arthur Bertram 的例子，一旦面臨壓力，會立即感受到進入醫院接受治療或接受檢查時的各種情形，過去在心理上經歷過的衝突也油然而生。此時，家人和朋友可能被當事人認為是支持者或資源提供者，也可能被當事人拒絕，甚至擔心家人或朋友對他們的忠誠度和可利用性。不同親友的意見也可能有衝突情形，有的乾脆停止參與，以避免不舒服的感覺。不同依附類型的特質也可以用來說明，為什麼有些照顧者可以針對被照顧者不同的依附特質建立不同的照顧關係，有些照顧者即使面對相同的壓力源，都無法提供持續或適切的照顧服務。

老年期的心智健康

最近幾年，多數的專業介入服務都以心智障礙者為主要對象，但是，老人的「心智健康」並不是單獨指沒有心智障礙的情形，也包括對生活有一種幸福和滿意的感覺，同時讓老人有能力順利處理因為年齡增加所導致的各種壓力。Scrutton（1999）因此將老人心智健康的主要治療議題界定為：為應付因年老所導致的損失、

生命歷史的遺產或影響，形成「理想」我和現實我之間的不一致情形。然而，無論是諮商者或當事人，在提供老人協助過程中遭遇的困難，都反映出社會對老人的老年歧視假設。特別是，一般人都假設老人不可能有所謂的成長或改變，至於某些人形容老年期是一段「和平、平靜、尊貴」的時間，認為那是一種病弱的象徵，至於學者和大眾對此並沒有一致的看法（ibid.: 6）。此外，也必須察覺各種結構性情境對老人自由和表達能力的限制，包括：老人比年輕人更容易受到 Scrutton 所說的生活中各種「道德的成規」（moral imperatives）的影響。例如，社會對「性」的態度，這幾年已經有所改變。也必須留意，一些必須依賴他人協助的老人，也許已經無法忠實或健全表達自己真正的感受（ibid.: 38）。上述所有因素都可能影響老人的治療工作，對心智障礙老人的傷害或影響，也將更加複雜。因此，個人、專業人員和社會部門對於老人心智健康和幸福感的回應，都值得進一步探究。

了解憂鬱症

憂鬱症是最常見的老人心智障礙類型，根據研究，在社區照顧體系裡，老人發生憂鬱症的比例大約是 10%到 20%，在護理之家中則可能增加為 40%（SCIE, 2006b）。無論哪一個年齡層，憂鬱症的主要症狀都包括：

- 一種強烈的傷心感。
- 對生活失去興趣，無法從日常事務中獲得快樂。
- 有疲倦感但睡眠品質不好。
- 沒有食慾。
- 專注力和記憶力不足。
- 焦慮和不安。
- 無助感。
- 罪惡感和無足輕重的自我覺察。

● 自殺的念頭。

　　老人通常不會認為自己有憂鬱症，而是把憂鬱症的心理症狀歸因於各種生理症狀；事實上是相反的，因為多數生理疾病的症狀和憂鬱症的症狀非常相似（ibid.）。很明顯的，謹慎的差異性評估是必要的，例如 Arthur Bertram 的個案，憂鬱症的檢測就是一個關鍵的診斷評估議題。憂鬱症的危險因素包括社會和生物醫學上的不適應，也反映出老人之間的多樣性（Moriarty and Butt, 2004）；此時，唯有社會性介入服務可以處理這些問題。社會孤立、親人過世和各種不利事件或環境的改變，都可以引發憂鬱症或讓憂鬱症更加惡化。相反的，參與社區活動可以減少社會孤立，給予當事人協助並增加自我價值感（SCIE, 2006b）。

　　社會和經濟因素也可能是引發憂鬱症的相關因素，特別是缺乏親密、值得信賴的夥伴關係，或者失業（Murphy, 1982）。此外，毫無疑問的，自殺傾向是罹患憂鬱症老人最重要的危機之一，其中，因為親人去世、身體健康狀況不佳、酗酒而尋求自殺，是主要的危險因素。因為患有憂鬱症，這些老人也許不會公開表達自殺意願，但是，社會工作者和身邊的其他人必須能敏感察覺真實的狀況，能夠判斷哪些老人（尤其是男性）比年輕人更有自殺傾向（SCIE, 2006b）。75 歲以上的老人，特別是獨居老人，更有成功自殺或自我傷害的危險，因此，任何轉診或轉介服務都必須牢記這些老人的特質。

　　老人自我傷害的情形必須慎重對待，Dennis 等人（2007）針對 76 位有明顯自我傷害情形的老人團體進行研究表示，這些老人多數有高度的自殺意願，而且其中 69%的人患有憂鬱症，因此自殺傾向和憂鬱症兩者是彼此緊密關聯的。該研究強調對老人的初階照顧階段就必須正確的確認老人是否患有憂鬱症，並規劃適當的照顧服務，也必須確認老人獨居或身體健康狀況不佳時可能引發的各種危險因素。下列這些人是該研究所整理的服務對象資料：

研究樣本中有 59% 的老人在前一個月曾經看過家庭醫師，有 29% 的老人在最近的報告中有自我傷害情形發生，而且其中有 21% 的人接受過精神病理學的治療服務。該研究主要的發現在強調對各種危險因素進行全面性評估，包括憂鬱症、身體健康問題、社會孤立問題，同時確認老人有哪些特別容易受傷害的特質，其中，「社會孤立」問題是社會和健康照顧需求綜合性評估的一部分。

了解失智症

　　過去認為失智症是個體身體機能退化或疾病惡化的結果，這種觀點已經被 Kitwood（1997）提出的失智症者「個人特質」（personhood）的發展性觀點所推翻。這項觀點是醫學模式的重要標準化典範，Kitwood 強調與個體人際關係有關的失智症的「社會性結構」。該取向強調被診斷有失智症者所保留的優勢能力，和身邊其他人對他的認可和讚許有高度的相關。因此，對被診斷為失智症者的照顧任務是增強當事人的「個人特質」（ibid.: 8），這代表「其他人和當事人互動時，必須強調對當事人地位和人格的尊重，也代表對當事人的認可、尊重和信任」。Kitwood 認為失智症患者的最基本需求包括：寬懷地面對失智症者所失去的事物，對於失智症者的依附需求給予充分回應，被接納的感覺、擁有工作機會和自我認同，可以透過自我陳述向他人表達自己的感覺等。然而，根據 Kitwood 的觀察，失智症者的照顧服務情境中，可能存在一種「致命的社會心理」（malignant social psychology），這種心理肇因於文化或組織的運作過程，在照顧過程中，照顧者通常將失智症者和「其他」人區隔開來，這會嚴重影響失智症老人對「個人特質」的認同。Kitwood 表示，「致命的社會心理」已經成為判斷失智症者照顧工作是否恰當的典型定義，其中「致命的社會心理」的內涵主要包括（ibid.）：

1. 背叛（treachery）、欺騙（deception）或操控：例如，利用個

　　體對空間和時間缺乏覺察的弱點，偷偷將當事人留在日間服務或居家式照顧機構。

2. 弱化當事人能力（disempowerment）：不讓當事人參與決策過程或做決定。

3. 把當事人當嬰兒對待（infantilization）：自動以老人的名字或暱稱來稱呼當事人。

4. 恐嚇（intimidation）：告訴當事人，如果合作態度沒有改善，就不再照顧他。

5. 標籤化（labelling）：給當事人一個特殊的頭銜，例如麻煩製造者、惹事生非者等。

6. 汙名化（stigmatization）：給當事人冠上負面的社會地位，或者因當事人的要求比較複雜，因而不為他們提供服務。

7. 超越或追趕（outpacing）：沒有配合受照顧者的能力而放慢說話或走路的速度。

8. 無效性（invalidation）：駁斥或嘲笑當事人焦慮或喪失能力的感受。

9. 驅逐（banishment）：讓缺乏行為能力的當事人獨處，或者阻止當事人參加社會互動。

10. 具體或物體化（objectification）：把當事人當成物品或醫療中的軀體來對待，忽略當事人生而為人的感受。

11. 忽略（ignoring）：對當事人的參與或協助的需求不予理會。

12. 打擾（imposition）：進行日常照顧服務或例行活動時，沒有徵求當事人的同意。

13. 預扣行為（withholding）：取消對當事人的照顧、不理會他的需求、不滿足他的生理或情感需求，以作為懲罰。

14. 指責（accusation）：因當事人的無心錯誤而責備他，例如大小便失禁或突然大聲喊叫。

15. 干擾（disruption）：沒有經過同意就打擾當事人的日常生活，例如打擾當事人睡眠時間的規劃、擅自打斷或縮短訪客時間。

16. 嘲笑（mockery）：把當事人的外貌、某些觀點或行為彰顯出來，並當眾嘲笑他們。

17. 輕蔑（disparagement）：不理會失智症者的意見，認為他的意見是無效的。

　　因此，任何社會工作者透過工作或職務上的威權，誘騙失智症者接受他們原本不願意接受的照顧服務，是一種欺騙、有罪的行為，也是弱化當事人能力的行為。否認當事人所具有的公民權益，就是一種恐嚇罪。因為當事人無法順利表達個人意見而給予標籤化，就是對失智症者的汙名化，也忽視了老人在失智症診斷基礎上的貢獻。社會工作者靈巧的身手、快速的語調和匆促的決策，都可能超越老年失智症者的反應能力，當事人有很多的訊息很可能都被預扣或忽略。老人有很多的抗議可能都被忽略或嗤之以鼻。如果把當事人當成物體，忽略當事人所擁有的「人」的基本權益，那麼，任何有意義的保護或服務方式都可能對當事人造成傷害。

　　相反的，失智症者可能需要一些積極正向的資訊，以保留他們自己的個人化特質。因此，Miesen（1992: 116）特別提醒我們必須思考失智症者喪失「防衛反應」（defensive reactions）的意義。Miesen認為失智症者缺乏防衛反應可能彰顯出當事人再也無法壓抑過去的痛苦記憶，因此這些痛苦情緒會在老年時期浮上檯面。例如，戰爭的慘痛經歷、未妥善完成的傷痛經驗、過去的失望情緒等。因此透過治療引出當事人的痛苦經驗是必要的心理治療，因為當事人已經不再像過去一樣，可以透過認知作用壓抑痛苦經驗以保護自己。此外，一旦罹患失智症，當事人過去的認知優勢和社會支持體系都是當事人應付失智症的重要資源，擁有不同資源的失智症者會有不同類型的危機。強調失智症者個人特質的概念提醒我們，不應該認為失智症者是一種精神上的錯亂，彷彿把失智症者過去所擁有的人格奪走；反而應該透過失智症的治

療和引導，揭露當事人過去被隱瞞的記憶，以及過去沒有解決的心理衝突。

Aminzadeh 等人（2007）曾經研究失智症的診斷和確定對當事人和照顧者在情緒上的影響，他們把當事人和照顧者的反應分為三大類型：

- 不了解失智症的內涵，或者主動否認罹患失智症的事實。
- 悲傷的回應模式，由於預期失智症會造成各種損失，因此在情緒上產生危機感。
- 顯示積極的回應態度，而且非常重視失智症的結果。

對專業人員和擔任照顧者的家屬而言，是否公開宣布當事人為失智症者，一直都是最困難的抉擇（Arksey et al., 2004; SCIE, 2006b）。至於失智症者自身的兩難問題則是：「如何在維持過去的自我覺察」和「重新形塑的自我認同」之間取得平衡。

Aminzadeh 等人（2007）透過失智症照顧者的焦點座談研究顯示，照顧者或家人對失智症診斷的情緒反應可能被延遲了，也指出了後續介入服務的重要性。該研究中有少數病人表示，知道自己罹患失智症反而讓自己放鬆和安心，因為總算為自己最近某些行為的改變找到原因。因此，能夠對失智症的診斷有一定程度的回應。毫無疑問的，診斷工作的正確性，以及當事人社會網絡中相關人員的意見衝突，都會讓決策和未來的照顧規劃更加困難。某些病人會出現明顯的高度依附行為，因此，診斷不只是一種醫療過程，也是一種社會行動，足以將當事人從原有的生活情境轉移到另一個受到汙名化的社會團體；當然，因為受到疾病的威脅和自我概念的破滅，也可能會影響相關病情的發展（Cheston and Bender, 1999）。

老人的心理治療

　　由於對老人可治癒性的負面刻板印象，以及老人心理治療相關理論和專業人員的缺乏，老人心理治療的效果受到許多限制（Hepple, 2004）。最常見的老人心理治療模式是生物模式和藥理學模式，Murphy（2000, cited in Hepple, 2004）針對心理健康和社會照顧專業人員所做的研究表示，有 87%的專業人員認為他們無法提供老人良好品質的心理治療服務。儘管這個團體的參與人數占全部人口的 9%，75 個個案中大約只有 1%的病人受到適切的轉介或轉診服務。儘管如此，仍然有學者提出各種的方法來協助老人從事心理治療，也發展出許多積極的介入模式以回應老人的特殊心理需求（Hepple, 2004）。下面所介紹的模式，不只是變通性的藥理學介入，因為這可能是讓個體得以專注於治療的必要條件，還是一些對老人具有積極效果的心理治療方法，能夠針對特殊個案給予適當、積極的介入與協助。這幾年來，心理諮商學者逐漸倡導針對個別老人提供前瞻性的介入，以協助老人獲得心理治療（DH, 2009b）；同時強調心理治療的彈性化和方便性。因此主張，針對過去在心理健康服務上受到排擠的老人個案，社會工作者是最重要的轉介者，特別是一些拒絕接受心理治療的老人，社會工作者可以協助他們獲得適當的心理健康服務。

認知行為治療

　　許多研究都證明，認知行為治療（cognitive behavioural therapy, CBT）可以有效改善一般年齡者和老人的沮喪和憂鬱症狀（Roth and Fonagy, 2005）。介入服務的方法主要是根據 Beck（1992）提出的認知理論，認知理論認為個體對外在世界的觀點和詮釋內容，是導致沮喪或憂鬱的主要因素。認知理論協助人們了解，為什麼面對同樣的不利情境，有些人會感到沮喪或憂鬱，

有些人則不會。Solomon 和 Haaga（2003）認為導致沮喪或憂鬱的
原因包括：

- 對個人的不完美或損失有一種固執化的負向信念，並根據這些
  信念推衍出一些消極的行為結果。例如，個體的心智上認為：
  「在這個世界上，我是個孤單的人」，繼而認為「一個人孤獨
  活在世界上是沒有意義的」，這種消極的認知模式是導致沮喪
  或憂鬱的主要原因。
- 因為兒童或成長時期之經歷所習得的不正常消極信念，例如對
  外界變遷的無助感等，受到負向經驗的增強或激發。
- 對日常生活的評估，刻意扭曲自己的認知以符合負向的自我信
  念，例如過度類化、二分法的思考模式、過分誇大或個人化，
  這些「認知扭曲」（cognitive distortions）對日常生活的事件或
  訊息輸入，就像一個負向的認知過濾器（filter）。例如透過負
  向認知過濾器的結果，一次失敗的人際互動可能是一種受拒絕
  的感覺，而不只是一種忽略行為。
- 負向的扭曲會產生自動化的認知思考，這些認知思考會變成一
  種侵入性、重複且不自主的自動化思考模式。
- 其他類似的沮喪或憂鬱症狀，例如昏睡、精神渙散、人際間的
  衝突等，都會因為負向信念而被擴大或增強。甚至有人會認為
  這些症狀會導致身體上的病症，例如癌症、各種疾病或身體的
  其他症狀。

　　認知行為治療模式的介入服務，諮商者必須和當事人建立同
盟關係，協助他們針對自動化的負向思考提出質詢或重新評估。
行為治療方法是提供他們補償性的正向行為，以取代消極性的思
考。繼而挑戰當事人原有的主要信念，以不同的思考方式面對外
在的世界。認知行為治療強調「此時此刻」，重視未來行為的改
變，而不只是對過去問題的質疑。Hepple（2004: 236）認為，當
個案被診斷出有焦慮或恐慌症時，認知行為治療是最優先被考慮

的心理治療方法，特別是當個案面臨一些比較「複雜的」沮喪或焦慮症狀時，例如親人去世。

認知分析治療

　　認知分析治療（cognitive analytic therapy, CAT）對當事人過去的悲傷事件採取宣洩或修補的觀點，透過治療關係讓當事人重新產生意義感和新的理解。Ryle（2000）強調每一個個體的自我內在，以及自我和他人的對話關係，具有持續性的特質，這些對話都植基於個體過去的經驗，也會影響未來的學習。Hepple（2004）認為，認知分析治療對於童年有創傷或悲慘經驗的個體有很大的幫助，因為這些童年的創傷或不好的經驗，很可能會在未來的生活中重現。Hepple陳述一個67歲的女性個案（Y太太）表示，Y太太是成人精神病院的一位患者，她被診斷為憂鬱症，並伴隨著嚴重的退化情形，經常退化至童年時期的退縮和凍結式的警覺性（frozen watchfulness）（ibid.: 374）。治療性介入引導Y太太和童年受到親人性侵害的痛苦經驗進行對話。認知分析治療也適合用來處理因為過去創傷所引起的身體症狀，例如一些沒有生理原因的沮喪或意志消沉。

案例概述

　　Kay太太的例子最適合用來說明認知行為治療的實際運作情形。根據Kay太太對自己的陳述，她一直都是單獨行動，從來不參與各種活動，也不是一個「搗亂者」。自從12個月前她先生去世以後，她越來越害怕獨自一個人住，她害怕自己所住的房子成為社區青少年攻擊的目標。她不斷打電話給女兒，以確定自己是安全的，Kay太太的女兒因此開始和Kay太太討論為母親安排居家照顧。經過轉介後，社會工作人員確認Kay太太的負面信念

為：「除了我的家人，我不信任別人，也不會向外人求助；如果我的家人不保護我，外面那些危險份子就會欺負我。」Kay太太的先生是一位退休警員，一直都是Kay太太的「守衛者」，如今他過世了，對Kay太太而言，在街上遊蕩的孩童對她個人或對她的財產都是一種威脅。社會工作人員因此安排犯罪防治的警員專程拜訪Kay太太，說服她安裝一套防盜警鈴，同時說服她捐助並參與社區管理員的服務工作。社會工作人員安排Kay太太參加地方社區中心所舉行的餐會俱樂部。Kay太太一開始害怕沒有人會和自己交談，但是在餐會中她發現很多自己年輕時熟悉的面孔，工作人員為了減少Kay太太的焦慮，儘量安排Kay太太和以前的鄰居們互動交談，交談過程中Kay太太發現，原來在街上遊蕩的那些孩童都是某些鄰居的孫子。漸漸的，Kay太太不僅減少對女兒的依賴，也對自己在社區的居住環境更有信心，她不再考慮居家式照顧的安排。因此，儘管社會工作人員並沒有給予Kay太太任何心理治療，但是透過認知行為的方法，讓Kay太太能夠認清自己的負面信念與認知扭曲，認清自己一些持續的、沒有意義的想法。先生的去世讓Kay太太更容易受到這些負向認知或思考的支配，也導致她的行為趨向一種負向的行為結果。

針對Kay太太的心理狀態，你還可以使用哪一種心理治療典範呢？當你閱讀第八章之後，請思考如何透過她所居住的家庭或社區給予協助。

生命回顧與回憶陳述

透過個案過去的經歷和文化脈絡來了解個案目前的需求，可以提供社會工作者一些原則和輔導方向，而不只是一種「工具」或治療性介入。就生命回顧（life review）與回憶陳述（reminiscence）本身而言，它不一定和一般以問題為中心的運作規範相衝突，而是整合式照顧管理過程的一部分。個案所遺忘和牢記的部分都是心理治療工作的重點，找出個體生命全程的連貫性，包括確認生命發展過程中的限制和弱點，這就是 Erikson（1980）所說的，老年時期的心理社會任務是為了達到自我的統整。將新的服務融入自我敘述的對話中，也可以將當下的生活情境轉化為「個人專屬的故事」，而不只是一種「沒有價值的附屬物」（Coleman, 1994: 9）。因此，老年時期各種意外的新事件，例如肢體損傷、失去親人或搬家等，都必須透過單獨的章節加以說明。對此，Coleman（1997）把老人受到的挑戰分為兩大類，第一種挑戰是「自我維護」（self preservation），強調當外在情境發生重大改變時，透過個人回憶的陳述，仍然可以維護自我概念和價值感，第二挑戰是「生命回顧」，強調形成一種個體能夠接納的自我認同感，以坦然面對死亡。每一個個體有不同的需求回應，重視生命經歷、可以維護自我概念的回憶陳述，必須透過他人分享、團體互動方式才能達成；至於生命回顧則可以透過系統性的個人活動來完成。

為了彰顯回憶陳述可以達到社會工作和心理性的功能，Coleman（1994）把「故事陳述」（storytelling）列入回憶陳述的一個類別，透過故事陳述以滿足個人指導或傳達生命經歷的社會性需求。故事陳述讓老人可以和年輕世代分享自己過去的知識，既是一種慰藉，也是一種文化的加值作用。Coleman 認為老人的回憶陳述具有「公眾」的特質，可以有效避免老人的生活回憶成為一段「傷感的」旅程，或者只是一段個人過去的往事（ibid.）。Gibson（2004）也持續在社區發展中推動回憶陳述和口述歷史（oral history）的活動，這些活動的價值不只是將不同世代的人們聚集在一起，也是對傳統歷史敘述的一種挑戰，提供人們不同的記錄觀點。對老人而言，回憶陳述不僅具有心理治療的功能，也可以提供一些本土和政治性的觀點。

　　因此有人認為，回憶陳述是個人生命事件一種「有聲或沉默的回憶記錄，可以由個體單獨陳述，也可以和團體中的其他人一起分享」（Woods et al., 1992）。透過回憶陳述達到成功老化，主要可以分為四個階段：形成自我認同和自我持續；增加生命的意義感和一致性；維持自我掌控感；提高對生命的接納與和諧程度（Bohlmeijer et al., 2007）。然而，除了積極的功能，回憶陳述也可能引發負向的行為反應，Wong 和 Watt（1991）將回憶陳述分為五種類型，即統整型（integrative）、工具型（instrumental）、敘述型（narrative）、逃避現實型（escapist）和妄想型（obsessive）。其中，只有「統整型」和「工具型」的回憶陳述和個體的成功老化有關，具有自我認同的統整和問題解決模式的治療功能。在心智上，個體也可能表現不同的功能，Webster（1993）發展的「回憶陳述功能量表」（Reminiscence Function Scale），可以測量回憶陳述的八種功能，包括：厭倦（boredom）、削弱（reduction）、為死亡而準備（death preparation）、認同的形成（identity-forming）、對話（conversation）、親密感的維持（intimacy maintenance）、痛苦的重現（bitterness revival）、教學／告知（teaching/informing）和問題解決（problem-solving）。該研究發現，高度的「痛苦的重現」功能和重度的焦慮和憂鬱症相關，因此，在進行回憶陳述時，必須留意類似的痛苦重現對個別老人的負面影響。

　　照顧服務者也可以從個案的回憶陳述過程中獲益，Gibson（2004）的研究表示，透過對話規則的重新分析、鼓勵失智症者與照顧者溝通，照顧者也可以在失智症小團體互動過程中獲益許多。保存烹飪、假日生活等各種重要紀事的「記憶箱」（memory boxes），或者喚起個案對過去生活的回憶等，都可以提供許多對話機會，減少因記憶喪失或相關的語言困難所引起的孤立情形。讓照顧人員參與記憶陳述的過程，也可以提升他們對個案的敏感性，讓他們掌握個案在過去生命中的優勢能力，讓他們對個案生

命有更一致的觀點。因此，Arthur Bertram 不應該只是一位「病人」，也應該是一位從過去的創傷中存活下來的「前任戰士」。

　　就老化的觀點而言，生命回顧和個體持續適應生活事件和挑戰的過程是一致的（Baltes, 1987）。正如 Erikson 所說的生命最後一個心理社會發展任務：「統整 vs. 絕望」，Erikson 運用各種生命回顧歷程的機會，作為老人心理治療的方法。Bohlmeijer 等人（2007）也針對一個研究報告進行後設分析，結果發現，生命回顧對老人心理層面的幸福感有非常明顯的助益，生命回顧是一種結構性的服務介入，可以系統性的呈現個人完整的生命，同時重視生命中積極和消極事件的陳述，而且是可以加以評量的。生命回顧會針對生命中的不同事件給予個別的回顧和陳述，陳述的重點會根據不同的主題將積極和消極的事件加以統整。在諮商過程中，生命回顧也會和其他治療方法一起使用，例如認知治療或敘述治療等。生命回顧讓個案有機會重新拜訪過去的事件，使個案對自己過去的生命能有一致的觀點。對於像 Arthur Bertram 一樣，早期生命曾經面對過各種創傷的人而言，生命回顧能夠讓過去充滿生命力的生活經歷，具有不同的意義，同時，將過去閃耀的生命再度被解讀為一個完整的生命歷程。

失智症者的治療性介入

　　Allen（2001）的研究曾經發表多種和失智症者溝通的有效方式，透過觀察和真實互動以了解失智症者的偏好或需求。Gibson（2004）則用網球比賽的例子來說明照顧服務者和失智症者的溝通關係與技巧，照顧服務者必須隨時準備主動開始和失智症者對話，而每一次的回擊或向前打擊都是一種訊息，通常都可能引發一些情緒或喜悅的分享。Killick（1994）則透過詩句，展現失智症者在語言表達中的象徵和隱喻。面對失智症者，溝通者必須察覺到彼此權力的不平衡，給予失智症者照顧，但不提出引導性的

問題，也不超越受照顧老人的能力（Phillips et al., 2006）。

　　溝通的工具必須可以提供協助並鼓勵老人參與決策過程，由「對話板」（Talking Mats）（www.talkingmats.com）提供一個簡易的溝通架構，可以協助失智症者和他人溝通。例如，把主題卡片放在個案前面的對話板上，個案可以把卡片的箭頭指向不同的視覺方向，包括快樂、不快樂、不確定等。對話板可以讓我們理解個案的需求，並根據個案的需求提供服務，讓個案在日常生活中可以表達自己的想法，以及他們希望照顧服務改進的地方。完成後的對話板圖片，可以作為失智症者個人觀點的永久紀錄。Murphy（2004）針對對話板的效果進行評估發現，無論個案處於失智症的任何階段，對話板都是一種非常方便的溝通工具，最重要的是，當我們強調此時此刻的訊息溝通，對話板可以提高訊息提供的可信度。

　　以失智症者為對象的團體治療，也可以有效發展社會互動和接納行為，通常老人的團體諮商也可以提供個案一個安全環境，讓個案可以討論個人化的議題，同時測試個案的社會技巧。針對有記憶損失的老人進行團體心理治療，透過敘述治療可以協助個案克服羞怯和恐懼（Miesen and Jones, 2004）。至於「失智症照顧地圖」（dementia care mapping, DCM）則可以展現團體照顧互動的品質，也許也可以用來觀摩優秀員工的操作模式（Chenoweth and Jeon, 2007）。

　　對失智症者和他們的夥伴而言，由一群失智症者和他們的照顧者所組成的「阿茲海默咖啡館」（Alzheimer's Café）是一個特殊的概念。「阿茲海默咖啡館」不僅是具有休閒娛樂功能的正式會議，也提供參與者非正式對話的機會。在其發源地荷蘭，這些場地都是真實的會議場所，同時將這些聚會地點介紹給全世界，那是一個非正式的聚會場合，每一個人都可以自由入座或交談。對於許多因否認或迴避而抗拒諮商服務的個案，「阿茲海默咖啡館」除了讓他們可以以匿名方式和他人互動，也可以發揮教育性

和支持性的功能。Miesen 和 Jones（2004）認為「阿茲海默咖啡館」具有下列三種目標：

- 提供各種相關的醫療訊息，以及失智症者的各種心理社會症狀。
- 在一種鼓勵自我坦承、接納的社會情境下，引導個案公開討論個人的情緒問題。
- 預防並避免失智症者和家屬被社會隔離。

　　目前，「透過日常參與會議的機會相互支持」的概念，已經逐漸運用在失智症者身上，採取前瞻性策略，並給予彼此支持的失智症者，已經形成一個網際網路團體，稱為「DASN 國際組織」（DASN International）（www.dasn-international.org）。就像失智症專家一樣，他們從內心出發來解讀這個世界，同時給彼此相互的支持和建議。

DASN 國際組織的原則、信念和價值

- 我們是自發性的，且全力捍衛被診斷為失智症者，以及我們的忠實盟友。
- 我們相信透過知識的分享可以增加個人的能力。
- 我們相信我們的力量可以提供一種支持性網絡。
- 我們同心協力，且樂於幫助需要幫助的人。
- 我們的目標是為了提供一個資訊交換的討論平台，鼓勵各種支持機制的產生，例如地區性團體、諮商、網際網路連結，以及各種倡議服務。

現實導向

　　將「現實導向」（reality orientation）（Taulbee and Folsom, 1966）發展為一種諮商服務，可以協助在記憶上有缺失的個體，

有效的和現實情境保持接觸,現實導向強調此時此刻,強調在機構式安置下,整個照顧情境可以提供個案各種資訊線索。因此 24 小時的現實導向服務包括留言板和日誌,清楚記錄每日的重要紀事、時間、天氣及現在的活動,同時使用顏色編碼和門的標籤,清楚標示出每一個門的功能,例如,浴室和寢室區域。儘管 Gibson(2004)曾經批評現實導向的觀點強調個體的能力損失部分,而不重視能力的重新獲得,也忽略了不同失智症者可能擁有不同的時間定位,過分呈現職工的價值觀和優先性,可能會造成個案的反抗。但是,很明顯的,現實導向的諮商服務可以為失智症者建立一些規範或設計,包括用白色給予空間使用上一種清晰的訊息。Gibson 表示,現實導向已經成功運用在認知重建上,並被視為一種合作性的策略,可以用來協助在記憶上有缺失的人。這些策略包括使用日誌和便條紙,某些策略則可以透過輔具的協助提升效果。

確認治療

「確認治療」(validation therapy)以心理學的觀點為基礎,同時強調個人的發展,但是也有人質疑,這種確認治療並不適合某些失智症者,例如一些年齡並不大,但是已經沒有能力對外界給予回應或處理生活任務的失智症者。「確認治療」已證明對於一些缺乏空間感、缺乏時間感以及退化到早期發展階段的失智症者有相當大的幫助(Feil, 1992)。對於沒有足夠的生活策略以適應新生活環境的老人、沒有能力回應外界刺激的個案,在負向情緒或情感的確認上,都必須透過同理心來處理。對於這些個案,照顧者必須把個人的情感暫時擱置,讓個人的情緒能夠設定在當下的情境,而不是滯留在過去的記憶中。失智症者的親人可能必須接受各種改變、失望和害怕的情緒,才能夠讓自己進入失智症者的情感世界。「缺乏空間感」的失智症者通常都會責備陪伴在他們身邊的人,以掩飾他們內心的傷痛和害怕。因此有時候失智

症者的財物放錯位置，卻指控照顧者偷了他們的東西，或者指責照顧者移動他們所珍藏的東西，但事實上該物品早已經被賣掉了。「缺乏時間感」的失智症者可能保存一些記憶，但是沒有時間概念，因此她可能會為死去多年的先生準備晚餐，或者在家裡等待孩子放學回家。很多學者認為，確認個案有照顧他人的需求，或者以過去在家事勞動方面的工作為榮，是一種比現實導向治療更具有同理心的回應方式，因為現實導向治療會提醒老人自己在各方面的損傷。至於失智症的最後階段，可能會退卻到語言前期（pre-linguistic）的動作和發音階段，會不自主的四處搜尋東西，或者哭泣以尋求安全感。因此，所謂的「確認」不是指客觀上的事實，而是陪伴這些失智症者，讓他們充分表達自己的內在情緒，同時肯定他們生命最後階段的意義。

結論

　　提供老人治療服務時，必須承諾以受照顧者的權利為基礎，同時了解老人在心理社會上的需求。當個案確實缺乏某種能力，或者失智症者的個人人格受到威脅時，更需要一些特別的技巧。某些技巧可能對失智症者特別有效，但是，使用前仍然必須確認該技巧對個案的適切程度。

本章摘要

1. 提供個別老人治療服務時，必須熟悉各種社會工作理論、方法，以及與老人有關的特殊理論，因為，每一種理論對老化都有不同的界定和詮釋。

2. 面對老人的治療服務工作，在維護老人的獨立性、抉擇能力、生命安全或權利時，可能會導致某種危機。因此合法的介入模式需要考量老人的決策能力，同時留意替代決策者在行使決策上的主導性，是否只考慮到照顧者的個人利益。

3. 《人權法案》明白揭示介入服務的原則，必須尊重當事人有拒絕非必要干擾的權利；但是，某些必要的干擾卻可以為當事人帶來積極的利益。

4. 治療服務者對老人的各種直接治療服務仍然有很大的發展空間，且必須以老人自己的意願為依歸。

5. 無論如何，我們必須了解有一些直接的治療服務對老人特別有效，這些服務方法特別適合在認知功能上有損傷的老年人。

課程重點

1. 影響社會工作者決策的因素包括：結構、組織和個人層面等因素，當個人權利、可能產生的危機和可用資源之間有所衝突的時候，會形成社會工作者專業上的兩難議題。

2. 社會工作者和服務使用者對「危機」可能有不同的解讀，這些不同的解讀不僅影響社會工作者的專業判斷，也會影響他們對成果與績效的評估。所謂「安全」的機構和個人化專業服務實務，必須同時考量服務的提供、限制，以及安全的基礎和停損點。

3. 個案心智能力的評估是社會工作的任務之一，社會工作者不能忽忽自己在智能評估方面的責任，而且，如果當事人的人身自由受到威脅，必須立即做出適當的決定。通常結構化的決策模式比較有可能導致合理的決策。

4. 以老人為主體的倡議性活動，是社會工作者必須扮演的主要角色之一。

5. 無論是諮商、生命回顧，或失智症者個人人格特質的發展，都屬於治療性的介入，專業者都必須具有特殊的知識和技巧，至於這些知識和技巧都超越一般照顧管理的角色。

延伸閱讀

M. Baltes, *The Many Faces of Dependency in Old Age.* Cambridge: Cambridge University Press, 1996.

這是一本非常重要的書籍，主要在討論老人如何以充滿資源的心智能力適應因老化所帶來的各種損失，本書也可以作為一種研究方法論，以了解老人如何面對逐漸減少的獨立自主性。

R. Cheston and M. Bender, *Understanding Dementia: The Man with the Worried Eyes*. London: Jessica Kingsley, 2000.

本書為失智症建立一個心理學模式，反對一般所謂「有機體模式」的限制，是一種「以個人為中心」的取向。

8 家庭和團體的照顧工作

　　家庭和團體的服務包括對個體間各種關係的了解、老人的生活模式以及文化情境對老人的影響。本章將探討與老人及其家庭有關的社會工作,同時探討老人在各種團體內的服務,例如日間服務、集合住宅住宿或居家式照顧,也將討論老人的臨終照顧。從剛開始的家庭支持,到較多協助的喘息服務,一直到和其他人共同接受照顧,甚至共同面對生命的終點,大多數的人都可能在不同的地方接受服務。各種資源的取得等結構性因素都可能影響老人的服務與體驗,然而,人際關係的品質才是決定老人服務的關鍵因素,也決定老年歲月是否被視為一種發展過程。

　　老人的自主性會受到生活環境的影響,並因此而增加或減損。家庭照顧者有他們自己的需求,也擁有受到法令保障的相關權益,因此必須認識家庭的「類型」和預期成效的多元化特質。重新將老人分類並提供服務、改變老人生活的家庭結構等,都證實能夠讓老年歲月具有發展性,而不只是人生過往經驗的結束。團體安

置、日間服務或居家式照顧之日常生活的品質，隨著參與者對居住環境所賦予的意義而有所不同，也受到居住者人際互動關係的影響。如下面的案例概述所示，年輕者或其他家庭成員可能會預設老人在人際關係中有某種特定的行為模式。

案例概述

　　Laura Cohen 和 David Cohen 已經結婚 40 年，目前兩人都已退休，David 剛被診斷罹患阿茲海默症。長久以來，夫妻兩人之間的關係就非常不好，爭吵的重點多數都在抱怨 David 的工作時間太長，David 則經常指責 Laura 浪費他努力賺來的錢。現在 David 會抱怨 Laura 把錢藏起來，好準備偷偷離開他。Laura 回答説，所有的錢都用在家庭開銷上，但是現在她已經厭倦和 David 生活在一起，她很希望有機會能離開 David。他們的獨生女 Janet 對母親所説的話非常震驚，同時表示，如果母親真的離開，她和孫子們都不會再和母親有任何的往來關係。

　　在這個案例中，Laura 和 David 在多年互動關係中的行為模式，也影響到現在的生活品質，然而，如今權力的平衡有所改變，Laura 已經取得經濟權和決策權。根據符號互動論（Mead, 1934）的觀點，社會角色是經由個體間的互動所發展而成的，David 在家庭中的角色曾經是傳統中負擔家庭生計的角色，也是一家之主，他已經被迫退出這個角色，同時他也發現這對他本身形成一種威脅。至於 Laura 已經被安排成為社會結構中的照顧者角色，這是一個她來不及準備的角色任務。在 Laura 和 David 的談判過程中，金錢也是一個具有影響力的資源，因此，在界定兩人之間的衝突關係時，金錢一直都是重要議題。由於罹患失智症，當 David 面對自我掌控能力的喪失，面對逐漸失去過去對金錢的掌控能力時，David 的焦慮感會急速升高。至於他們正處於中年階段的女兒

Janet，很不願意改變自己對於父母必須同時進入老年生活的認知，她可能正在考慮自己如何扮演父母的主要照顧者。她也開始重新評估父親在家庭中的角色，也會在既有的文化架構下，重新思考女性該如何面對這種家庭凝聚力改變的事實。對此，女性主義的社會理論可以給我們一些思考的引導，Laura對David的經濟依賴程度，會決定他們兩人之間的關係，其他的情境也是如此。Janet在自己受教育的過程中也觀察到，女性在經濟上相對依賴，同時認為婚姻是一種責任和承諾，其實是期待獲得經濟的支援。在這個案例中，我們還沒有探究孫子輩的期望，我們必須了解孫子的年紀，以及他們是否能夠清楚表達自己對這些情境的期待，孫子們對目前情境的期待，因著他們過去和祖父母的關係而有所不同。此外，也必須考量這些孫子是否有能力了解祖父在行為上的改變是因為他罹患了失智症。

提升公平性並尊重多元性

　　家人與代間的關係並不侷限於私人層面，老人的個人社會地位決定於他們的社會、經濟和法律地位。例如，老年時期罹患疾病、經濟地位減低以及角色改變等，都經常成為老人個人的挑戰。根據社會性結構，這種挑戰會隨著老人在社會中的地位，以及他們在社會中的關係而改變。

　　老人在社會中的處境會造成不公平，這種不公平會影響老人的生活經歷。此時，一些私人權利（private rights）必須依賴公法權利（public law rights）加以延伸和保障，例如退休後擁有合理的經濟收入、生病時受到適當的照顧、給予家人足夠的支持等。儘管《2006年平等法案》（Equality Act 2006）臚列了各種公法對於「無歧視」（non-discrimination）的保障責任，歐洲人權協定第14條也明定各種平等對待老人的權利，但是，除非透過前瞻性的方法來提升這些權利，否則這些權利無法反映老人的真實生活遭

遇。以 Cohen 這一家人為例，Cohen 的家人是否有能力維持家庭間的平衡，完全依賴社會所能提供給他們的資源，例如，即時診斷出失智症並給予適當治療、提供適當的經濟支持和足夠的社會照顧，讓他們有機會選擇是否繼續給彼此支持，以及如何相互支持照顧。最後，如果發現上述這些服務都無法提供給他們時，就必須採取適當的補救措施。

就功能論的社會觀點而言，社會的內聚力、原有的制度，甚至維持已久的關係，都有可能發生變化。Thompson（1997: 24）即曾經說明原有的權力關係如何透過意識形態的運作發生改變或強化。對上述案例中的 Laura 而言，因為性別因素而產生責任或順從上的期待，會增強互動關係中的特殊地位。這種權力可能源自各種資源分配的正式決策權，可能在專業的對話過程中產生，但也可能存在於個人的人際關係中。Biggs（2004）提醒我們要留意「年齡的霸權主義」（age imperialism）的發生，因為真正的危險是：我們對老化的正式認知，通常都侷限在那些被認為成功或具有能力的老人身上，其目的是試著對老年生活本身給予適當的規範，以便與其他年齡層族群相提並論。因此，像 David 這樣明顯無法繼續維持經濟的成功，所有的失敗都必須由他和他的家人來承擔。強調相似性掩飾了老人之間的多元性特質，各種基本的假設也無法反映真正的老年生活（ibid.: 104）。Biggs 也承認，老人的老化過程會隨著過去生命經歷的不同而有所差異，因此，David 和 Laura 夫妻兩人現在所面臨的老年生活遭遇，完全是過去他們社會和個人歷史的發展結果。

「性別」的確會影響老化的經歷，以及老年時期各種資源的分配情形（Arber et al., 2003）。傳統上，法律和社會政策的制定都是建立在核心家庭上，也因此而決定老年婦女在老年時期的生活遭遇（Estes, 2001）。此外，社會對於照顧工作的輕視，主要是因為願意承擔或主要提供照顧的婦女，通常是社會地位較低、勞動階級的年老婦女（Cancian and Oliker, 2000）。當國家沒有適當

的全民免費長期照顧政策時，婦女就必須接受照顧工作的義務和責任，然而這種工作卻是不被承認或沒有薪給的（Estes, 2001）。「生命歷程」（lifecourse）的觀點讓我們聯想到生命過程的壓迫情形，這種壓迫情形不只發生在文化層級，也會發生在個人和家庭層級（Dressel et al., 1997）。Walsh 等人（2007）在加拿大的研究指出，根據文化因素、老年歧視情形和性別可以描繪出不同的老年虐待特質；該研究也發現，一些社區支持不足、少數民族團體，或者是男女同性戀等老人，特別容易受到長時間的虐待。此外，家庭中權力以及照顧者的情緒霸權的差異性，也會毫無隱藏的彰顯家庭的不適當照顧情形。

在我們的研究案例中，Laura 已經開始拒絕承擔照顧者角色，這也反應出 Laura 對於她過去所擁有地位的一種覺察。社會工作者對於 Cohen 這一家人所提供的照顧服務，不只要同時認可 Laura 個人擔任照顧者的合法權利，評估她個人的需求，也必須了解她所扮演的角色內涵，這些角色都是社會結構運作的結果，包括她個人擔任妻子、母親和祖母所經歷的社會角色。

家人的改變

家庭生活不僅隨著較大的地理、社會變動而改變，也會因為家人關係的多樣化而有不同的面貌，過去長期生活的經歷以及家人彼此的支持，也會改變個人對老年生活的期待和遭遇。Ogg（2003）認為，家人親密感的發展是影響老人目前生活品質的重要因素，包括一般家庭中父母和祖父母的角色。在傳統家庭連結體系以外所產生的緊密關係，可以讓人們從朋友、甚至沒有合法關係的夥伴獲得重要的支援。儘管 Phillipson 等人（1998）的研究表示，分開居住的家人不一定會減損家人間的連結關係，但是新的家人連結形式卻越來越普遍，稱為「遠距離的親密感」（intimacy at a distance）（Rosenmayr and Köckeis, 1963）。儘管家人分

開居住，卻共同努力維持家人間的親密感，同時像朋友一樣，扮演資源直接提供者或協調者角色（Ogg, 2003; Jerrome and Wenger, 1999）。父母和孩子的關係恐怕與老年時期的照顧提供無關，同樣的，許多老人也害怕自己成為家人的負擔（Godfrey et al., 2004）。Gierveld 和 Peeters（2003）的研究發現，在荷蘭，50 歲以上的老人多數傾向不再婚，而選擇同居或一起生活但分開居住。這些採取同居的老人以及沒有住在一起的老年伴侶，和子女之間的連結相對薄弱多了，這些老人的子女也害怕老年期重新再和父母相聚，甚至在成人階段就期待能擺脫這種親情。例如，當父母中的任何一人去世後，活下來的伴侶和這些成年子女之間就可能產生法律上所謂的爭執情形。

儘管老人需要家人的協助，老人也可能在情感上、實務上，甚至在經濟上提供子女很多的福利或幫助。祖父母也許可以提供上班家庭替代性的照顧，或者負責照顧兒童，而不需要將孩子交給社會照顧體系。目前許多老人相關政策的重要辯論都是關於老人工作和生活的平衡、繼承權問題、老人以及老人工作環境的核心問題，老人為上班父母的子女提供非支薪的照顧工作，或者累積資本的取得，以提供年輕人房地產等。因此，老人和年輕世代家人之間在情感上、社會上和經濟上的需求，仍然彼此緊密相關、相互影響。

儘管傳統的角色可能足以確保彼此間的親密關係，但是在變遷的社會脈絡中，年齡、性別和退休後的生活必須重新加以界定。婦女在老年時期通常在社會網絡的維繫上擔負重要的責任（Arber et al., 2003）；因此，男性老人比較有可能被社會孤立。男性老人如果扮演殘障伴侶的照顧者，就可以保留因家庭結構或日常生活關係改變所產生的權力（Davidson et al., 2003）。儘管原有的社會角色和技術可以持續到老年時期，但是，隨著男性老人壽命增加、結婚夫妻的比例減少，但離婚率卻增加等趨勢，這種角色和技術的延續程度如何，仍然有待進一步的研究。這些趨勢也可能產生

一種新的自我認同感，讓「獨居」成為老人一種積極性的選擇，而不是失去親人後不得已的處境。

　　老年時期的性別結構也會影響男女同性戀、雙性戀或變性老人的生活遭遇，老人關懷（Age Concern）的「門戶開放」政策（Turnbull, 2002）強調重視男女同性戀老人的需求，並且保證提供他們沒有歧視的服務。Turnbull 的研究文獻顯示，相關的研究數量不多，但他發現這些老人彼此間有一種積極的角色彈性，有很強的友誼網絡和支持性的次級文化。社會照顧監督委員會（2008b）曾經針對男女同性戀、雙性戀或變性老人真正需要的服務，以及他們可以獲得的服務進行研究，以了解需求評估和績效評量上的規劃策略。對於社會照顧監督委員會這項研究，有 45% 的參與老人表示，不管在使用直接或間接的服務上都受到了歧視，感覺上這讓他們處於不利的處境，但就自我認同和社群意識而言，則可以符合他們的需求。此外，只有 9% 的服務提供者表示，他們已經盡一切努力提升服務的公平性。社會照顧監督委員會因此發現，應該加強服務提供者的督導責任，而不是使用者的，才能提升服務的品質。

家庭的介入模式

　　藉由社會工作者或其他人改變家庭的結構，可以影響服務介入的方法，例如，Curtis 和 Dixon（2005）的研究曾經闡述，家庭治療和系統化訓練足以回應老人傳統角色、生活慣例和制度的衰敗等事實。例如，儘管變遷中的文化脈絡可能提供傳統老人的負面刻板印象一個解構的機會，但也可能產生一些困惑或不安。家庭治療可以讓家人透過新的方式，協商退休後各種家庭任務的分擔情形，這種工作分擔將不同於傳統性別角色的期待。其他例如罹患疾病、失去親人等變化，都可能造成家人在心理社會方面的挑戰，有時候也會形成長年的人際互動張力。因此，Curtis 和 Dixon

（2005: 51）引用 Hargrave Anderson（1992）有關「關係的倫理」（relational ethics）的概念，探討家人之間的互惠關係。「關係的倫理」是指，如何在長期關係下建立的應有權益和義務之間取得一種平衡的概念，其中，親子關係必須從父母親對嬰兒所給予的照顧開始（Curtis and Dixon, 2005: 31）。我們應該運用這樣的概念，探討成年時期各種不同的照顧或虐待資訊之間的衝突情形，也可以運用這種概念來說明家人關係重新結構化後所產生的張力，這些家人彼此間已經沒有太多的功勞或賒欠的情形。

　　為了規劃有效的介入模式，Curtis 和 Dixon 的研究發現，系統化的訓練相當適合用在以老人為主要對象的日常性服務，很適合用來探討家庭和社區內老人的關係維持以及服務的提供等問題。系統化的工作方法需要對各種具有衝突觀點的情境規劃，有一定程度以上的信心，此外，各種解決方案也必須能夠配合他們的家人、工作或社區層面在同一個時間內的不同需求，也不能忽略任何一個議題。Levine 和 Murray（2004）的研究也指出，在考慮為一位年老親戚提供適當的服務內容時，照顧者和專業人員之間往往缺乏共識。照顧者必須優先考慮自己在工作和生活之間的平衡，社會工作者也可能覺得自己在資源提供上的貢獻必須列入服務計畫的內容。例如 Janet 的例子，因為是 Laura 和 David 兩人的孩子，因此她有義務幫助自己的孩子在她對父母的責任以及她對孩子的責任之間取得一種平衡。此外，權利和義務之間的關係，也會受到過去父母親的照顧經驗和支持程度的影響。即使是成年子女，承認並必須回應父母親逐漸脆弱的事實，對子女的安全感和獨立性都是一種挑戰，尤其是當父母過去所表現的行為不是子女預期中的角色行為時，這種挑戰更大。

　　對於接受和提供照顧服務的文化期待，必須和老人的個人歷史同時納入考量。Guberman 和 Maheu（1999）長期研究美國民族文化家庭中的老化和照顧問題表示，提供老人日間生活活動，會讓一些家庭面臨價值觀、意義、規範和態度上的問題，他們通常

覺得這些老人日間活動是一種病弱、依賴性、照顧的安置，是專為某種家庭互動和性別關係所規劃的服務（Guberman and Maheu, 1999: 127）。他們的研究發現，儘管老人持續保有家人之間的團結性，但是來自家人的服務仍然非常有限，而且，不同性別的老人在照顧的提供上，也有相當程度的差異和獨特性。結構性的社會經濟變遷，例如女性的工作參與、小家庭的居住模式、居住距離上的隔閡、罹患長期疾病老人在健康上的良好預期等，都對個人的人際關係造成一些影響。事實上，對於不同種族團體的照顧提供並沒有明顯的不同，特殊化的照顧提供模式、服務和資源之間的調動或協調、照顧者在回應不同照顧需求者的時間協調上，都沒有太大的差異。照顧不足或不適當的照顧，都可能影響老人從外部資源獲得協助的機會。對某些團體而言，接受家庭以外的協助被認為是違反傳統價值，他們認為老人應該依賴他人、需要被用心看守，他們也害怕外部權威的介入。因此，無論哪一種家庭或文化背景，在提供服務或相關支援時，家人之間在文化、家庭結構或個人層面的協調都必須加以考量。

　　此時，一般的社會工作理論也可以成為問題解決的工具，例如透過「危機理論」（crisis theory）的探討，可以了解「撤除的請求」（plea for removal）的必要性（Rapoport, 1962）。「撤除的請求」是指，如果老人因為外部非預期事件或日常生活受到破壞因此遭受不公平的待遇，老人的親戚可以執行這項請求。根據危機理論，這種介入是短暫的，也許只是提供短期的喘息機會，真正目的是希望給予老人一些支持，重新找回生活的平衡。有時候，這些介入可能只是針對過去不安定的狀態重新詮釋，並視為一種自然的發展過程。因此，罹患疾病或需要照顧的事實，對於過去配偶之間已經建立起來的角色或權力關係都是一種威脅，都會加速危機的產生。此時就需要專業人員的介入，扮演解釋者或仲裁者的角色。

支持網絡

　　Pierson（2008）針對「支持網絡」（support networks）和「照顧網絡」（care networks）的內涵加以釐清，他認為，支持網絡必須能夠提供情感的和實務上的支持，包括根據個人過去不同的社會連結所規劃的拜訪時間、日常服務和電話服務，同時也必須考慮這些網絡所能提供的內容，以及這些支持協助被接受的程度。由於老人的同年齡親戚相繼離開，以及老人只努力維繫最親密的關係，老人的支持網絡會隨著年紀的增加而縮減（Keating et al., 2003, cited in Pierson, 2008）。照顧網絡會越來越小，而且以親密關係內的互惠概念為基礎。透過居家服務、個人照顧、支付家庭照顧者薪資等，這種網絡也許可以提供協助。至於由家人和朋友所形成的「複合式」（mixed）支持網絡，對於照顧任務的分擔幫助最多，在確定主要照顧者之後，也可以減少每一對照顧者和被照顧者之間的壓力。

　　Reed等人（2004）因此建議，家庭以外的機會通常都是社會交際或從事嗜好的結果，老人最有可能透過與朋友或伴侶與他人產生緊密的情感連結，這些活動可能包括一些非必要的連結，卻是互惠和親密的互動。針對Cheang（2002）關於經常在速食餐廳裡會面的一群老人的研究，Reed等人表示，某些時候老人和年輕人一樣喜歡自在或非正式的關係和樂趣。因此Reed認為，即使老人的生活形態和互動模式使他們看起來孤單，但是老人並不認為自己是孤獨的（ibid.: 121）。老人不會單獨重拾過去年輕時代所保有的友誼，過去的友誼通常是以活動社群、友誼和生活形型態等為重心；隨著人際關係模式的改變和優先順序的考量，老人會繼續結交好朋友（ibid.; Jerrome and Wenger, 1999）。

日間服務的功能

　　然而有很多時候，這些社交機會必須建立在合理的健康、足夠的收入和便利的交通運輸網絡上。本書將在第九章討論以老人為對象的社區支持相關發展。對於足不出戶或獨居的老人，傳統的照顧模式主要是日間照顧，或者住在正規的安養中心。Clark（2001）的研究發現，日間照顧的模式已逐漸被解構，同時被「日間服務」（day services）所取代，日間服務不需要有特別固定的場地，也不會把參與者集合到特定的場所進行社會性活動、布達訊息、給予指導，或提供參與者飲食或沐浴等個別化服務。日間服務的結果或最初的用意就是希望提供照顧者一個喘息的機會。根據Moriarty和Webb（2000）的研究，很多失智症者和他們的照顧者都非常肯定日間服務，認為日間服務不僅讓他們在日常生活中可以獲得短暫的休息，當永久照顧的申請有所延誤時，日間服務是一種很有效的資源服務。然而，為了平衡日間服務能為失智症者帶來福利的觀點，Innes 和 Sherlock（2004）提醒我們，必須考量鄉村社區罹患失智症老人在接受日間服務時的觀點。雖然多數的使用者都相當讚嘆日間服務，特別是日間服務提供給老人的友誼關係；但是也有些人持相反或負面的觀點。有些服務使用者發現服務職工的調動率太高，無法培養良好的關係，有些則覺得服務活動的內容無聊，且定位不清楚，因此，針對潛在的服務使用者和服務內容之間，必須進行審慎的評估和規劃才能符合需求。至於個別化預算的介紹對於縮減日間服務機會的影響程度為何，仍然需要進一步的研究。很明顯的是，日間服務提供者應該面對這種挑戰，並且和服務使用者共同協商討論，以決定所謂「有品質的日間服務」的內容。

　　對某些服務使用者而言，日間服務可以引導使用者選擇居家式照顧。很多護理之家都有日間服務的部門，或者負責日間拜訪

服務。為了尊重永久居住者的家庭隱私，同時也能幫助日間服務使用者獲得喘息的機會，我們必須仔細規劃與安排，才能取得兩者之間的平衡。不只要考慮實務上的規劃與安排，提供服務的職工也必須能夠覺察服務使用者因家庭自主性的改變所產生的心理變化，這些老人也許正在思考，由於日間服務的介入，他們在家庭中的處境將無法繼續維持了。

在團體照顧中生活

　　接受居家團體照顧安置的老人，需要對人際關係有相當的敏銳度才能增加生活的幸福感，然而，這些人際互動的技巧通常都超越老人日常生活的經驗。對社會工作者而言卻正好相反，因為團體照顧較有利於社會工作者的適應和工作。住在同一個生活環境裡的團體通常有很高的相似性，因此，多數老人都不會感激這種陌生、不熟悉的情境安排。老人有各種類型的團體生活情境，從監督性的庇護（sheltered）居住團體、24 小時給予協助的特別「照顧機構」，到護理之家的提供，非常多元化。雖然多數老人都居住在一般的照顧機構，然而，對於情非得已、被情境所迫才選擇團體居住的老人服務，將是社會工作者在承辦案件時最沉重的負擔。多數老人都是在搬入支持性住宅或居家照顧以後，才開始體驗團體生活，而這種改變通常是不受歡迎的，像是因為喪親或疾病等環境所造成的結果。儘管 Bland（1999）表示，為了保留老人的自主性，「旅館」取向的服務也許可以提供更令人滿意的服務模式，但是，居家照顧最主要的內涵仍然是「照顧」。

　　Oldman（2000）的研究發現，「住宅方案」（housing schemes）可以讓老人獲得親戚們非正式的服務，照顧機構的老人則無法接受這類的服務。因此，搬遷到集合住宅可以讓家人之間，即使居住的距離很遠，仍然可以保持一份親密感；反之，護理之家所提供的正式照顧是不需要親戚介入的，一般而言，他們的責

任是持續提供身體或私人的照顧。儘管「附加式照顧住宅」（extra care housing）的定位很難加以界定，附加式照顧住宅已經不只是供住宿者遮風避雨的地方，而是一種「生活之家」（home of life）的概念，自由自在且 24 小時不分晝夜的提供他們照顧服務以及三餐。由於附加式照顧住宅所提供的服務內容缺乏一致性，例如，有些服務無法符合需求、個別老人的情況惡化等，都有可能增加社會工作者執行的困難度。某些被認為古怪的行為在團體安置中可能更難以忍受，因此，在選擇團體前，必須了解參與團體安置生活以後可能帶來的各種風險。

　　居住在類似居家式照顧的團體安置，就像生活在公共空間，卻過著個人化的生活（Willcocks et al., 1987）。在這類的安置環境中，居住者在外面的角色完全被拋棄，取而代之的是「病人」或「居住者」的社會性角色；這裡的職工有權力嚴密地察看居住者的日常生活，有時候可能會扮演「父母親」的角色，把老人當成嬰兒來對待（Hockey and James, 1993）。一如制度的運作會產生個體社會性的認同，儘管可以鼓勵居住者扮演自己過去熟悉的角色以維持自我意識，例如接待新來的居住者或擔任其他比較殘弱老人的「照顧者」等，在具有高度同質性的居家式照顧環境中，要維持老人的自我意識感，仍然是一種挑戰。居住者的個別性也可能透過缺陷來表達，例如攻擊行為或蓄意的大小便失禁，因此團體的規範會被強化，例如為了避免流言蜚語的傳播、避免困難的情緒問題，因此將男性和女性居住者分隔開來。Frogatt（2007）因此表示，在護理之家，就連具有美好動機的社會制度，例如「死亡」或「臨終處理」，都是用最低的標準來處理或呈報，因而忽視或否定對老人的多元化需求。

　　儘管全英國的老人人口逐漸增加，但是選擇住在居家式照顧機構的老人，已經從 1992 年的 90,000 人左右明顯下滑（CSCI, 2008d）。目前全英國大約有 42 萬人住在護理之家，包括一些老人和身障者，大約占全國老人人口的 5%。由地方當局支助的人口

數已經從 2003 年的 12%逐漸下降，其中 28%的人已經可以完全獨立。這個數據表示，社會工作者對於老人安置，以及老人在護理之家的審查等積極性介入已經逐漸減少。反之，越來越多的老人係由親人支付額外的費用，讓老人可以依照自己的意願選擇是否繼續住在護理之家。在《2008 年健康和社會照顧法案》（Health and Social Care Act 2008）中明白規定，從 2009 年 4 月開始，有關健康和成人社會照顧的監督責任，都歸屬於「照顧品質委員會」。至於評量服務承諾的國家標準系統，將改為足以反映特定主題的審查模式，例如，強調人權和老人的生活幸福感。因此政府在保障老人照顧品質的督導角色上，已經有明顯的改變，重視並強調「新自由主義」觀點的個人自主性和責任。

居家式安養的各種環境

　　Clough（2000）表示，居家工作（residential work）是居住者和各種系統之間的相互作用，是工作任務和個人人際關係交織而成的結果。Clough 刻意使用「安養工作」，而不使用「居家式照顧」（residential care），他認為「被照顧」的概念代表獨立自主性的喪失，反之，「照顧工作」（care work）的概念就積極多了，它代表一種協助的關係。自我概念的覺察通常都建立在日常生活活動上，包括起床、用餐、清洗、選擇自己的穿著、整理住所、自己打電話、獨立自主或和他人一起完成任務等（ibid.: 14）。因此，讓居住者對自己的日常生活規劃有選擇權是很重要的，而且飲食起居的規定也是非常有彈性的。因此，Willcocks 等人（1987）認為，應該將照顧機構的職工視為居住者生活經歷的「創造者」。傳統上，職工的角色主要是身體和日常生活的照顧，主要的任務都在維持清潔、維持良好的規範或生活秩序，對於過去在家庭中接受居家照顧，無法受到良好服務的老人而言，這些都是完成正式照顧合法性的重要功能。在此，衝突的產生是必然的，如何兼

顧個別老人在變通性、持續性或友誼各方面的個別化需求，以及
保障職工有安全穩定的工作環境和工作規範，都必須合併考量。
在身障者居家照顧的標準分析上，Miller 和 Gwynne（1972）建議
採用三種不同的模式：倉儲管理模式（warehousing model），這
種模式下的居住者不僅擁有住宅且參與管理過程；「園藝」模式
（"horticultural" model），這種模式強調發展的潛能；「組織」模
式（"organizational" model），則讓居住者針對不同程度的依賴
性、獨立性和支持性自由選擇。最重要的是，照顧機構的環境必
須能夠符合下列需求：

- 安全且管控良好。
- 可以反映個人個性和價值觀。
- 持久性和永續性。
- 可以發展家人和朋友關係的地方。
- 各種活動的中心點。
- 外面世界的避風港。
- 個人地位的指標。

此外，居住者在不同的時間，對照顧機構的意義可能會有不同的
解讀，如何符應這些不同的需求，也是這些機構經營者所面臨的
挑戰。

　　過去有很多研究透過心理動力學的術語來討論居家式照顧，
例如組織功能的相關討論，以及將居家式照顧視為一種團體輔導
工作（Ward, 2007）。雖然組織可以提供居住者安全的生活基礎，
但是，不同情緒情境下的團體輔導工作所引發的組織焦慮，可能
會導致居住者的逃避或拒絕。因此，居住者的照顧必須形成一種
慣例，當管理職工察覺到組織的管理沒有受到支持或者有負面的
聲音時，就會規劃各種不同的居住者團體來取代。相反的，團體
的情境可以提供治療性的社群氛圍，在這種氛圍下，職工和居住
者之間的距離感會減小；同時，團體輔導工作在確認和發展個人

優勢上所發揮的功能，可以當成一種治療工作。因此，居家式照顧機構老人的團體輔導工作可能是相當務實的作法（Brown, 1992），在職工時間運用的經濟考量上，可能會集中在某些活動，例如回憶陳述，或者矯正居住者的個別行為。

居家式照顧的意義

醫院高額的收費、被照顧者的家庭醫師和家人的不同觀點、面對突然喪失親人等變化，都是影響人們選擇居家式照顧的重要因素，也會讓個人和家人對居家式照顧有不同程度的理解。當老人住進護理之家時，家人有機會提供照顧，或者讓居住者可以在社區裡維持朋友關係和規律的日常生活，才能夠增加居家式照顧的滲透力和範疇（Jack, 1998）。O'Connor 和 Vallerand（1994）因此建議，要長期轉換到居家式照顧，最好能夠提供老人自主性活動的機會，這種自主性必須永遠比他個人過去可以自我決定的動機層級稍微高一點。Lieberman 和 Tobin（1983）的研究發現，對自己較有信心以及較有自我意識感的人，最具有反彈力，也最能夠反抗制度。一些所謂「不隨和」（difficult）的居住者，通常保留自己的個性，因此，他們的行為表現反而比那些只是被動順從職工要求的老人更加適切。

自從 Goffman（1961）描述制度如何透過支配個體，擺脫過去的自我認同或地位，養成慣性化的日常活動，藉以形塑個體或改變個體的不同方式，很多評論家都曾經針對與居家照顧有關的權力關係進行分析。類似「圓形監獄」（panopticon）的特別設計，可以讓職工觀察到居住者的每一個舉動，這是一種控制並讓居住者順從的方法（Foucault, 1991）。福利事業的許多傳統慣例是因為法令不夠周延，因此可能被視為一種控制常規，並藉此降伏機構住宿者，引導他們放棄個人的特質、社會權利，以減低住宿者的獨立性，最終則是要減低他們的自我意識（Willcocks et al.,

1987）。Neysmith（1999: 10）從批判的觀點表示，千篇一律的照顧模式對於男女居住者和照顧他們的人，都是重新塑造性別、種族以及階級貶值最強而有力的場合。從社會政策的觀點而言，Drakeford（2006）以私人照顧提供的成長情形為對象進行研究，結果發現，政府的管理法並沒有辦法依照預訂的目標提升照顧的提供管道和照顧的品質。社會照顧監督委員會（2008d）也發現，在2006 至 2007 年之間，照顧機構只有 79%完成對國家最低標準的承諾，只有 56%達到照顧規劃的要求水準。法院的判決表示，私人護理之家並非公權單位，因此不是《1998 年人權法案》所規範的對象（McDonald, 2007），因此更進一步縮減護理之家居住者的公民權益。這種情況一直到 2008 年 12 月，《2008 年健康和社會照顧法案》第 145 條的內容明朗化以後，才有所改變。該條文指出，私人護理之家既然受到法律的認可，就應該像公權單位一樣發揮它應有的功能，儘管如此，即使是地方政府的居家照顧安置，都沒有完全落實。

　　Towers（2006）彙整英國相關的研究發現，儘管透過訓練可以提升照顧機構職工們的前程，但是受到上述所說的照顧機構情境的影響，職工們對工作都缺乏期待和熱誠。低薪資和不健全的生涯結構使職工的離職率高、經常轉換工作，這種結果也會影響居住者，使居住者無法發展穩定的支持關係。對居住者有幫助的護理之家必須包括幾個條件：持續的家庭參與、控制感，且透過計畫提升職工們真正投入居住者的生活照顧。其中，「家庭參與」既可以增進居住者個人受到照顧的品質，也可以擔任監督者監督護理之家的政策執行和照顧品質。根據 Towers 的觀點，「控制感」最核心的概念是「讓居住的地方像家一樣」，控制感也是個人生活幸福感的重要指標，其主要特質包括：

• 有朋友或親人來拜訪時，可以自行決定是否接見或決定談話時間。

- 可以依照自己的意願住在家裡，想住多久就住多久。
- 對自己時間的運用有掌控能力。
- 可以來去自如，想去哪裡就去哪裡。
- 可以依照自己的品味來布置自己的房間。
- 如果願意，可以一個人獨處一段時間。

職工的互動情形

　　職工和居住者的互動情形是非常重要的治療工具，特別是當老人發生心智障礙時，兩者的互動更具影響力。Ward（2007）提到「機會導向」（opportunity-led）工作的概念，在每日的例行活動課程中，可以引導並增加個體的歸屬感。透過培訓讓職工了解居住者行為的意義，比單純的讓職工觀察居住者的各種負面行為更能夠提高生活的品質，提升居住者和照顧者之間的照顧環境品質。Lyne 等人（2006: 402）的研究發現，指導照顧協助者如何減緩居住者的沮喪情緒，不只可以提高照顧的品質，也能夠提升職工的鬥志和自信心。不僅照顧職工的努力可以產生積極的效果，也可以讓居住者感覺到他人對自己閱歷豐富的讚美和尊敬，特別是，當居住者是一位身經百戰、經歷過許多變遷的老人，他的經歷應該透過個別且有意義的方式加以解讀。許多研究也認為，職工對失智症老人行為問題的訓練課程，對職工在解釋行為問題的護理處理模式有積極的幫助，至於職工的工作滿意度、留任比率也會明顯增加。

　　「系統家庭治療」（systemic family therapy）也經常被應用在護理之家，其強調「關係」層面，比較重視系統層面的探討（Curtis and Dixon, 2005）。認為照顧機構提供職工支持、重視職工，並針對職工的焦慮提供支持性的工作環境，是改變照顧機構文化氛圍最重要的策略。在這種文化氛圍中，照顧者不是「照顧」老

人，而是強調給予老人支持，賦予老人能力，以面對生活環境中的各種挑戰（Thompson and Thompson, 2001）。

護理之家的社會排他性

Bruce（2004）指出，護理之家居住者的社會排他性問題，和社群內的依賴性和控制問題相類似。特別是針對罹患失智症的老人經常出現「逆向照顧法則」（inverse care law），隨著老人的失智情況越來越嚴重，對於老人情感、生理、工作、心靈和社會需求的適當照顧反而減少（ibid.），這都是因為職工缺乏相關的技巧，以及職工悲觀的自我定位、缺乏積極的鼓勵與回饋，最重要的策略是給職工適當的培訓，同時給他們充分的時間和居住者進行互動。然而，當居住者向職工尋求專家的建議時，很可能會被遷移或轉介到有電磁波監視（EMI）的單位或進入醫院（ibid.）。

同樣的，Savishinsky（1991）也表示，護理之家和「家」的本質完全相反，護理之家既沒有提供「家」的感覺，也沒有治療的效果。Bruce（2004）也說明生活在封閉系統中的痛苦程度，他表示，在封閉系統中，職工領導者對機構內的個人和需求，通常都有自己的一套觀點，透過這一套觀點，機構內所有的人或事都會被賦予負面的價值或意義，以支持他自己的支配性觀點。如此一來，這個組織就會變成「完全」的機構化和制度化，生活中的點點滴滴都在被觀察和被控制之中（Goffman, 1961）。當老人的身體逐漸變得殘弱、失序，開始對環境清潔造成衝突時，職工會憂心忡忡的觀察老人身體層面的問題，其中，大小便失禁是職工在照顧成人時最無法忍受的事情。當然，病人也可能透過大小便失禁把環境弄髒，把羞辱還給職工，藉以重新建構對職工的控制權力（Sevenhuijsen, 2004）。在此，「身體」成為斡旋的場所，這種斡旋強調自我控制能力的不足，以及對個人隱私和性別認同的干預，這些錯誤的對待對老人的傷害特別大。一旦我們理解老

人隱藏在行動和語言背後的情緒，才能化解因為改變所導致的各種衝突。團體輔導工作可以提供一種「發言社群」（community of voices），讓老人充分表達自己的生活經歷，對於罹患失智症的老人特別有幫助，可以協助他們將生活上接踵而來的變化加以同化或正常化。

　　了解居住者過去所認同的行為與現在行為之間的衝突，才能真正了解居住者的生活感受，以及他們和職工之間的關係。Bornat（2001）因此強調「敘事治療」（narrative）的功能，敘述個人故事的過程，就是把個人的過去和現在連貫起來，同時在一種小說式的情境中重新建構自我概念。因此，照顧工作者應該仔細聆聽居住者過去的優勢能力和興趣，不管是在智能、情感或社會性的優勢都可以，同時提供他們類似的職業類活動，以維持他們過去的技巧和興趣選擇。居住者也可以嘗試各種扮演角色，以協助自己被團體所接納，例如扮演優勝者、成為職工的好幫手、成為勇敢的順從者，或扮演甘草人物，讓大家高興，甚至成為職工團體的榮譽成員（Bruce, 2004）。然而，居住者不一定會扮演正向的角色，因此Coleman（1997）表示，職工必須強調各種團體規範，例如，如果有些居住者根據他過去在團體中的生活經驗，試圖在團體中保有他的階級和地位，職工必須留意並提醒大家尊重他人，尊重個人的興趣。當某些人企圖維護自己的地位，達成自我陶醉或霸凌情形，例如有人表示「我過去是一位老師，所以我最重要」，此時，職工必須同時肯定他們的自我認同，並保護其他的人。此外，關於居家式照顧機構老人在性需求方面的了解，以及提供機會讓老人可以維持並發展各種關係，也有許多相關的論述，Archibald（2004）的研究表示，性需求的表達方式可能被詮釋為「挑釁行為」，因此老人會被給予嬰兒般的對待。儘管如此，管理者有責任保護職工，避免某些職工因為削弱老人的地位，所產生的各種「月暈效應」（halo effect）。由於機構的職工們並沒有得到妥善的保護，因此，機構管理者必須承認並了解照顧機構所

呈現的模糊價值，例如，有人聲稱：「居住者對居家式照顧機構有歸屬感和家人的想像，這是照顧工作者必須承受的壓力，因此不能將這種行為稱為性騷擾。」事實上，這樣的聲稱對職工是一項相當大的壓力（ibid.: 106）。

對多元價值的肯定

社會照顧監督委員會（2008b）針對為黑人和少數民族老人提供適當的團體服務的議題進行研究，並評估其公平性。結果發現，無論在居住者的安置、公平性和多元價值的規劃上，都必須詢問居住者的意見或喜好，並加以落實，包括食物的選擇、住處的布置、活動社區的選擇，以及皮膚或頭髮等個別性的服務等。必須尊重各種宗教的儀式，並提供多種信仰的日曆，以提供同文化宗教團體成員各種訊息，並舉行不同宗教信仰的紀念活動。如有特殊的宗教服務需求，必須在照顧計畫內仔細說明，並透過開放式問題加以陳述。然而，居住者認為職工並非文化專業人員，一方面是因為職工多數不敢面對機構內所發生的種族歧視問題，也可能是因為這會影響職工的生涯發展。保護居住者免於受到差別待遇的傷害，也必須擴大到其他服務使用者的行動部分，職工的態度和持續性的照顧，可以確保職工了解居住者個人的文化，並繼續回應個人的多元化需求。

Knocker（2006）針對護理之家和附加式照顧住宅的工作者，發展一種所謂的「套裝資源」（resource pack），以協助他們提供男女同性戀老人符合需求的照顧服務。社會照顧監督委員會（2008b）提醒，在提供適當照顧時可能遭遇到各種挑戰，使用「個人中心」（person-centred）的計畫來提升公平性和多元性、評量時使用開放式問題、幫助個人確認並說明自己的需求等，這些觀點都被認為是一種批判式的觀點。在護理之家，協助居住者重新和外在社區取得連結，對居住者的自我認同非常重要，職工

對居住者的協助也是重要因素。此外，如果老人在身體上有特別的性別認同，就必須特別重視個人化協助的選擇和提供。一旦開始進行居家式照顧，就必須持續提供被照顧者各種積極性的訊息，這和被照顧者的自信心有絕對的關係。然而，社會照顧監督委員會發現只有 7%的護理之家曾經安排一些特殊的照顧服務，以提升性別的公平性。Hubbard 和 Rossington（1995）曾經代表 Polari 住宅協會（Polari Housing Association），針對男女同性戀老人的住宅安置和支持進行研究，他們的研究結果發現，有91%的女性和 75%的男性同性戀居住者喜歡男女分開居住。至於研究中以庇護居住的管理者或護理之家的經營者為對象的研究，則多數持反對意見。社會照顧監督委員會在 2008 年的研究也發現，大約有45%的服務使用者在使用照顧服務時都曾經受到歧視，只有 24%的人認為他們的需求得到適當的考量和回應。因此，對照顧服務工作來說，避免老人受到歧視，並提供符合個人生命模式的支持和照顧，仍然是個持續性的挑戰。

居家式照顧安置中的臨終照顧

　　Holloway（2007）曾經批評我們缺少真正有關老人的討論議題，透過這些議題的討論才能清楚建立有關死亡的相關理論。對多數老人而言，從家庭搬遷到機構內居住就是一種文化的轉變，這個機構也是他未來臨終時期將居住的場所。因此，在搬遷、改變安置環境或等待死亡的幾個星期內，老人可能會有一段長時間的不安定感。老人會逐漸認為，接受居家式照顧代表生命已經到達終點。居住者、家人和照顧者都會發現，多數的老人一旦住進照顧機構都不可能再回到自己的家裡。此時，老人本身、家人以及照顧者都必須消除對死亡的禁忌，同時，照顧者也必須知道，此時各種鼓勵措施、藥物治療或自我揭露等都已經無法發揮功能了。在真正的悲傷之前，老人會有一種預期的悲傷，最後則是對

夢想、願望和期待的失落感。對護理之家的職工而言，在提供生活照顧的同時，也必須面對死亡並了解死亡的處理過程。然而，年紀大並沒有減低老年人對死亡的恐懼感，這種恐懼是終其一生、持續存在的，老人對於死亡的恐懼，一方面是對死亡未知情境的恐懼感，一方面是希望不要成為一種「負擔」（Holloway, 2007）。

　　英國健康司在 2008 年所提出的《臨終生命照顧策略》（*End of Life Care Strategy*），希望讓所有成人在生命臨終時期擁有高品質的照顧服務。很少老人在臨終時期會接受像年輕人一樣的特別照顧，多數老人在臨終時期都沒有其他的併發症，只是一種單純的照顧模式，類似某些癌症末期病人的照顧方法。大多數在 75 歲以上去世的老人都曾經患有長期性疾病，因此確保良好品質的照顧，是評量社會同情心以及國家健康和社會照顧服務的重要指標（ibid.）。圓滿的死亡必須依賴下列的條件：

• 受到尊重，並受到個別化的對待。
• 沒有痛苦或其他症狀。
• 在自己熟悉的環境中過世。
• 有至親的家人或伴侶陪伴在身邊。

因此，照顧計畫必須包括經居住者簽署且符合居住者需求、願望或喜好的全套規劃。在社區裡，24 小時的服務可以避免不必要的急救措施，也可以協助老人選擇在自己喜歡的地方生活和終老。

　　社會照顧職工都需要經歷一些有關臨終的議題，他們可能只是偶爾碰到，可能是工作過程中經常遭遇到的情境，也可能被聘僱擔任類似安寧照顧工作的照顧者，此時，死亡的處理將成為他們的主要角色任務之一，也有一系列相關的知識和支援系統可以協助他們。目前有關安寧照顧的重點大都偏向癌症病人的照顧，其實，其他對生命具有威脅性的疾病，例如經常發生在老人身上的慢性心臟衰竭的病人，都是安寧照顧的潛在照顧對象；此外，也有一些老人需要一些還沒有被認可的安寧照顧，例如處理一些

沒有明確預後情形的疾病症狀。

　　目前並沒有適當的工具可以幫助安寧照顧者在需要的時候做出明確的判斷，有關罹患慢性疾病並接受社區安寧照顧的老人的觀點，也缺乏相關的論述（ibid.）。為了提高黑人和少數民族團體對於老人臨終時期受到適當文化對待的覺察能力，英國老人和種族政策研究學會（Policy Research Institute on Ageing and Ethnicity）已經發展出「安寧照顧、老人與種族方案」（Palliative Care, Older People and Ethnicity Project, PALCOPE）（www.priae.org）。這個方案的規劃目的是為安寧照顧的使用者和工作者發展一些教材和資源，以協助他們克服老人在少數民族團體中所發生的社會排他性。當人們對種族、性別和信仰變得越來越敏感時，疾病和死亡的經驗就會成為影響自我認同的重要因素。

　　認識安寧照顧對於失智症格外的重要，根據 Van den Berg 對失智症的界定，失智症是：「個人逐漸喪失完整意識、潛意識的詮釋能力以及對生命的覺知」（2006: 394），以致於無法了解「具有威脅性的自我」（threatened self）、「被壓抑的自我」（submerged self）以及「被孤立的自我」（withdrawn self）的發展進程。Feil（1992）所發展的確認治療已經證實，在失智症的末期，患者真正需要的是同理心，而不是對立，他表示：「由於過多身體上和社會上的退化，導致患者開始撤退」（Scrutton, 1999）。此時，安寧照顧也許可以針對個人逐漸喪失的部分給予一些支持。同樣的，心靈上的關懷也逐漸被認為是個人特質的重要層面，也需要透過安寧照顧給予關懷（Gilbert, 2003）。要幫助居住者擁有良好的健康狀況，必須對他們個人的期望和懼怕有相當高的敏感度。然而，一旦團體生活中有人去世，所有的居住者都必須有所準備，而且，如果居住者願意，可以邀請他們一起為去世的夥伴致敬，一起為亡者祈禱。

居家式照顧品質的評量工具

　　非個人的協助和任務導向的照顧強調照顧者的管理地位，可能導致居住者的順從或從活動中撤退，學者們試著從失智症者的觀點來了解居住在護理之家的生活經驗，因而發展出各種評量照顧服務品質的新方法。社會照顧監督委員會（2008a）和 Bradford 大學合作發展出一種評量工具，稱為「短期觀察的監督架構」（Short Observation Framework for Inspection, SOFI），SOFI 是「失智症照顧地圖」的簡要版本，這份版本詳細說明在護理之家的公共空間裡，如何觀察五個以上居住者在兩小時內受到照顧服務的情形。進行評量時主要在觀察職工和居住者的互動關係，以及居住者參與活動的情形，觀察者可以觀察日常照顧活動的表象，也可以深入評量居住者在情感上的幸福感。評量表共有三個核心問題：(1)我的願望是否受到尊重？我的觀點是否被列入考慮？(2)我如何被對待？職工如何和我溝通？(3)我是否有機會和重要的親朋好友聯繫？

　　社會照顧監督委員會針對 100 份上述觀察報告進行彙整，結果發現表現較好的照顧機構都是一些比較小型的單位，擁有積極主動的管理和職工培訓制度。至於固定式的環境規劃對互動的品質並沒有影響。此外，擁有電磁波監視系統的單位也不能保證職工能夠有更多適當的回應。這些研究顯示，居住者之間很少有互動情形；有 42% 的人從來不和其他的居住者互動，而且有 22% 的人會從原有的活動中撤退出來。最重要的發現是，職工「不帶情感」的溝通方式，會導致較低的幸福感，例如，只餵老人吃飯，不准他們開口說話。只有當職工積極投入，坐下來和居住者一起歡迎訪客，才能鼓勵中度到重度失智症者積極和其他人互動。此外，有三分之一的照顧機構，照顧計畫沒有達到法規的要求；也有一些照顧機構的職工沒有參與照顧計畫的討論。很顯然的，職

工主動積極的參與，是防止失智症者成為被動或沉默接受者的必要條件。

案例概述

　　Alfred Blake 今年 85 歲，六個星期以前被送到 Dell 古堡護理之家，這裡共有 16 名被照顧者，而 Alfred 是唯一的男性居住者。Dell 古堡護理之家的負責人是 Edith Francis，所有的照顧職工都是女性。Edith 描述 Alfred 的情形表示，Alfred 是一個不快樂的人，總是顯出不耐煩、輕視的態度。照顧職工經常抱怨當他們在為 Alfred 洗澡或更衣時，Alfred 總是不肯合作，偶爾還會一腳踢開年輕的女性照顧職工，因此這些職工都表示非常害怕 Alfred。其他的時候，Alfred 總是靜靜坐在沙發上，和同伴們一起看電視，有人邀請他參加音樂或運動團體，或者請他參加手工藝團體，但是都被他拒絕。從 Alfred 住進 Dell 古堡到現在，沒有任何訪客來探望他。他是因為跌倒透過家庭醫師的要求，緊急被送到 Dell 古堡來的，目前看起來，他身體的恢復情形並不好。

　　Alfred 居住的房子是向私人承租的，而且相當破舊，最近這兩天將針對他的安置情形進行討論。

討論問題

1. 居家式照顧對 Alfred 而言有哪些意義？
2. 如何解讀 Alfred 與照顧者、管理者之間的互動關係？
3. 為 Alfred 規劃照顧計畫時，必須考慮哪些因素？這些安置可能產生哪些結果？

　　上述 Alfred Blake 的例子，是因為他的文化、種族、宗教和性別定位沒有被列入考量，別人只根據他的年齡和性別來定義他的需求，但是，這些和他個人的經歷並沒有連結，甚至是各種歧

視或差別待遇的主要來源（Dominelli, 1998）。他被安排到 Dell 古堡之後，也許覺得被孤立、被遺棄或被漠視了，因為過去被呵護、照顧的經驗可能正在考驗他，這些經驗也會影響他對目前處境的覺知。由於過去一直是特別強調性別議題的家裡唯一的男人，可能需要有人為 Alfred 說明為什麼要由年輕的女性照顧者來協助他處理私人事務；如果我們沒有仔細為他說明，也許他真的是把男女兩種角色弄混淆了。職工對 Alfred 的了解有限，也無法給予 Alfred 太多的回應。例如，我們不了解自從搬入 Dell 古堡以後，他的行為和情緒是因為哪一件事情而發生改變？由於缺乏有關 Alfred 的正向資訊，他的行動都會被視為一種負向行為，而且有一點自以為是的感覺，他的恢復程度也因此大打折扣。

就 Dell 古堡居住者的期待以及他們對居家式照顧的認知而言，Alfred 幾乎是從過去的環境中被隔離開來。他也許正在擔心他的財產狀況，以及他的房東對這種情形的觀點。此時，社會工作者的主要任務就是讓居住者的世界和外在社區取得聯繫。也許可以找到一些朋友或家人來協助 Alfred，或者提供一些有關 Alfred 的嗜好或需求等相關訊息。任何預期 Alfred 的身體無法改善的假設都會受到攻擊，因為參與健康計畫的健康照顧專家學者都強調，應該重視他的幸福感，而不是他的年齡。他的心智和身體評量都是在適當時間進行。最重要的是，Alfred 對自己生活情況的觀點以及他的決策能力，以保障他有權力不再接受這些安置，同時給予持續性的評估。《2005 年心智能力法案》的原則提供這類案例很多的支持，這些原則主張：必須透過各種方法將個人的相關考量納入決策過程，或者充分了解他們過去的期望和情感，使各種決策能夠符合「最大利益」。對 Alfred 來說，最重要的是，能夠讓他和目前的環境建立起新的連結，同時安排一個適當的地方，讓他可以接受治療。至於老人和社區之間的連結將在下一章討論。

結論

　　協助家人的社會工作需要對家庭形態、家人關係有新的觀點和認識，這些技巧也可以轉移到團體安置內。除了重視團體安置中社會排他性所產生的危機，以及職工的互動對照顧服務使用者生活經驗的影響，也要特別留意老人在生命最後階段的心理社會需求。

本章摘要

1. 透過文化和傳統的了解，尊重老人在家庭和團體中的多元經歷。
2. 照顧的提供有很多種類型，必須透過不同的方式來了解。儘管社會快速變遷、家人彼此分開居住，多數的老人都和家人有緊密的連結。友誼關係也越來越受到老人的重視，並成為安排老人互動關係的重要參考因素。
3. 了解家庭的互動關係可以協助工作者面對各種變化所帶來的挑戰，例如，被照顧者在身體和心智上的改變；被照顧者進入居家式照顧機構以後，家人關係的重新組合等。
4. 團體安置、日間服務、住宅或居家式照顧等，各有不同的角色功能，也各有不同的組織互動情形。
5. 良好的團體安置必須把老年階段當成一種具有發展性的階段，強調在良好的管理架構內，兼重照顧服務的過程與結果，以確實達到最低的標準以及對公權力的尊重。

課程重點

1. 為了有效的幫助在團體和居家照顧的老人，社會工作者必須了解各種不同的文化形態、技巧，確認團體安置時不同文化團體的互動模式，同時重視被照顧老人自主性的提升。
2. 社會工作者可能把照顧者視為同事，或者依照顧者的權利，將

照顧者當成服務使用者。提供主要且大量服務的照顧者有權利
個別接受評量，以了解他們的需求，同時也會根據他們的權利
獲得應有的協助。

3. 照顧者所需要的技巧包括：配偶的協助工作、家庭治療方法以
及團體工作的促進。

4. 傳統的日間照顧和居家式照顧服務已經轉變為一種「資源模
式」，強調協助引導的功能和個人化的照顧。在安排照顧服務
時，社會工作者可以扮演代理人的角色，同時長期監督照顧機
構所提供的照顧環境是否符合被照顧者的需求。

5. 老人的團體安置有助於機會導向和強調關係的照顧服務，但是
職工必須具有高度的覺察能力，以了解進入護理之家對被照顧
者在社會和個人層面的意義。

6. 安寧照顧的概念可以廣泛的加以延伸和應用，包括罹患各種對
生命具有威脅性慢性疾病的老人，讓他們在臨終照顧上能有更
多元的選擇。

延伸閱讀

J. Bayley, *Elegy for Iris*. London: Picador, 1999.
本書是文藝評論家 John Bayley 以「彩虹女神──Iris 的輓歌」
為題，描述他的妻子罹患阿茲海默症後的生活點滴。

P. Beresford, L. Adshead and S. Corft, *Service Users' Views of Specialist
Palliative Care Social Work.* York: Joseph Rowntree Foundation,
2006.
本書從服務使用者的角度，探討安寧照顧社會工作的價值。特
別強調在安寧照顧中，必須重視個人優勢和人我關係的療癒能
力。

9 社區的照顧工作

本章討論議題

- 社區的界定以及強調社區的各種服務模式。
- 開展社區的生活幸福感。
- 社區參與內容的評估。
- 前瞻性和虛擬的社區。

　　時間和地點的規劃與選擇對老人特別重要,地區性和國家政策的變遷,很容易對老人們造成傷害。前幾章我們討論許多有關個別和團體老人的直接照顧服務,本章將針對老人在社區裡的社會情境以及策略性介入服務的機會進行論述。討論個人化議題的時候,必須對所有需要健康和社會照顧服務的人口有完整的了解;相反的,策略性的決策除了必須提供少數老人一些個別化的經費補助,也必須提供大多數老人便利的照顧服務。透過社區的參與和介入,可以掌握各種資源,以提升社區的生活幸福感和選擇。

　　Johnson(2002)從社會正義(social justice)的角度探討老人的社會處境,認為老人對社會的各種貢獻以及福利國家對老人照顧的高度投入,老人應該可以受到良好的照顧服務。國家社會工作和照顧管理的發展現況,決定老人能否得到妥善的照顧服務,包括居家式照顧和護理之家的發展情形、照顧服務的費用,以及對健康和照顧服務的界定等。由於各種評估安置流程,老人的公

民權利岌岌可危，包括要求評估老人未來可能產生的風險，以及退回需求較低的照顧服務案件等（Tanner, 2003）。為了對抗這種政治和社會孤立的社會現況，Postle 和 Beresford（2007）想出一個解決方法，建議結合社會工作者和其他人組成聯盟，這個聯盟必須透過自助方式和活動辦理，同時在以使用者為主的組織內進行人力培訓。事實證明，只透過正式的政治參與來維持權益而不敢挑戰制度以爭取權益，是無法造成改變的。因為社區可能是主要的監督、控制單位，甚至是建立親密感的重要場所，權力也可能透過各種傳統社團來形塑社會認同和社會實踐（Chambers, 2006）。更重要的是有關所謂「批判式民主」（critical democracy）的概念（Blaug, 2002）：批判式民主是一種草根式運動，是對菁英統治的反對，使用者導向的團體也許可以自由的開發各種創意，專家則沒有這個能力；專家可能會宣布該問題必須審慎的加以考量，有可能提供相關的組織技巧和合約等。

　　前瞻性的參與社區或者陪伴社區成長，是協助老人參與社會的重要途徑，也是公民權利發展的指標。引導老人參與政策的發展和實務工作，可以讓老人對服務的結構化和環境的復甦有更多發聲的機會。「社區」可以界定為地理環境上的一個共同場所，也可以是一個有共同興趣的社群，社群裡的老人都關心同一個議題，或者共同為某一種文化而工作，以提供協助，讓該文化有再生的機會。跨越個人疆界的服務模式可以協助社會工作者開展他們的優勢能力，同時，可以造成結構上和組織內的改變。進行社區服務工作時，以生活品質為切入點，是最重要的預防性策略；以生活品質為核心，不僅可以落實法令所規定的照顧服務趨勢，也可以兼顧高危險群者的個人照顧服務。其中有些模式是將兒童服務的照顧模式用在老人照顧上，例如，「穩健開始」（Sure Start）模式。也有一些和鄉村社區有關的特殊議題，多數都在考量服務的近便性，以及在服務地點分配上的合理性、社會孤立性和標籤化等內容（Pugh, 2000）。為了達到有效的社區服務，在社會工作

技巧的運用上，必須與社區的關鍵個人和團體進行協商。其中，如何進行規劃、協商、面對排他性的挑戰等技巧，都對社區社會工作者有很大的幫助。

案例概述

Washbrook 位於 East Midlands，以前是一個採煤礦的小村莊，自從 1988 年礦坑關閉以後，男性的失業率居高不下，只有少數商店存活下來。村子裡的青少年吸食毒品的比率非常高，老人經常抱怨受到青少年幫派的騷擾和恐嚇，抱怨青少年到處塗鴉的惡劣行為。年輕人必須到距離村莊 10 哩以外的地方工作，村莊裡唯一的郵局也被迫關閉。

上述 Washbrook 的老人正經歷著重大的改變，包括對社區生活的期待，以及對年輕一代的安全憂慮。這種改變主要歸因於結構層面的經濟和政治決策，社區的凝聚力已經受到威脅，不同世代的孤立成為一種重要的風險。現在，為了協助 Washbrook 的老人，社會工作者可以扮演什麼樣的角色呢？

凝視社區

Putnam（2000）曾經提出社會資本的概念，透過社會資本來衡量社會的連結情形，Putnam 認為個人和社區之間有豐富的連結關係，社區民眾在社會責任感的覺察上，對於兼重個人權益和個人對社會義務的「社群意識理論」（communitarianism）有一種特殊的共鳴，並賦予寬廣的意義（Gilchrist, 2004）。然而，這種寬廣的概念受到 Bourdieu（1986）的挑戰，Bourdieu 認為，有錢人和社會關係良好的個人或團體，可以透過社會網絡的控制，永遠享有不公平的優渥條件。這就是我們想要探討的社區議題，也是

我們評估社區參與價值的標準。

Hawtin 和 Percy-Smith（2007）針對社區的發展重點進行研究，他們根據社區評估（community assessment）、社區諮商（community consultation）、社會審核（social audit）或社區側寫（community profiling）等不同方法，將社區分為幾種類型。至於分類方法的選擇，主要是根據活動的目的，例如了解誰是活動的策劃者？有哪些社區民眾直接參與該項活動？活動的範圍有多大？誰是決策者？因此，在提供老人服務時，不同評估模式的社區，有不同的介入方式（ibid.: 3）：

1. **社區需求評估模式**：社區需求評估通常是由政府法定單位來執行，主要在檢視社區人口統計學上的特質，作為未來規劃的參考。社區需求評估不需要任何直接的社區參與過程，執事者只需要將該社區和其他社區比對，就可以了解某一個社區在居民生活上的積極特質和挑戰，可以針對評估的對象實施小規模的需求評估，也可能和其他相關單位形成一個工作網絡。

2. **社區諮商模式**：社區諮商是針對某些地方性問題或特定的倡議活動給予回應，社區諮商通常都是透過社區本身來尋找回應的方式，例如焦點團體、市民議事小組等。這種模式比較值得爭議的是，由誰來決定負責諮商的單位？這個單位應該是正式的組織或者是社區本身？都是值得深思的問題。

3. **社會審核模式**：社會審核主要在了解社會和種族因素對於受監督組織的社區意識的影響程度。不管是組織成員預期的內容或意料外的事務，審核的目的都為了確認社區中各種不公平的情形，以決定未來的規劃策略。以上述 Washbrook 為例，如果能夠針對年輕人規劃一些活動，老人即使沒有直接參與該活動，也會樂見其成的。

4. **社區側寫模式**：社區側寫可以由任何一個組織來執行，挑戰部門分化（departmentalization）的概念，可以跨越單位之間的界

限，以確認社區的需求和資源。社區側寫透過主動參與社區活動進行評估，通常會發展成一個行動計畫，以全面改進社區生活的品質，同時提升社區的幸福感。

社區幸福感的定義

　　Hird（2003）針對「社區幸福感」（community well being）進行研究發現，社區幸福感應該包括社會、經濟和環境各層面的議題，每一個層面的問題都出現在上述 Washbrood 的案例概述中。但是，在評估「社區幸福感」時，有一個重要特質經常被忽略，即「社區參與」（community involvement）或「社區賦權增能」（community empowerment）。有完整的指標才能顯示何種介入方法可以協助社區再生，才能說明為什麼某些介入方法有效，某些方法則沒有效果。能夠指出協助社區開創新局應有的幅度，才能協助社區妥善運用各種補助經費，或者協助決策者在不同的選擇方案中做決定（ibid.）。

　　Chanan（2004）認為社區發展是一種互惠的概念，不管是個人或組織層面，社區內每個人的努力都可以為社區每一個人和自己的生活貢獻一份力量。如果把 Washbrook 的環境加以規劃，也可以產生一個社區的藍圖，例如，可以呈現社區中老人在可用資源的協助下，努力參與社區成長的情形。社區朝向幸福感發展的動力可以將政府單位強調合理服務的事實，轉為重視個人化需求的服務。2003 年「我們的明天：反轉照顧金三角」（All Our Tomorrows: Inverting the triangle of care（ADSS/LGA, 2003）的呼籲，即試圖將老人照顧的提供從目標客群的服務轉變為社區投入的服務策略，社區投入的模式可以讓不同單位共同工作並成為夥伴關係。因此，Pierson（2008）認為社區幸福感需要我們把更多心力投注在老人個人的舒適感覺、社區的清潔、好的住宅環境，同時

必須改善治安問題、交通問題，充滿障礙的建築物也可能讓人無
所選擇（ibid.: 137）。同樣的，除了物理環境方面的風險，也包
括社會排他性、社會地位和社會網絡的喪失等風險。相反的，老
人也可能透過支薪或非支薪的工作或社會活動，在社區裡扮演主
動參與的角色。

社區參與的評估

　　社區參與的評估可以包括很多種因素，這些因素可以說明哪
些個人、團體或正式組織在該社區裡的活躍程度，以及個人或團
體對該社區在發展過程中的貢獻。社區參與的評估（Chanan,
2004）可能是個人的、水平的、垂直的或橫斷面的，評估的重點
可能是服務的提供情形和經濟發展、社區的支持或賦權增能，也
可能是志願服務部門的建設。其中，「個人化參與」的評估可能
是評估志工參與社區活動的程度，最重要的是，這些個人化評估
必須透過個人的復原力加以證明，以了解個別老人在面對個人困
難時所能擁有的資源或復原的能力。「水平的」社區參與是評估
社區內志工組織的數量和範疇，以及社區和各志工組織的連結情
形。至於「垂直的」社區參與則是評估社區在較高的政治層級足
以影響政策制定的機會。社區參與的「橫斷面」評估則在了解社
區中任何一個鄰里、部門，或者因為年齡、性別、收入、種族或
殘障等特殊因素結合在一起的居民團體，是否勇於宣稱對自己團
體的認同感，同時也可以接納其他團體的自我表述。社區「經濟
發展」是評估社區公共服務和社會企業的發展程度和範圍；社區
「賦權增能」則可以評估社區從公共服務體系所獲得的資源、單
位之間的夥伴關係，以及社區可能發展的公共建設。

　　當我們觀察個人和社區之間的交互作用時，會發現這些不同
的評估方式有相當高的一致性。針對這個現象，Pierson（2008）
提出質疑，他認為將個人經驗和社會結構區分為兩個向度是一種

過時、老舊的概念。在自我意識的發展和維持上,「居住地點」扮演重要的角色,也會決定個人對生活品質的期待和經驗。事實上,雖然環境決定個人的價值,但是參與社區的個人對環境的形塑上,也扮演非常重要的角色。

因此,Pierson 認為社會工作的介入應該包括兩個層級,即以培養能力為主的「社區層級的介入」(community-level intervention)以及強調個人經驗的「以社區為基礎的介入」(community-based intervention)。「社區層級的介入」強調各種影響社區活動資源的取得和分配的結構性議題,例如,各種俱樂部或休閒活動的機會;「以社區為基礎的介入」則在處理各種影響個人或家庭幸福感的社會變遷因素。了解居民在社會和互動架構中的生活形態,讓社會工作者有專業能力將「社區層級的介入」和「以社區為基礎的介入」兩種議題加以整合。社會工作最主要的價值就在於挑戰社會的排他性,以及個人或團體在社區中所受到的差別待遇。例如,在上述 Washbrook 的案例中,社會工作者一旦了解這些老人的沮喪是因為礦坑歇業被迫失業,這也是目前最特殊的問題,也許可以製造一些機會把這些老人集合在一起,讓他們重新創造一種團結和相互支持的力量。

為當地社區的老人帶來美好生活

透過和許多老人團體合作的經驗, Godfrey 等人(2004)提出一些可以為地區老人帶來美好生活的重要因素,他們發現「美好生活」的核心價值是一種相互依賴性,強調互相幫忙和互惠的關係。當老人的活動能力和靈活性逐漸降低,他們的生活範圍會越來越受到限制,同時容易受到身邊的物理和社會環境的影響。因此,以地區性為基礎的服務模式,才能夠將老人的個人價值觀、喜好與政府所提供的法定服務整合在一起。

很明顯的,社會關係是建立在社會交換模式上(Van Sonderen

et al., 1990），老人對於友誼和社會網絡的體驗具有積極性價值，也是老人面對被孤立或單獨生活的籌碼（Ogg, 2003）。Ogg 的觀察發現，老人在生活上會趨向獨立，但不一定喜歡個別化，不管是從鄰居或其他社區團體，老人會透過各種不同的策略以取得社會支援，Ogg 也證實，女性比男性更善於建立並維持社會網絡。就心理層面而言，個人的幸福感多數和他們所參與的社群有關，Godfrey 等人（2004）發現，和他人分享自己在生命不同階段的美好記憶和生活經歷，可以讓老人對當下的生活產生一種持續性的覺察，更可以作為老人重新建立友誼關係的基礎。

　　因此，結構、社會和心理等因素都肯定社區生活對老人的重要性，但必須支持並持續保持這種支持性連結。這種「促進」（facilitation）的功能非常符合社會工作者的角色任務，在上述 Washbrook 的案例中，社會工作者可以建立或重新建立整合性網絡，以提供老人各種協助。

具有包容性的社區

　　社會排他性的經歷在老年時期受到高度重視，主要有三個原因（ODPM, 2006）：

- 在生命中因中年時期受到排斥所造成的困難。
- 重要生活事件所造成的影響，例如突然失去親人。
- 年齡歧視所造成的影響。

　　透過「穩健開始」的服務取向，可以將所有服務資源加以整合，集中到社區內的各區域中心，包括健康和社會照顧、住宅規劃、交通、財務和社會活動等。整合過程中有三個主要的趨力：符合需求的漸進式個人化服務的發展、對社會正義的承諾，以及承諾透過預防和整合工作提供更經濟有效的服務等（ibid.: 9）。承認「中年生活的困難會持續到晚年時期」的概念，和生命歷程

的老化概念不謀而合，都認為早年生活所遭受的各種不平等對待會影響晚年的生活。唯有面對並處理老人所遭受到的歧視，才能制止老年歧視在其他資源的差別待遇上，產生負面的加乘效果，包括種族、殘障等歧視。因此，社區內的社會服務工作必須了解個別老人的經歷，以及敏感的覺察排他性的結構性因素。協助老人和年輕人取得就業的機會、社會活動和社區再生，可以幫助年老居住者開創新的能力；也可以協助年輕人對社區意識感貢獻心力，並以自己社區的成就為榮。

前瞻性老人

Chambers（2006: 94）認為「參與式資本」（participatory capital）可以帶來連結式成就。這種資本可以透過理性選擇的實踐進行累積，包括選擇開創新的社團或自然形成的社群，但是「信任」是參與式資本的核心，個人之間的連結必須建立在互惠的規範和連結網絡上（Putnam, 2000）。引導老人參與社區不僅需要一些技巧，也必須有能力察覺老人對於被傳統掌權者邊緣化的事實有一種特殊的敏感性。一份針對中國老人參與政治和實務工作的研究指出，不管是參與自己的社區或範圍更大的社會，個人化的參與經驗都是相當多元化的（Chau, 2007）。不管任何改變，參與者都可以獲得一種成就感，也會增加彼此的友誼和相互的尊重，但是，投入時間和精力都會帶來壓力和焦慮。因此，在連結不同工作者時，工作者的角色定位到底是「職工夥伴」，或者是「領導者」，必須非常審慎小心。語言的孤立或隔閡是參與過程中的一種障礙，但是，慣用英語的社團通常對於語言協助不足所導致的溝通障礙缺乏足夠的敏感度，因此，安排老人參與社區活動時，必須提供相關的照顧，也不可以基於服務提供的消費主義概念，打著諮商模式的旗號，壓抑老人的聲音，必須依照老人自己的步調，根據他們的議程依序進行。同時必須考慮如何協助人們直接表達自己

的意見，而不是越俎代庖，成為他們的代言人。

　　對於居住在鄉村社區的一些老人，因為交通不方便、距離社區服務據點較遠又沒有車子，因而影響生活品質。Davey（2007）的研究發現，儘管透過多種變通方法可以提供距離較遠的交通服務，但是如果沒有私人的交通工具，免費的交通服務對個人生活品質的助益也將大打折扣。Davey 認為，對老人而言，缺乏交通工具並非單一的問題，而是社會排他性經驗的一種象徵。針對鄉村社區在居住距離上的問題，正式服務可以更有創意，例如提供巡迴式服務。然而，在傳統社區的區隔性上，新加入的居民持續在鄰近城鎮工作的趨勢，可能導致社會的排他性，以及缺乏社區的領導力量，畢竟，透過社區領導力量才能夠傳達該社區和鄰近社區之間的強烈連結關係。

　　Shucksmith（2000）也發現，在鄉村社區「以社區為基礎的介入」模式通常無法反映多元性的需求，而是直接針對有某些特殊需求的老人提供服務。因此，不要認為一般性的服務可以被老人接受，因為一般性的服務通常會強調老人被孤立的特質。補救的方法可以藉由社會工作者對於社區公部門、志願單位和私人單位各種資源的認識，同時和專家、教會人員以及其他利益團體共同合作，一定可以提高社區參與的寬度和廣度（McDonald,
2006）。個人化的協助並不等於被社區孤立，根據 Dawson（2000）對英格蘭東部 Norflok 地區直接付費型照顧服務的研究顯示，一般人認為直接付費僱用私人照顧可以獲得最多的地區性資源是一種錯誤的假象，因為由家人或朋友付費的照顧服務，通常都會形成以被照顧者為中心的連結網絡。亦即，個人付費式的照顧服務使用者比被孤立的個別老人會更自然、更直接的被侷限在某個生活圈內。

街坊鄰里的服務工作

在社區層級下的「鄰里」層級，是由鄰近地理區域的居住者所組成。在較大的社區裡，老人特別容易感受到「鄰里情誼」。社會關懷卓越機構（2006b）提到「在地老化」（aging in a place）的概念，主要是因為老人從年輕時代開始就成為鄰里的一部分了。Pierson（2008）也將鄰里界定為一種生態概念，是社區中的社會、經濟等因素交互影響的結果。

當然，並非所有鄰里都具有包容性。Warren（1963）將鄰里情誼分為「教會型」（parochial）和「失落型」（anomic）兩種：前者會提供相互的協助；後者則通常和外部連結，例如從外部獲得社會服務。至於社區內的協助資源，也會因為不同的支援方式具有不同的特質。其中，自然的協助者是鄰里內的夥伴，例如志工或發起人，可以回應各種問題和任何需求；至於接受報酬的協助者，則只協助提供報酬的人處理特別的事務（Patterson, 1977）。老人對鄰里內的變化特別敏感，也特別容易受到傷害（Pugh et al., 2007），例如居民流動、經濟下滑或反社會行為。老人的需求和社區內其他地方團體的生活品質有密切的關係，亦即，想協助老人擁有美好的鄰里情誼，必須結合年輕居民和年輕人的服務，才能開展統整性的鄰里發展。

Wenger（1984）在 Wales 鄉村地區所進行的一項研究，以協助老人日常生活的因應策略（coping strategies）為研究內容，研究結果發現，專家普遍低估了非正式支援服務的普遍性和持續性。年輕時代在鄰里建立良好關係的老人，除了家人的照顧，也可以獲得鄰居的協助，尤其是勞動階級的社區，這種情形格外普遍。能充分參與社區所提供的生活，是一種沒有差別待遇的社會融合（social integration），社會融合是社區整體道德和生活滿意度的指標；對老人來說，除了家庭以外，社會融合也是一個具有保護

力的社會網絡。至於朋友和鄰里之間界線分明，似乎是中產階級的結構性產物。

　　鄰里的服務工作是一種集體的社會服務工作，而不是以個人為中心的服務，鄰里服務需要相互的信任和合作，才能創造並維持同盟關係。鄰里服務工作主要的目的在協助並促進各種非正式團體或正式組織的行動（Henderson and Thomas, 2002）。因此，鄰里社會服務工作的方式必須尋求更好的發展，例如將同一個村莊裡的老人邀請到村莊的大廳，一起舉行餐會俱樂部，而不只是由政府提供膳食，讓老人獨自坐在輪椅上享用，甚至用政府補助的經費僱用一名諮詢專家，針對福利津貼進行審查。事實上，在保障資源與服務提供者取得共識上，傳統的需求評估社會工作技巧，和多數企業常用的技巧有些雷同。

虛擬社區

　　Chambers（2006）重新思考社區在現代社會的意義，她認為現代的新社會連結（new social ties）已經改變傳統的人際互動關係，形成現代社會中高度自主、斷裂的個人。她因此察覺到現代社會已經從一個劃分疆界、功能性的組織社會，朝向一個具有開放性網絡的社會，成員之間是一種文化性的連結。資訊科技在這種連結網絡中扮演重要的角色，可以協助人們跨越時空進行溝通，這種溝通方式可以提供個人化的支援服務，也可能形成照顧的虛擬社區，以及以電腦為媒介的親密感，對象則包括其他老人或具有共同興趣的人們。從義務關係轉變為一種選擇的關係，這種選擇可以反映出個人對自我定位的價值觀，以及擁有活動空間的近便性和全球化的機會。有機會獲得科技協助的老人才有可能成為社區的一部分，這種便利性決定「年齡」對老人社會地位和興趣的影響程度。

　　一旦服務的消費建立在個人化預算上，老人可以透過網路取

得各種服務，服務提供單位可以透過網路提供服務，並將服務直接送到服務使用者的家裡。此時，社會工作者將成為「照顧領航員」（care-navigator），或者為老人蒐集並開發各種相關社區資源。

結論

　　社區服務工作可以滋養老人的社會資本，同時開展他們的集體優勢。社會工作者必須面對各種聯盟的壓力，才能支持老人在居住社區內的公民權益，因此，社會工作者在社區參與的服務重點主要包括：擴大社區的範疇、強調鄰里情誼的營造，讓老人可以參與各種虛擬的互動關係。

本章摘要

1. 對老人社區意識的覺察，有助於老人在特定時間和地點的老化經驗。
2. 老人生活「幸福感」的相關議題，在於承認前瞻性老化、老人健康以及適當行為的重要性。
3. 引導老人參與政策的發展和實踐，可以提升公民權益，同時確保各種服務都能夠符合老人的需求。
4. 針對不好和不適當的照顧服務提出質疑或挑戰，才能保障老人應有的權利。
5. 老人、各種組織或社會工作者彼此間必須形成一種聯盟，才能面對因社會變遷所引發的各種挑戰。

課程重點

1. 對社區有深入的認識，才能有效連結社區網絡、控制資源，以提供當地老人各種適當的服務。至於某些與主流社區有不同需求的鄉村社區，格外需要一些調適和創意。

2. 持續評估社會協調工作，以及該服務對老人的影響，因為這些影響都扮演一種前瞻性的角色。

3. 與服務使用者共同討論，才能確實了解目前照顧服務的品質，了解服務使用者的期待，包括了解過去無法提供老人適當服務的單位所面臨的挑戰和困境。

4. 社會工作者的訓練和實踐必須發展強而有力的社區意識感，才能克服老人所遭受到的孤立，以及在地理空間上所受到的限制。

5. 在社會工作者的角色調適上，必須從直接付費的個別化老人服務，轉移到個人化預算的個別服務，同時必須透過社區資源和社區網絡的使用來完成。

討論活動

1. 社會工作者和相關組織該如何共同合作，才能提高老人對社會的參與程度？

2. 上述的合作關係可能有哪些阻礙？

3. 家庭結構的變化對於以家人為主要照顧者的照顧服務有哪些影響？對此，社區層級可以提供哪些照顧？

延伸閱讀

J. Pierson, *Going Local: Working in Communities and Neighbourhoods*. Abingdon: Routledge (in association with Community Care), 2008.

本書主要描述社區在健康和社會照顧的實務工作上的各種發展情形，這種發展改變了過去對老人尊嚴和生活幸福感的價值觀念。

C. Tayor, *Return to Akenfield*. Cambridge: Cambridge University Press, 2006.

本書主要描寫 Ronald Blythe 在英國東部小鎮 Suffolk 的鄉村生

活，1969 年出版，2004 年再版，用以描述英國鄉村生活在這些
年所產生的變化。本書內容是作者和當地老人的談話所組成，
並以詩歌方式呈現。

結論

　　老人人口的大量增加是目前人口統計上的重大改變，透過社會工作的介入服務，這些老人可以得到應有的幫助。這些經驗讓我們有機會重新評估各種不同的老化理論架構，以及各種理論轉化為服務提供或直接運作時的適切性。在相關的論辯中，老人的參與越來越受到歡迎，至於論辯的重點已經從過去「福利提供」的概念，轉移到各種「前瞻性權利議題」的討論。

　　「獨立自主」、「抉擇」和「尊嚴」已經成為老人服務提供的主要目標，這些老人包括各類需要受保護的老人、需要長期照顧的老人，然而，要實現這個議題的最終目標，還有很多障礙需要克服。受到年齡歧視者態度的影響，長久以來，老人服務都沒有受到應有的重視，這表示老人社會服務必須從最基礎的底線開始發展。冷漠的法律規劃與架構，意味著老人一向被認為是被動的「福利接受者」，而不是主動的「公民權利享有者」。定量配額的服務，意味著有限的資源必須提供給生理上有最多需求的老人，因此忽略了情感上的幸福感，也忽略了個人人際關係的療癒價值。儘管「以個人為中心」的照顧服務已經成為耳熟能詳的名詞，「短期照顧」和「以任務為中心」的服務已經成為主要的老人介入服務，但是真正的實踐層面卻只是透過行政命令達到最基本的配額要求；在行政命令下執行與運作，並針對結構化的需求評估進行研究。照顧服務的提供已逐漸趨向多元化，自由市場的競爭原則讓一些弱勢老人消費者的權利受到更大的挑戰，因此必須進一步發展一套照顧服務品質的評量制度，讓老人可以獲得個

別化或個人化的照顧服務補助，這些改變將對目前照顧服務者所提供的老人照顧服務造成相當大的挑戰，也必須持續監督，以確保弱勢老人能夠得到適當的支持和照顧。

　　本書不斷檢視老人個別化服務模式的適切性，主要目的在釐清老年期的重要議題，包括：過去優勢能力的保留、補償過去因為身體或智能弱化所造成的損失、受到孤立或失去親人等。但是，有很多的老年期議題並不一定只發生在老年時期，可能是過去多年來健康不佳、受到歧視、家庭爭吵或貧窮所造成的結果。社會政策和社會工作介入如果能夠追本溯源的處理這些事情，也可以有效幫助老人。此外，也可以透過策略性聯盟，提供人們心理健康服務、殘障者照顧服務，協助個人確認結構性的問題，以提升日常生活的品質。透過機構團體、家庭模式或居家式照顧模式，提供老人團體式的服務，是最重要的社會工作之一，從事團體照顧服務時，必須深入了解團體成員間的正向和負向互動關係。最後，以老人為對象的社會工作服務，必須把老人放在他們所屬的社區和文化脈絡下，包括地理環境的歸屬感、與老人興趣相結合的社區或群體歸屬等。為了提供老人在社區或社群方面的支持服務，社會工作者的角色必須挑戰傳統社會對老人的認知和假設。

　　我們必須跨越年齡的框架，了解老年期的多元化特質，承認必須透過性別、種族、性嗜好等多元化標準來了解老人的特質，才能開啟我們對老人特質的覺察能力，了解各種壓迫因素相互牽連的內涵。強調服務品質的社會工作必須突破各種障礙，必須妥善處理因為老人的個別差異所引起的不均等服務。例如，傳統上，24 小時照顧服務的機構可能無法提供心理健康服務和安寧照護，是未來我們必須克服的障礙。我們也必須努力提升老人接受治療性服務的機會，因為過去都認為治療性服務只適合年輕人。此外，我們必須了解生命最後階段的「臨終靈性照顧服務」對老人的重要性，讓老人在人際關係和社會互動上獲得滿足，可以彌補老人在生理照顧服務上的侷限性，在這些心理社會情境的規劃過程中，

社會工作者必須扮演連結者和促進者的角色。至於「財務上的安全感」對老人也很重要，如何妥善處理退休金和福利補助金，讓個人收入可以增加，也是老人非常需要的服務項目。

因此，老人社會工作的任務變得越來越複雜和多元化，從照顧服務規劃到諮商、倡議，以老人為服務對象的社會工作者必須扮演促進者、引導者，協助老人自主管理自己的「個人化照顧預算」額度，以獲得良好的照顧服務；或者協助第一次接受照顧服務的老人規劃適當的照顧服務計畫。至於不同專業人員之間的分工將更有彈性，例如，過去可能會討論：「由誰來做這件事？」未來則會討論：「哪些工作已經完成了？」透過共同的評估作業，專業人員之間必須共同合作，提供各種服務。老人的各種需求的管理必須加以分類，同時將該項任務分配給具有不同專業知能的社會工作者，這些任務都必須透過現有的可用資源，提供個別老人不同的照顧服務。正如新認證專業人員的教育訓練，通常都從一般性的知能訓練開始，再進行特殊專業領域知識的強化訓練，未來，社會工作者「認證後」（post-qualification）的專業訓練將受到更多的重視。認證後的訓練可以提升社會工作者的技巧，協助他們分析各種複雜的情境，並有能力投入各種角色和任務的轉換。

社會工作者對各種老化理論的理解和認知、溝通技巧等都會持續影響社會工作者；家庭、居家安置或社區團體所能提供給老人的照顧服務，也都會有持續性的影響。以老人為對象的社會工作者必須越來越重視自己的專業成長，發展自己獨特的專業領域知識，透過團隊來提供服務，同時透過倡議活動，直接為接受服務的老人負責。

參考文獻

Adams, R. (2007) Reflective, critical and transformational practice. In W. Tovey (ed.) *The Post-Qualifying Handbook for Social Workers.* London: Jessica Kingsley.

ADSS/LGA (2003) *All Our Tomorrows: Inverting the Triangle of Care.* London: Association of Directors of Social Services/Local Government Association.

Age Concern (2002) *Human Rights Act Policy Position Paper.* London: Age Concern.

Age Concern (2005) *How Ageist is Britain?* London: Age Concern.

Allen, K. (2001) *Communication and Consultation, Exploring Ways for Staff to Involve People with Dementia in Developing Services.* Bristol: Policy Press.

Alzheimer's Society (2007a) *Dementia UK: A Report to the Alzheimer's Society on the Prevalence and Economic Cost of Dementia in the UK.* London: Alzheimer's Society.

Alzheimer's Society (2007b) *Home from Home: A Report Highlighting Opportunities for Improving Standards of Dementia Care in Care Homes.* London: Alzheimer's Society.

Aminzadeh, F., Byszewski, A., Molnor, F. and Eisner, M. (2007) Emotional impact of dementia diagnosis: Exploring persons with dementia and caregivers' perspectives. *Age and Mental Health* 117(3): 281–90.

Anderson, D. N. (2001) Treating depression in old age: The resources to be positive. *Age and Ageing* 30: 13–17.

Arber, S., Davidson, K. and Ginn, J. (2003) *Gender and Ageing: Changing Roles and Relationships.* Buckingham: Open University Press.

Archibald, C. (2004) Sexuality and dementia: Beyond the pale? In A. Innes, C. Archibald and C. Murphy (eds), *Dementia and Social Inclusion.* London: Jessica Kingsley.

Arksey, M. and Glendinning, C. (2007), Choice in the context of informal care giving. *Health and Social Care in the Community* 15(2): 165–75.

Arksey, H., Hepworth, D. and Quereshi, H. (2000) *Carers' Needs and the Carers Act.* University of York: Social Policy Research Unit.

Arksey, H., Jackson, K., Croucher, K., Weatherly, H., Golder, S., Hare, P., Newbronner, E. and Baldwin, S. (2004) *Review of Respite Services and Short-Term Breaks for Carers of People with Dementia.* University of York: Social Policy Research Unit.

Askham, J., Briggs, K., Norman, I. and Redfern, S. (2007) Care at home for people with dementia: As in total institution. *Age and Society* 27: 3–24.

Asquith, S., Clark, C. and Waterhouse, L. (2005) *The Role of the Social Worker in the 21st Century.* Edinburgh: Scottish Executive Education Department.

Audit Commission (1986) *Making a Reality of Community Care.* London: HMSO.

Audit Commission (2003) *Human Rights: Improving Public Service Delivery.* London: Audit Commission.

Audit Commission (2004a) *Older People – Independence and Well-Being, The Challenge for Public Services.* London: Audit Commission.

Audit Commission (2004b) *Social Capital for Health: Issues of Definition, Measurement and Links to Health.* London: Audit Commission.

Audit Commission (2008) *Don't Stop Me Now – Preparing for an Ageing Population.* London: Audit Commission.

Baldock, J. and Ungerson, C. (1994) *Becoming Consumers of Community Care: Households Within the Mixed Economy of Welfare.* York: Joseph Rowntree Foundation.

Baltes, M. and Carstensen, L. L. (1996) The process of successful ageing. *Ageing and Society* 16(4): 397–422.

Baltes, P. B. (1987) Theoretical propositions of life span developmental psychology: On the diagnosis between growth and decline. *Developmental Psychology* 23: 611–26.

Bamford, T. (2001) *Commissioning and Purchasing.* London: Routledge (in association with Community Care).

Banerjee, S. and Macdonald, A. (1996) Mental disorder in an elderly care home population: Associations with health and social service use. *British Journal of Psychology* 168: 750–6.

Banks, L., Haynes, P., Balloch, S. and Hill, M. (2006) *Changes in Communal Provision for Adult Social Care: 1991–2001.* York: Joseph Rowntree Foundation.

Barclay Report (1982) *Social Workers: Their Roles and Tasks.* London: Bedford Square Press.

Barnes, M., Harrison, S., Mort, M. and Shardlow, P. (1999) *Unequal Partners: User Groups and Community Care.* Bristol: Policy Press.

Barnett, E. (1997) Collaboration and interdependence: Care as a two-way street. In M. Marshall (ed.), *State of the Art in Dementia Care.* London: Centre for Policy on Ageing.

Bartholomew, K. and Horowitz, L .H. (1991) Attachment styles among young adults: A test of a four-category model. *Journal of Personality and Social Psychology* 6(2): 226–44.

Beattie, A. (1994) Healthy alliances or dangerous liaisons? The challenge of working in health promotion. In A. Learthard (ed.), *Going Inter-Professional: Working Together for Health and Welfare.* London: Routledge.

Beck, U. (1992) *Risk Society: Towards a New Modernity.* London: Sage.

Bell, D., Bowen, A. and Heitmueller, A. (2008) *Independent Review of Free Personal Care in Scotland.* Edinburgh: Scottish Executive.

Beresford, P. (2007) *The Changing Roles and Tasks of Social Work from Service Users' Perspectives: A Literature-Informed Discussion Paper.* London: Shaping Our Lives.

Biestek, F. (1957) *The Casework Relationship.* London: Unwin.

Bigby, C. (2004) *Ageing with a Lifelong Disability: A Guide to Practices, Progress and Policy Issues for Human Services Professionals.* London: Jessica Kingsley.

Biggs, S. (2004) In pursuit of successful identities and authentic ageing. In E. Tulle (ed.), *Old Age and Agency.* New York: Hauppauge.

BIHR (2004) *Something for Everyone: The Impact of the Human Rights Act and the Need for a Human Rights Commission.* London: British Institute of Human Rights.

Bland, R. (1999) Independence, privacy and risk: Two contrasting approaches to residential care for older people. *Ageing and Society* 19: 539–60.

Blaug, R. (1995) Distortion of the face to face: Communicative reason and social work practice. *British Journal of Social Work* 25: 423–39.

Blaug, R. (2002) Engineering democracy. *Political Studies* 50: 102–13.

Blewett, J., Lewis, J. and Tunstall, J. (2007) *The Changing Roles and Tasks of Social Work: A Literature Informed Discussion.* London: GSCC.

Bohlmeijer, E., Roemer, M., Cuipers, P. and Smit, F. (2007) The effects of reminiscence on psychological well-being in older adults: A meta-analysis. *Ageing and*

Mental Health 11(3): 291–300,

Bond, J., Peace, S., Dittmann-Kohli, F. and Westerhof, G. (eds) (2007) *Ageing in Society*, 3rd edn. London: Sage.

Bornat, J. (2001) Reminiscence and oral history: Parallel universes or shared endeavour? *Ageing and Society* 21(2): 219–41.

Bourdieu, P. (1986) The forms of capital. In J. Richards (ed.), *Handbook of Theory and Research for the Society of Education*. New York: Greenwood.

Bowes, A. and Dar, N. (2000) *Pathways to Welfare for Pakistani Elderly People in Glasgow*. London: Stationery Office.

Bowling, A. and Ilife, S. (2006) Which model of successful ageing should be used? Baseline findings from a British longitudinal survey of ageing. *Age and Ageing* 35: 607–14.

Bowling, A., Banister, D., Sutton, S., Evans, O. and Windsor, J. (2002) A multidimensional model of the quality of life in older age. *Ageing and Mental Health* 6(4): 355–71.

Boyle, G. (2005) The role of autonomy in explaining mental ill-health and depression among older people in long-term care. *Ageing and Society* 25: 731–48.

Braye, S. and Preston-Shoot, M. (1995) *Empowering Practice in Social Care*. Buckingham: Open University Press.

Braye, S., Preston-Shoot, M., Cull, L.-A., Johns, R. and Roche, J. (2005) *Teaching, Learning and Assessment of Law in Social Work Education*. London: Social Care Institute for Excellence.

Bretherton, I. and Mulholland, K. A. (1999) Internal working models in attachment relationships: A construct revisited. In J. Cassidy and P. R. Shaver (eds), *Handbook of Attachment Theory, Research Clinical Application*. New York: Guilford Press.

Brown, A. (1992) *Groupwork*, 3rd edn. London: Community Press.

Bruce, E. (2004) Social exclusion (and inclusion) in care homes. In A. Innes, C. Archibald and C. Murphy (eds), *Dementia and Social Inclusion*. London: Jessica Kingsley.

Cancian, F. and Oliker, S. (2000) *Caring and Gender*. London: Pine Forge Press.

Care, Older People and Ethnicity Project (PALCOPE) (www.priae.org).

Carstensen, L. L. (1992). Social and emotional patterns in adulthood: Support for socioemotional selectivity theory. *Psychology and Aging* 7: 331–8.

Challis, D. and Hughes, J. (2002) Frail old people on the margins of care: Some recent research findings. *British Journal of Psychiatry* 180: 126–30.

Challis, D., Clarkson, P., Hughes, J., Abendstern, M., Sutcliffe, C. and Burns, A. S. (2004) *Systematic Evaluation of the Development and Impact of the Single Assessment Process in England*. London: PSSRU.

Challis, D., Clarkson, P., Williamson, J., Hughes, J., Venables, D., Burns, A. S. and Weinberg, A. (2004) The value of clinical assessment of older people prior to entry to care homes. *Age and Ageing* 33(1): 25–34.

Challis, D. Hughes, J., Jacobs, S., Stewart, K. and Weiner, K. (2007) Are different forms of care-management for older people in England associated with variations in case-mix, service use and care-managers use of time? *Age and Ageing* 27: 25–48.

Chambers, D. (2006) *New Social Ties: Contemporary Connections in a Fragmented Society*. Basingstoke: Palgrave.

Chanan, G, (2004) *Measures of Community*. London: Home Office and Community Development Foundation.

Chau, R. (2007) *The Involvement of Chinese Older People in Policy and Practice*. York: Joseph Rowntree Foundation.

Cheang, M. (2002) Older adults' frequent visits to a fast food restaurant. *Journal of Aging Studies* 16(3): 303–21.

Cheek, J., Ballantyne, A., Byers, L. and Quan, J. (2006) From retirement village to residential aged care: What older people and their families say. *Health and Social Care in the Community* 15(1): 8–17.

Chenoweth, L. and Jeon, Y.-H. (2007) Determining the efficacy of Dementia Care Mapping as an outcome measure and a process for change: A pilot study. *Ageing and Mental Health* 11(3): 237–45.

Cheston, R. and Bender, M. (1999) *Understanding Dementia: The Man with Worried Eyes.* London: Jessica Kingsley.

Chevannes, M. (2002) Social construction of the managerialisation of needs assessment by health and social care professionals. *Health and Social Care in the Community* 10(3): 168–78.

Chilvers, D. (2003) The case for specialist home care for people with dementia. *Journal of Dementia Care* 1(1): 20–1.

Clark, C. (ed.) (2001) *Adult Day Care Services and Social Inclusion.* London: Jessica Kingsley.

Clark, H., Dyer, S. and Horwood, J. (1998) *'That Bit of Help': The High Value of Low Level Preventative Services for Older People.* Bristol: Policy Press.

Clark, H., Gough, H. and Macfarlane, A. (2004) *It Pays Dividends: Direct Payments and Other People.* Bristol: Policy Press.

Clarke, A. and Bright, L. (2006) *Moving Stories: The Impact of Admission into a Care Home on Residents' Partners.* London: The Relatives and Residents Association.

Clarke, J. and Newman, J. (1997) *The Managerial State: Power, Politics and Ideology in the Remaking of Social Welfare.* London: Sage.

Clarke, J., Gerwirtz, S. and McLaughlin, E. (eds) (2000) *New Managerialism New Welfare?* London: Sage.

Clough, R. (2000) *The Practice of Residential Work.* Basingstoke: Macmillan.

Clough, R., Manthorpe, J., OPRSI, Raymond, V., Sumner, K., Bright, L. and Hay, J. (2007) *The Support Older People Want and the Services They Need.* York: Joseph Rowntree Foundation.

Coleman, P. G. (1994) Reminiscence within the study of ageing: The social significance of story. In J. Barnet (ed.), *Reminiscence Reviewed: Evaluations, Achievements, Perspectives.* Buckingham: Open University Press.

Coleman, P. G. (1997) Personality, health and ageing. *Journal of the Royal Society of Medicine* 90: 27–33.

Coleman, P. and O'Hanlon, A. (2004) *Ageing and Development.* London: Hodder Education.

Coleman, N. and Harris, J. (2008) Calling social work. *British Journal of Social Work* 38: 580–99.

Coulshed, V. (1991) *Social Work Practice. An Introduction,* 2nd edn. London: Macmillan.

Counsel and Care (2006) *Single Assessment Process Research Project.* London: Counsel and Care.

Counsel and Care (2007) *Care Contradictions: Higher Charges and Fewer Services.* London: Counsel and Care.

Crisp, B. R., Anderson, M. R., Orme, J. and Green Lister, P. (2005) *Learning and Teaching in Social Work Education: Textbooks and Frameworks in Assessment.* London: Social Care Institute for Excellence.

CSCI (2004) *Leaving Hospital: The Price of Delays.* London: Commission for Social

Care Inspection.

CSCI (2005) *Leaving Hospital Revisited: A Follow-Up Study of a Group of Older People who were Discharged from Hospital in March 2004.* London: Commission for Social Care Inspection.

CSCI (2006a) *Real Voices, Real Choices: The Qualities People Expect from Care Services.* London: Commission for Social Care Inspection.

CSCI (2006b) *Time to Care.* London: Commission for Social Care Inspection.

CSCI (2008a) *Guidance for Inspectors: Short Observational Framework for Inspectors.* London: Commission for Social Care Inspection.

CSCI (2008b) *Putting People First: Equality and Diversity Matters: Providing Appropriate Services for Lesbian, Gay, Bisexual and Transgender People.* London: Commission for Social Care Inspection.

CSCI (2008c) *The State of Social Care.* London: Commission for Social Care Inspection.

CSCI (2008d) *A Study of the Effectiveness of Arrangements to Safeguard Adults from Abuse.* London: Commission for Social Care Inspection.

Cumming, E. and Henry, W. (1961) *Growing Old: The Process of Disengagement.* New York: Basic Books.

Curtice, L. and Petch, A. (2002) *How Does the Community Care? Public Attitudes to Community Care in Scotland.* Edinburgh: Scottish Executive Social Research.

Curtis, E. A. and Dixon, M. S. (2005) Family therapy and systemic practice with older people: W to now? *Journal of Family Therapy* 27: 43–64.

Dalrymple, J. and Burke, B. (2006) *Anti-Oppressive Practice: Social Care and the Law,* 2nd edn. Maidenhead: Open University Press.

DASN International. (www.dasninternational.org)

Davey. J. (2007) Older people and transport: Coping without a car. *Ageing and Society* 27: 40–65.

Davidson, K., Daly, T. and Arber, S. (2003) Older men, social integration and organisational activities. *Social Policy and Society* 2(2): 81–9.

Davies, B. and Challis, D. (1986) *Matching Human Resources to Needs in Community Care.* Aldershot: Gower.

Davies, M. (1994) *The Essential Social Worker,* 3rd edn. Aldershot: Arena.

Davies, S. and Nolan, H. (2003) Making the best of things: Relatives' experience of decisions about care home entry. *Ageing and Society* 23: 429–50.

Dawson, C. (2000) *Independent Successes, Implementing Direct Payments.* York: Joseph Rowntree Foundation.

Dawson, C. (2007) *Mental Health and Mental Capacity.* Social Work Law File, Norwich: UEA Monographs.

Demos (2007) *Personal Budgets.* London: Demos.

Dennis, M. S., Wakefield, P., Molloy, C., Andrews, H. and Friedman, T. (2007) A study of self-harm in older people: Mental disorder, social factors and motives. *Ageing and Mental Health* 11(5): 520–5.

DH (1989) *Caring for People: Community Care in the Next Decade and Beyond* (Cm. 849). London: HMSO.

DH (1991) *Care Management and Assessment: Practitioners' Guide.* London: HMSO.

DH (1995) *The 'F' Factor: Reasons Why Some Older People Choose Residential Care.* London: Department of Health.

DH (1997) *Older People with Mental Health Problems Living Alone – Anybody's Priority?* London: Department of Health.

DH (1998) *Modernising Social Services.* London: Department of Health.

DH (2001) *The National Service Framework for Older People*. London: Department of Health.

DH (2002a) *Fair Access to Care Services: Guidance on Eligibility Criteria for Adult Social Care*. London: Department of Health.

DH (2002b) *Single Assessment Process for Older People*. HSC 2002/001.

DH (2005a) *The National Service Framework for Long-Term Conditions*. London: Department of Health.

DH (2005b) *Opportunity Age*. London: Department of Health.

DH (2006a) *A New Ambition for Old Age: The Next Steps in Implementing the National Service Framework for Older People*. London: Department of Health.

DH (2006b) *Options for Excellence: Building the Social Care Workforce of the Future*. London: Department of Health.

DH (2006c) *Our Health, Our Care, Our Say: A New Direction for Community Services*. London: Department of Health.

DH (2007a) *Independence, Choice and Risk: A Guide to Best Practice in Supported Decision-Making*. London: Department of Health.

DH (2007b) *Putting People First: A Shared Vision and Commitment to the Transformation of Adult Social Care*. London: Department of Health.

DH (2008a) *Carers Strategy*. London: Department of Health.

DH (2008b) Dignity in care campaign. www.dhcarenetworks.org.uk/dignityincare/DignityCareCampaign/.

DH (2008c) *End of Life Care Strategy: Promoting High-Quality Care For All Adults at the End of Life*. London: Department of Health.

DH (2008d) *National Dementia Strategy*, Department of Health, London.

DH (2009a) Care networks care services efficiency delivery: Homecare re-ablement approach. www.carenetwork.org.uk/csed/solutions/homecare.reablement.

DH (2009b) *Improving Access to Psychological Therapies. Older People: Positive Practice Guide*. London: Department of Health.

DH (2009c) *Living Well With Dementia: A National Dementia Strategy*. London: Department of Health.

DH and Home Office (2000) *No Secrets: Guidance on Developing and Implementing Multi-Agency Policies and Procedures to Protect Vulnerable Adults from Abuse*. London: Department of Health.

DH and DWP (2008) *Lifetime Homes, Lifetime Neighbourhoods*. London: Department of Health and Department for Work and Pensions.

Dobash, R. E. and Dobash, R. P. (1992) *Women, Violence and Social Change*. London: Routledge.

Dominelli, L. (1998) Anti-oppressive practice in context. In R. Adams, L. Dominelli and M. Payne (eds), *Social Work, Themes, Issues and Critical Debates*. Basingstoke: Macmillan.

Douglas, H., James, I. and Ballard, C. (2004) Non-pharmacological interventions in dementia. *Advances in Psychiatric Treatment* 10: 171–7.

Drakeford, M. (2006) Ownership, regulation and the public interest: The case of residential care for older people. *Critical Social Policy* 26: 932–44.

Dressel, P., Minkler, M. and Yen, I. (1997) Gender, race, class and aging: Advances and opportunities. *International Journal of Health Services* 27: 579–600.

Dunning, A. (1995) *Citizen Advocacy with Older People: A Code of Practice*. CPA: London.

DWP (2005) *A New Deal for Welfare: Empowering People to Work* (Cm 6730). London: Department for Work and Pensions.

Eastman, M. (1984) *Old Age Abuse*. London: Age Concern.

Eastman, M. and Harris, J. (2004) *Placing Elder Abuse Within the Context of Citizenship: A Policy Discussion Paper*. London: Action on Elder Abuse/Better Government for Older People.

Ellis, K. (2004) Promoting rights or avoiding litigation? The introduction of the Human Rights Act 1998 into adult social care in England. *European Journal of Social Work* 7(3): 321–40.

Ellis, K. (2007) Disability rights in practice: The relationship between human right and social rights in contemporary social care. *Disability and Society* 20(7): 693–706.

Erikson, E. (1980) *Identity and the Life Cycle: A Reissue*. New York: International University Press.

Estes, C. (1979) *The Ageing Enterprise*. San Francisco, CA: Jossey-Bass.

Estes, C. (2001) Political economy of ageing: A theoretical perspective. In C. Estes et al., *Social Policy and Ageing*. Thousand Oaks, CA: Sage.

Evandrou, M. (ed.) (1997) *Baby Boomers, Ageing in the 21st Century*. London: Age Concern.

Evandrou, M. and Falkingham, J. (2000) Looking back to looking forward: Lessons from four birth cohorts for ageing in the 21st Century. *Population Trends* 99: 27–36.

Featherstone, M. and Hepworth, M. (1989) Ageing and old age: Reflections on the post-modern life course. In W. Bytheway (ed.), *Becoming and Being Old: Sociological Approaches to Latter Life*. London: Sage.

Feil, N. (1992) *Validation: The Feil Method*. Ohio: Edward Feil Productions.

Fernandez, J.-L., Kendall, J., Davey, V. and Knapp, M. (2007) Direct payments in England: Factors linked to variations in local provision. *Journal of Social Policy* 36(1): 97–121.

Fook, J. (2002) *Social Work, Critical Theory and Practice*. London: Sage.

Ford, P., Jonston, B. and Mitchell, R. (2006) *Skills Development and Theorising Practice in Social Work Education*. University of Southampton, SWAP.

Foster, M., Harris, J. Jackson, K. and Glendinning, C. (2008) Practitioners' documentation of assessment and care planning in social care: The opportunities for organisational learning. *British Journal of Social Work* 38(3): 546–60.

Foucault, M. (1991) *Discipline and Punish: The Birth of the Prison*. Harmondsworth: Penguin.

Freeman, T. and Peck, E (2006) Evaluating partnerships: A case study of integrated specialist mental health services. *Health and Social Care in the Community* 14(5): 408–17.

Frogatt, K. (2007) The 'regulated death': A documentary analysis of the regulation and inspection of dying and death in English care homes for older people. *Ageing and Society* 27: 233–67.

Gibson, F. (2004) *The Past in the Present: Using Reminiscence in Health and Social Care*. Baltimore: Health Professions Press.

Giddens, A. (1991) *The Consequences of Modernity*. Stanford: Stanford University Press.

Gierveld, J. and Peeters, A. (2003) The interviewing of repartnered older adults' lives with their children and siblings. *Ageing and Society* 23: 187–205.

Gilbert, P. (2003) *The Value of Everything: Social Work and Its Importance in Mental Health*. Lyme Regis: Russell House.

Gilchrist, A. (2004) *The Well-Connected Community: A Networking Approach to Community Development*. Bristol: Policy Press.

Gilleard, C. and Higgs, P. (2006), *Contexts of Ageing: Class, Cohort and Community.* Cambridge: Polity.

Glendinning, C., Challis, D., Fernandez, J., Jacobs, S., Jones, K., Knapp, M., Manthorpe, J., Moran, N., Netten, A., Stevens, M. and Wilberforce, M. (2008) *Evaluation of the Individual Budgets Pilot Programme, Final Report.* University of York: Social Policy Research Unit.

Glendinning, C., Clarke, C., Hare, P., Kotchetkova, I., Maddison, I. and Newbronner, L. (2007) Outcomes focused services for older people (SCIE Knowledge Review 13). London: Social Care Institute for Excellence.

Godfrey, M., Townsend, J. and Denby, T. (2004) *Building a Good Life for Older People in Local Communities: The Experience of Ageing in Time and Place.* York: Joseph Rowntree Foundation.

Godlove, C., Sutcliffe, C. Bagley, H., Cordingley, L., Challis, D. and Huxley, P. (2004) *Towards Quality Care: Outcomes for Older People in Care Homes.* Aldershot: Ashgate.

Goffman, E. (1961) *Asylums.* Harmondsworth: Penguin.

Goldberg, E. H. and Warburton, R. W. (1979) *Ends and Means in Social Work.* London: George Allen and Unwin.

Gooberman-Hill, R. and Ebrahim, S. (2006) Informal care at times of change in health and mobility: A qualitative study. *Age and Ageing* 35: 261–6.

Gorman, H. and Postle, K. (2003) *Transforming Community Care: A Distorted Vision?* Birmingham: Venture Press.

Gott, M. (2006) Sexual health and the new ageing. *Age and Ageing* 35: 106–7.

Griffiths, P. (2005) Self-assessment of health and social care needs by older people: A review. *British Journal of Community Nursing* 10(11): 520, 522–7.

Griffiths, R. (1988) *Community Care: Agenda for Action.* London: HMSO.

Griffiths, S., (1995) *Supporting Community Care: The Contribution of Housing Benefit.* London: NISW.

Grundy, E. (2006) Ageing and vulnerable elderly people: European perspectives. *Ageing and Society* 26: 105–34.

GSCC (2002) *Code of Practice for Social Care Workers.* London: General Social Care Council.

GSCC (2006) *Specialist Standards for Social Work with Adults.* London: General Social Care Council.

Guberman, N. and Maheu, P. (1999) Combining employment and caregiving: An intricate juggling act. *Canadian Journal in Ageing* 18(1): 84–106.

Gubrium, J. (1993) Voice and context in a new gerontology. In T. Cole, P. Achenbaum, P. Jakobi and R. Kastenbaum (eds), *Voices and Visions of Ageing: Toward a Critical Gerontology.* New York: Springer.

Gubrium, J. and Holstein, J. A. (1999) The nursing home as a discursive anchor for the ageing body. *Ageing and Society* 19: 518–38.

Hancock, R. and Wright, F. (1999) Older couples and long-term care. *Ageing and Society* 19(2): 203–37.

Hargrave, T. D. and Anderson, W. T. (2007) *Finishing Well: Ageing and Reparation in the Intergenerational Family.* New York: Brunner/Mazel.

Harris, J. (2003) *The Social Work Business.* London: Routledge.

Harris, T., Cook, D. G., Victor, C., DeWilde, S. and Beughton, C. (2006) Onset and persistence of depression in older people: Results from a two-year community follow-up. *Age and Ageing* 35: 25–32.

Havighurst, R. J. (1963) Successful ageing. In R. M. Williams, C. Tibbitts and

W. Donahue (eds), *Processes of Ageing*, vol. 1. New York: Atherton.

Hawtin, M. and Percy–Smith, J. (2007) *Community Profiling: A Practical Guide*, 2nd edn. Maidenhead: Open University Press.

Healthcare Commission, Commission for Social Care Inspection and Audit Commission (2006) *Living Well in Later Life*. London: Healthcare Commission.

Healy, K. (2005) *Social Work Theories in Context: Creating Frameworks in Practice*. Basingstoke: Penguin.

Henderson, P. and Thomas, D. N. (2002) *Skills in Neighbourhood Work*, 3rd edn. London: Routledge

Henderson, R. (2007) Defining non–instructed advocacy. *Planet Advocacy* 18: 5–7.

Henwood, M. (2006) Effective partnership working: A case study of hospital discharge, *Health and Social Care in the Community* 14(5): 400–7.

Henwood, M. and Hudson, B. (2007) *Independent Living Funds* (Report by independent consultants). London: Department for Work and Pensions.

Henwood, M. and Hudson, B. (2008) *Lost to the System: The Impact of Fair Access to Care*. London: CSCI.

Henwood, M. and Waddington, E. (2002) *Outcomes of Social Care for Adults, Message for Policy and Practice*. Leeds: Nuffield Institute for Health.

Hepple. J. (2004) Psychotherapies with older people: An overview. *Advances in Psychiatric Treatment* 10: 371–7.

Hepple, J. and Sutton, L. (eds) (2004) *Cognitive Analytic Therapy and Later Life: A New Perspective on Old Age*. Hove: Brunner–Routledge.

Heywood, F., Oldman, C., and Means, R. (2002) *Housing and Home in Later Life*. Buckingham: Open University Press.

Higgs, P. (1997) Citizenship theory and old age: From social rights to surveillance. In A. Jamieson, S. Harper and C. Victor (eds), *Critical Approaches to Ageing and Later Life*. Buckingham: Open University Press.

Hird, M. and Pavlich, G. (eds) (2003) *Sociology for the Asking*. Oxford: Oxford University Press.

Hird, S. (2003) Community wellbeing. A discussion paper for the Scottish Executive and Scottish Neighbourhoods Statistics, NHS, Scotland.

Hockey, J. and James, A. (1993) *Growing Up and Growing Old: Ageing and Dependency in the Lifecourse*. London: Sage.

Hockey, J. and James, A. (2003) *Social Identities Across the Life Course*. Basingstoke: Palgrave.

Holloway, M. (2007) *Negotiating Death in Contemporary Health and Social Care*. Bristol: Policy Press.

Howe, D. (1987) *An Introduction to Social Work Theory: Making Sense in Practice*. Aldershot: Wildwood House.

Howe, D. (1996) Surface and depth in social work practice. In N. Parton (ed.), *Social Theory, Social Change and Social Work*. London: Routledge.

Hubbard, R. and Rossington, J. (1995) *As We Grow Older: A Study of the Housing and Support Needs of Older Lesbians and Gay Men*. London: Polari.

Ife, J. (2001) *Human Rights and Social Work: Towards Right Based Practice*. Cambridge: Cambridge University Press.

Innes, A. and Sherlock, K. (2004) Rural communities. In A. Innes, C. Archibald and C. Murphy (eds), *Dementia and Social Inclusion: Marginalised Groups and Marginalised Areas of Dementia Research, Care and Practice*. London: Jessica Kingsley.

International Association of Schools of Social Work (2001) *International Definition of Social Work*. www.iassw.soton.ac.uk.

Jack, R. (1998) *Residential versus Community Care*. Basingstoke: Macmillan.

Jerrome, D. and Wenger, C. G. (1999) Stability and change in late life friendships. *Ageing and Society* 19: 661–74.

Johnson, J. (2002) Taking care in later life: A matter of justice? *British Journal of Social Work* 32: 739–50.

Joint Committee on Human Rights (2007) *Government Response to the Committee's Eighteenth Report of the Session 2008–07: The Human Rights of Older People in Healthcare*. www.publications.parliament.uk/pa/jt200607/jtselect/jtrights/81/8102.htm.

Jordan, B. (1995) Are the New Right policies sustainable? 'Back to Basics' and public choice. *Journal of Social Policy* 24(3): 363–84.

Jordan, B. (2007) *Social Work and Well-Being*. Lyme Regis: Russell House.

Joseph Rowntree Foundation (2004) *From Welfare to Well-Being-Planning for an Ageing Society: Summary Conclusions of the Joseph Rowntree Foundation Task Group on Housing, Money and Care for Older People*. York: Joseph Rowntree Foundation.

Jung, C. G. (2009) *Collected Works of C. G. Jung*. Princeton: Princeton University Press.

Keating, N., Otfinowski, P., Wenger, G. C., Fast, J. and Derksen, L. (2003) Understanding and caring capacity of informal networks of frail seniors: The case for care networks. *Ageing and Society* 23(1): 115–27.

Kellaher, L., with Hockey, J. and Prendergast, D. (2007) Of grief and well-being: Competing conceptions of restorative ritualization. *Journal of Anthropology and Medicine* 14(1): 1–14.

Kemshall, H. (2001) *Risk, Social Policy and Welfare*. Buckingham: Open University Press.

Kerr, B., Gordon, J., MacDonald, C. and Stalker, K. (2005) Effective social work with older people. Scottish Executive Social Research. www.Scotland.gov.uk/Publications/2005/12/16104017/40208.

Killick, J. (1994) *'Please Give Me Back my Personality!' Writing and Dementia*. Stirling Dementia Services Development Centre.

King's Fund (2005) *The Business of Caring: King's Fund Inquiry into Care Services for Older People in London*. London: King's Fund Publications.

Kitwood, T., (1997) *Dementia Reconsidered: The Person Comes First*. Buckingham: Open University Press.

Knocker, S. (2006) *Helping Care Homes to Come Out*. London: Age Concern.

Kuhn, T. (1962) *The Structure of Scientific Revolutions*. Chicago: University of Chicago Press.

Laslett, P. (1972) *Household and Family in Past Time*. Cambridge: Cambridge University Press.

Law Commission (2008) *Adult Social Care: A Scoping Report*. London: Law Commission.

Lawrence, V., Murray, J., Samsi, K., and Banerjee, S. (2008) Attitudes and support needs of Black Caribbean, South Asian and White British carers of people with dementia in the UK. *British Journal of Psychiatry* 193(3): 240–6.

Lazarus, P. S. and Folkman, S. (1984) *Stress, Appraisal and Coping*. New York: Springer.

Leece, J. and Bornat, J. (eds) (2006) *Developments in Direct Payments*. Bristol: Policy Press.

Le Grand, J. and Bartlett, W. (eds) (1993) *Quasi-Markets and Social Policy.* Basingstoke: Macmillan.

Levin, E. Sinclair, I. and Gorbach, P. (1989) *Families, Service and Confusion in Old Age.* Aldershot: Gower.

Levine, C. and Murray, T. H. (2004) *The Cultures of Caregiving: Conflict and Common Ground among Families, Health Professionals and Policy Makers.* Baltimore, MD: Johns Hopkins University Press.

Levinson, D. J. (1986) A conception of adult development. *American Psychologist* 42: 3–13.

Levy, B. R. (2003) Mind matters: Cognitive and physical effects of ageing self–stereotypes. *Journal of Gerontology* 58B(4): 203–11.

Lieberman, M.A. and Tobin, S.S. (1983) *The Experience of Old Age: Stress, Coping and Survival.* New York: Basic Books.

Lipsky, M. (1980) *Street-level Bureaucracy: Dilemmas of the Individual in Public Services.* New York: Sage.

Lymbery, M. (1998) Care management and professional autonomy: The impact of community care legislation on social work with older people. *British Journal of Social Work* 28(6): 863–78.

Lymbery, M. (2005) *Social Work with Older People: Context, Policy and Practice.* London: Sage.

Lymbery, M. (2006) United we stand? Partnership working in health and social care and the role of social work in services for older people. *British Journal of Social Work*, 36: 1119–34.

Lyne, K. J., Moxon, S., Sinclair, I., Young, P., Kirk, C. and Ellison, S. (2006) Analysis of a care planning intervention for reducing depression on older people in residential care. *Ageing and Mental Health* 10(4): 394–403.

Manthorpe, J. and Illife, S. (2005) *Depression in Later Life.* London: Jessica Kingsley.

Manthorpe, J., Moriarty, J., Rapaport, J., Clough, R., Cornes, M., Bright, L., Iliffe, S. and OPRSI (2008) 'There are wonderful social workers but it's a lottery': Older people's views about social workers. *British Journal of Social Work* 38(6): 1132–50.

Marmot, M. (2004) *Status Syndrome: How Your Social Standing Directly Affects Your Health and Life Expectancy.* London: Bloomsbury.

McCrae, N., Murray, J., Banerjee, S., Huxley, P., Bhugra, D., Tylee, A. and Macdonald, A. (2005) 'They're all depressed aren't they?' A qualitative study of social care workers and depression in older adults. *Age and Mental Health* 9(6): 508–16.

McCreadie, C. (1995) *Elder Abuse, Update on Research.* London: Age Concern.

McCreadie, C., Wright, F. and Tinker, A. (2007) Improving the information about assistive technology for older people. *Journal of Assistive Technologies* 1(1): 33–41.

McDonald, A. (2006) *Understanding Community Care: A Guide for Social Workers,* 2nd edn. Basingstoke: Macmillan.

McDonald, A. (2007) The impact of the Human Rights Act 1998 on decision-making in adult social care. *Journal of Ethics and Social Welfare* 1(1): 76–94.

McDonald, A. and Taylor, M. (2006) *Older People and the Law.* Bristol: Policy Press.

McDonald, A., Postle, K. and Dawson, C. (2008) Barriers to retaining and using professional knowledge in local authority social work practice with adults in the UK. *British Journal of Social Work* 38(7): 1370–87.

McLeod, E. and Bywaters, P. (1996) Tackling inequalities in physical health: A new objective for social work. *British Journal of Social Work* 29(4): 547–65.

McLeod, E., Bywaters, P. and Cooke, M. (2003) Social work in accident and emergency departments: A better deal for older patients' health? *British Journal of*

Social Work 33(6): 787–802.

McLeod, E., Bywaters, P. and Hirsch, M. (2008) For the sake of their health: Older service users requirements for social care to facilitate access to social networks following hospital discharge. *British Journal of Social Work* 38(1): 73–90.

McLeod, I. (2003) *Legal Theory*, 2nd edn. Basingstoke: Macmillan.

Mead, G. H. (1934) *Mind, Self and Society*. Chicago: University of Chicago Press.

Means, R. and Smith, R. (1994) *Community Care, Policy and Practice*. Basingstoke: Macmillan.

Miesen, B. (1992) Attachment theory and dementia. In G. M. M. Jones and B. M. L. Miesen (eds), *Care-Giving in Dementia: Research and Applications*. London: Routledge.

Miesen, B. L. and Jones, G. M. M. (2004) The Alzheimer Café concept: A response to the trauma, drama and tragedy of dementia. In G. M. M. Jones and B. L. Miesen (eds), *Care-Giving in Dementia: Research and Application*. London: Routledge.

Miller, E. and Gwynne, G. (1972) *A Life Apart*. London: Tavistock.

Milner, J. and O'Byrne, P. (2002) *Assessment in Social Work*, 2nd edn. Basingstoke: Palgrave.

Moriarty, J. and Butt, J. (2004) Inequalities in quality of life among older people from different ethnic groups. *Age and Ageing* 24 (5): 729–53.

Moriarty, J. and Webb, S. (2000) *Part of their lives: Community care for older people with dementia*. Bristol: Policy Press.

Morris, J. (1993) *Independent Lives? Community Care and Disabled People*. Basingstoke: Macmillan.

Morris, K. (2008) *Social Work and Multi-Agency Working: Making a Difference*. Bristol: Policy Press.

Mullender, A. (1996) *Rethinking Domestic Violence: The Social Work and Probation Response*. London: Routledge.

Müller-Hergl, C. (2004) Faecal incontinence. In A. Innes, C. Archibald and C. Murphy, *Dementia and Social Inclusion*. London: Jessica Kingsley.

Murphy, E. (1982) Social origins of depression in old age. *British Journal of Psychiatry*, 141: 135–42.

Murphy, J. (2004) Enabling frail older people with a communication difficulty to express their views: The use of talking mats as an interview tool. *Health and Social Care in the Community* 13(2): 95–107.

Neysmith, S. (ed.) (1999) *Critical Issues for the Future of Social Work Practice with Ageing Persons*. New York: Columbia University Press.

Norman, A. (1985) *Triple Jeopardy: Growing Older in a Second Homeland*. London: Centre for Policy on Ageing.

O'Connor, B. P. and Vallerand, R. J. (1994) The relative effects of actual and experienced autonomy on motivation in nursing home residents. *Canadian Journal of Aging* 13: 528–38.

O'Connor, J., Ruddle, H., Gallagher, M. and Murphy, E. (1988) *Caring for the Elderly. Part II: The caring process: A Study of Carers in the Home*. Dublin: National Council for the Aged.

ODPM (2006) *A Sure Start to Later Life: Ending Inequalities for Older People*. London: Office of the Deputy Prime Minister.

Office of Fair Trading (2003) Guidance on Unfair Terms in Care Home Contracts. www.oft.gov.uk/shared_oft/reports/unfair_contract_terms/oft635.pdf.

Ogg, J. (2003) *Living Alone in Later Life*. London: ICS.

O'Keeffe, M., Hills, A., Doyle, M., McCreadie, C., Scholes, S., Constantine, R., Tinker,

A., Manthorpe, J., Biggs, S. and Evans, B. (2007) *UK Study of Abuse and Neglect of Older People: Prevalence Survey Report.* London: NatCen.

Older People's Steering Group (2004) *Older People Shaping Policy and Practice.* York: Joseph Rowntree Foundation.

Oldman, C. (2000) *Blurring the Boundaries: A Fresh Look at Housing and Care Provision for Older People.* Brighton: Pavilion.

ONS (2003) *The Census in England and Wales.* London: Office of National Statistics.

Øvretveit, J. (1997) How to describe interprofessional working. In J. Øvretveit, P. Mathias and T. Thompson (eds), *Interprofessional Working for Health and Social Care.* London: Macmillan.

Parker, G. (1993) *With This Body: Caring and Disability in Marriage.* Buckingham: Open University Press.

Parkes, C. M., Stevenson-Hind, J. and Marris, P. (eds) (1991) *Attachment Across the Life Cycle.* London: Tavistock.

Parsons, T. (1991) *The Social System.* London: Routledge.

Patmore, C. (2002) *Towards Flexible, Person-Centred Home Care Services: A Guide to Some Useful Literature for Planning Managing or Evaluating Services for Older People.* University of York: Social Policy Research Unit.

Patmore, C. (2004) Quality in home care for older people: Factors to pay heed to. *Quality in Ageing* 5(1): 32–40.

Patterson, J. L. (1977) Towards a conceptualisation of natural helping. *Arete* 4(3): 161–71.

Payne, M. (2005) *Modern Social Work Theory*, 3rd edn. Basingstoke: Palgrave.

Petch, A. (2003) *Intermediate Care: What Do We Know About Older People's Experiences?* York: Joseph Rowntree Foundation.

Phillips, J. and Waterson, J. (2002) Care management and social work: A case study of the role of social work in hospital discharge to residential or nursing care. *European Journal of Social Work.* 5(2): 171–86.

Phillips, J., Bernard, M., Phillipson, C. and Ogg, J. (2002) Social support in later life: A study of three areas. *British Journal of Social Work* 30(6): 837–54.

Phillips, J., Ray, M. and Marshall, M. (2006) *Social Work with Older People*, 4th edn. Basingstoke: Palgrave.

Phillipson, C. (1998) *Reconstructing Old Age: New Agendas in Social Theory and Practice.* London: Sage.

Phillipson, C., Bernard, M., Phillips, J. and Ogg. J. (1998) The family and community life of older people: Household composition and social networks in three urban areas. *Ageing and Society* 18: 259–89.

Philp, I. (2001) (ed.) *Family Care of Older People in Europe.* Oxford: IOS Press.

Philp, I. (2004) *Better Health in Old Age.* London: Department of Health.

Pierson, J. (2008) *Going Local: Working in Communities and Neighbourhoods.* London: Routledge.

Pilling, D. (1992) *Approaches to Community Care for People with Disabilities.* London: Jessica Kingsley.

Popple, K. (2006) Community development in the 21st century: A case of conditional development. *British Journal of Social Work* 36: 333–40.

Postle, K. and Beresford, P. (2007) Capacity building and the reconception of political participation: A role for social care workers? *British Journal of Social Work* 37: 143–58.

Powell, J., Robinson, J., Roberts, H. and Thomas, G. (2007) The single assessment process in primary care: Older people's account of the process. *British Journal of*

Social Work 37: 1043–58.

Preston-Shoot, M. (2007) *Effective Groupwork*. Basingstoke: Macmillan.

Priestly, M. and Rabiee, P. (2002) Same difference? Older people's organisations and disability issue. *Disability and Society* 17(6): 597–611.

Price, E. (2008) Pride or prejudice? Gay men, lesbians and dementia. *British Journal of Social Work* 38(7): 1137–52.

Pritchard, J. (1999) *Elder Abuse Work: Best Practice in Britain and Canada*. London: Jessica Kingsley.

Pritchard, J. (2002) *Male Victims of Elder Abuse: Their Experiences and Needs*. York: Joseph Rowntree Foundation.

Pugh, R. (2000) *Rural Social Work*. Lyme Regis; Russell House.

Pugh, R., Scharf, T., Williams, C. and Roberts, D. (2007) *SCIE Research Briefing 22: Obstacles to Using and Providing Rural Social Care*. London: Social Care Institute for Excellence.

Putnam, R. D. (2000) *Bowling Alone: The Collapse and Revival of American Community*. New York: Simon and Schuster.

Quereshi, H., Challis, D. J. and Davies, B. P. (1983) Motivation and reward of helpers in the Kent community care scheme. In S. Hatch (ed.), *Volunteers, Patterns, Meaning and Motives*. Berkhamsted: The Volunteer Centre.

Quinn, A., Snowing, A. and Denicolo, P. (2003) *Older People's Perspectives: Devising Information Advice and Advocacy Services*. York: Joseph Rowntree Foundation.

Rapaport, J., Bellringer, S., Pinfold, V. and Huxley, P. (2006) Carers and confidentiality in mental health care. *Health and Social Care in the Community* 14(4): 357–65.

Rapoport, L. (1962) The state of crisis: Some theoretical considerations. *Social Services Review* 36(2): 211–17.

Rapoport, R. and Rapoport, R. (1980) *Growing Through Life*. London: Harper and Rowe.

Reed, J., Stanley, D. and Clarke, C. (2004) *Health, Well-Being and Older People*. Bristol: Policy Press.

Reid, W. J. and Shyne, A. (1969) *Brief and Extended Casework*. New York: Columbia University Press.

Reilly, S., Abendstern, M., Hughes, J., Challis, D., Venables, D. and Pedersen, I. (2006) Quality in long-term care homes for people with dementia: an assessment of specialist provision. *Ageing and Society* 24: 449–68

Richards, S. (2000) Bridging the divide: Elders and the assessment process. *British Journal of Social Work* 30: 37–49.

Roberts, H., Hemsley, Z., Thomas, G., Meakins, P., Robinson, J., Gove, I., Turner, G. and Sayer, A. (2006) Nurse-led implementation of the single assessment process in primary care: A descriptive feasibility study. *Age and Ageing* 35: 394–98.

Rosenmayr, L. and Köckeis, E. (1963) Essai d'une théorie sociologique de la vieillesse et de la famille. *Revue Internationale des Sciences Sociales* 3: 423–48.

Rosenthal, C., Martin-Matthews, A. and Keefe, J. M. (2007) Care management and care provision for older relatives amongst employed informal care-givers. *Ageing and Society* 27: 755–78.

Roth, A. and Fonagy, P. (2005) (with contributions from G. Parry, M. Target and R. Woods), *What Works With Whom? A Critical Review of Psychotherapy Research*, 2nd edn. New York: Guilford Press.

Rummery, K. (2002) *Disability, Citizenship and Community Care: A Case For Welfare Rights?* Aldershot: Ashgate.

Ryle, A. (2000) Origins of CAT. www.acat.me.uk/catorigihs.php.

Savishinsky, J. S. (1991) *The Ends of Time: Life and Work in a Nursing Home*. London: Bergin and Garvey.

Scharf, T., Phillipson, C. Smith, A. E. and Kingston, P. (2003) Older people in deprived neighbourhoods: Social exclusion and quality of life in old age. Research findings from the Growing Older Programme, 19. www.Shef.ac.uk/uni/projects/gap/Go Findings.

Schön. D. (1993) *The Reflective Practitioner*. New York: Basic Books.

SCIE (2006a) *Practice Guide 3: Assessing the Mental Health Needs of Older People*. London: Social Care Institute for Excellence.

SCIE (2006b) *Practice Guide 08: Improving Outcomes for Service Users in Adult Placement: Commissioning and Care Management*. London: Social Care Institute for Excellence.

SCIE (2007) *Knowledge Review 13: Outcome-Focused Services for Older People*. London: Social Care Institute for Excellence.

Scourfield, P. (2006) Helping older people in residential care remain full citizens. *British Journal of Social Work* 37: 1135–52.

Scrutton, S. (1999) *Counselling Older People: A Creative Response to Ageing*, 2nd edn. London: Edward Arnold.

Seddon, D., Robinson, C., Reeves, C., Tommis, Y., Woods, B. and Russell, I. (2006) In their own right: Translating the policy of carer assessment into practice. *British Journal of Social Work* 37: 1335–52.

Seed, P. (1988) *Day Care at the Crossroads*. Tunbridge Wells: Costello.

Sevenhuijsen, S. (2004) Caring in the hard way: The relation between obligation, responsibility and care in Third Way discourse. *Critical Social Policy* 20(1): 5–37.

Shemmings, D. (2005) *Adult Attachment Theory*. Norwich: UEA Monographs.

Shucksmith. M. (2000) *Exclusive Countryside? Social Inclusion and Regeneration in Rural Areas*. York: Joseph Rowntree Foundation.

Smale, G. and Tuson, G., with Biehal, N. and Marsh, P. (1993) *Empowerment, Assessment, Care Management and the Skilled Worker*. London: NISW/HMSO.

Smale, G., Tuson, G. and Statham, D. (2000) *Social Work and Social Problems: Working Towards Social Inclusion and Social Change*. Basingstoke: Palgrave Macmillan.

Solomon, A. and Haaga, D. (2003) Cognitive theory and therapy of depression. In M. A. Reinecke, D. A. Clark and A. T. Beck, *Cognitive Therapy Across the Lifespan*. Cambridge: Cambridge University Press.

Specht, H. and Vickery, A. (eds) (1977) *Integrating Social Work Methods*. London: Allen & Unwin.

Sperling, N. and Berman, W. (eds) (1994) *Attachment in Adults: Clinical and Developmental Perspectives*. London: Guilford Press.

Stalker, K. (2003) (ed.) *Reconceptualising Work with 'Carers': New Directions for Policy and Practice*. London: Jessica Kingsley.

Steele, J. (2004) *Risks and Legal Theory*. London: Hart Publishing.

Stevenson. O. (1996a) *Elder Protection in the Community: What Can We Learn From Child Protection?* London: Department of Health.

Stevenson, O. (1996b) Changing practice: Professionalism, consumerism and empowerment. In R. Bland (ed.), *Developing Services for Older People and Their Families*. Research Highlights in Social Work 29. London: Jessica Kingsley.

Stevenson, O. (1999) Old people at risk. In P. Parsloe (ed.), *Risk Assessment in Social Care and Social Work*. London: Jessica Kingsley.

Stewart, A. (2005) Choosing care: Dilemmas of a social market. *Journal of Social Welfare and Family Law* 27(3–4): 299–314.

Stewart, A., Harvey, I., Poland, F., Lloyd-Smith, W., Mugford, M. and Flood, C. (2005) Are occupational therapists more effective than social workers when assessing frail older people? Results of CAMELOT, a randomised controlled trial. *Age and Ageing* 34(1): 41–6.

Tanner, D. (2003) Older people and access to care. *British Journal of Social Work* 33: 499–515.

Tanner, D. and Harris, J. (2007) *Working with Older People*. London: Routledge.

Taulbee, L. R. and Folsom, J. C. (1966) Reality orientation for geriatric patients. *Hospital & Community Psychiatry* 17: 133–5.

Taylor, B. J. and Donnelly, M. (2006) Professional perspectives in decision-making about the long-term care of older people. *British Journal of Social Work* 36: 807–26.

Taylor, D. and White, S. (2000) *Practising Reflexivity in Health and Welfare: Making Knowledge*. Buckingham: Open University Press.

Thane, P. (2000) *Old Age in English History: Past Experiences, Present Issues*. Oxford: Oxford University Press.

Thompson, N. (1995) *Age and Dignity: Working with Older People*. Aldershot: Arena.

Thompson, N. (1997) *Anti-Discriminatory Practice*. Basingstoke: Macmillan.

Thompson, N. (2005) *Understanding Social Work: Preparing for Practice*, 2nd edn. Basingstoke: Palgrave.

Thompson, N. and Thompson, S. (2001). Empowering older people: Beyond the care model. *Journal of Social Work* 1: 61–76.

Timonen, V., Convery, J. and Cahill, S. (2006) Care revolutions in the making? A comparison of cash-for-care programmes in four countries. *Ageing and Society* 26: 455–74.

TOPSS (2002) *The National Occupational Standards for Social Work*. London: TOPSS.

Tornstam, L. (1996) Gerotranscendence: A theory about maturing in old age. *Journal of Ageing and Identity* 1: 37–50.

Towers, A.-M. (2006) *Control, Well–Being and the Meaning of Home in Care Homes and Extra Care Housing*. PSSRU Research Summary 38. Canterbury: PSSRU.

Townsend, J., Godfrey, M., and Denby, T. (2006) Heroines, villains and victims: Older people's perceptions of others. *Ageing and Society* 26: 883–900.

Townsend, P. (1981) The structured dependency of the elderly: A creation in the twentieth century. *Ageing and Society* 1(1): 5–28.

Townsend, P. (2004) Policies for the aged in the 21st century: More 'structured dependency' or the realisation of human rights? *Ageing and Society* 26, 161–79.

Turnbull, A. (2002) *Opening Doors: The Needs of Older Lesbians and Gay Men. A Literature Review*. London: Age Concern.

Twigg, J. and Atkin, K. (1994) *Carers Perceived: Policy and Practice in Informal Care*. Buckingham: Open University Press.

Van den Berg, F. (2006) A palliative perspective of caring for people with dementia. In B. M. Miesen and G. M. Jones (eds), *Care-Giving in Dementia: Research and Applications*, vol. 4. London: Routledge.

Van Sonderen, E., Ormel, J., Brilman, E. and van Linden van den Heuvell, C. (1990) Personal network delineation: A comparison of the exchange, affective and role relation approach. In C. P. M. Knipscheer and T. C. Antonucci (eds), *Social Network Research: Substantive Issues and Methodological Questions*. Amsterdam: Swets and Zeitlinger.

Victor, C. R. (2005) *The Social Context of Ageing*. London: Routledge.

Vincent, J. (1999) *Politics, Powers and Old Age*. Buckingham: Open University Press.

Wallin, M., Talvitie, U., Cotton, M. and Karppi, S.-L. (2006) The meanings of older people give to their rehabilitation experience. *Ageing and Society* 27: 147–64.

Walsh, C. C., Ploeg, J., Lohfeld, L., Horne, J., Machillan, H. and Lai, D. (2007) Violence across the lifespan: Interconnections among forms of abuse as described by marginalised Canadian elders and their caregivers. *British Journal of Social Work* 37: 491–514.

Wanless, D. (2006) *Securing Good Care for Older People: Taking a Long-Term View*. London: King's Fund.

Ward, A. (2007) *Working in Group Care*, 2nd edn. Bristol: Policy Press.

Ware, T., Matosevic, T., Hardy, B., Knapp, M., Kendall, J. and Forder, J. (2003) Commissioning care services for older people in England: The view from care managers, users and carers. *Age and Society* 23: 422–8.

Warren, R. (1963) *The Community in America*. Chicago: Rand McNally.

Webster, J. D. (1993) Construction and validation of the Reminiscence Functions Scale. *Journal of Gerontology* 48(5): 256–62.

Wenger, G. C. (1984) *The Supportive Network: Coping with Old Age*. London: Allen and Unwin.

Willcocks, D., Peace, S. and Kellaher, L. (1987) *Private Lives in Public Places: A Research-Based Critique of Residential Life in Local Authority Old People's Homes*. London: Routledge.

Williams, J. and Netten, A. (2005) English local authority powers, responsibilities and guidelines for managing the care home closure process. *British Journal of Social Work* 35: 921–36.

Wong, P. T. and Watt, L. M. (1991) What types of reminiscing are associated with successful ageing? *Psychology and Ageing* 6: 272–9.

Woods, B., Portnoy, S., Head, D. and Jones, G. (1992) Reminiscence and life-review with persons with dementia: Which way forward? In B. M. Miesen and G. M. Jones (eds), *Care-Giving in Dementia*. London: Routledge.

Woolhead, K., Calnan, M., Dieppe, P. and Tadd, W. (2004) Dignity in older age: What do older people in the United Kingdom think? *Age and Ageing* 33: 165–70.

Worden, J. W. (2008) *Grief Counseling and Grief Therapy: A Handbook for the Mental Health Practitioner*, 4th edn. New York: Springer.

Young, H., Grundy, E. and Jitlal, M. (2006) *Care Providers, Care Receivers: A Longitudinal Perspective*. York: Joseph Rowntree Foundation.

Young, J. and Stevenson, J. (2006) Intermediate care in England: Where next? *Age and Ageing* 35(4): 339–41.

國家圖書館出版品預行編目（CIP）資料

老人社會工作／Ann McDonald 著；
　施振典，莊淑瓊，秦秀蘭譯.
　--初版.--臺北市：心理，2012.05
　　面；　公分.--（社會工作系列；31035）
　譯自：Social work with older people
　ISBN 978-986-191-480-0（平裝）

1.老人福利　2.社會工作

544.85　　　　　　　　　　　　　　100023746

社會工作系列 31035

老人社會工作

作　　者：Ann McDonald
譯　　者：施振典、莊淑瓊、秦秀蘭
執行編輯：高碧嶸
總 編 輯：林敬堯
發 行 人：洪有義
出 版 者：心理出版社股份有限公司
地　　址：台北市大安區和平東路一段 180 號 7 樓
電　　話：(02) 23671490
傳　　真：(02) 23671457
郵撥帳號：19293172　心理出版社股份有限公司
網　　址：http://www.psy.com.tw
電子信箱：psychoco@ms15.hinet.net
駐美代表：Lisa Wu（Tel：973 546-5845）
排 版 者：臻圓打字印刷有限公司
印 刷 者：正恒實業有限公司
初版一刷：2012 年 5 月
I S B N：978-986-191-480-0
定　　價：新台幣 280 元